文學研究叢書・古典文學叢刊

戰國策語用研究

楊徵祥　著

目次

第一章
前言

第一節　《戰國策》成書

　　《戰國策》是西漢劉向所編定的一部國別史名著，內容主要記載戰國時期策士言行，全書依次分國編寫，按東周一、西周一、秦國五、齊國六、楚國四、趙國、魏國四、韓國三、燕國三、宋國衛國合為一、中山國一，共十二國，總計為三十三卷，約十二萬字。

　　《戰國策》的史學價值、文學價值極高，溫洪隆先生指出，《戰國策》「可以把它當作史書來讀，也可以當作智慧書、文學書來讀」[1]，歷來受到世人重視；太史公著《史記》，有關戰國的史事，多有參考《戰國策》之處[2]，《戰國策》實為後世研究戰國史事、策士言行不可或缺的重要史籍。

　　《戰國策》的作者不可考，在劉向編定之前，已有多種版本，劉向在《戰國策·書錄》指出[3]：

　　　　中書本號，或曰《國策》、或曰《國事》、或曰《短長》、或曰
　　　　《事語》、或曰《長書》、或曰《脩書》。臣向以為戰國時，游

1　詳見溫洪隆注譯，陳滿銘校閱：《新譯戰國策·導讀》（臺北市：三民書局，2012年），頁 6-12。

2　《四庫全書總目提要·戰國策》提要案語所云。詳見永瑢等：《四庫全書總目》（北京市：中華書局，1992 年），頁 461-462。

3　詳見〔漢〕劉向集錄，高誘註：《戰國策》（臺北市：藝文印書館，2009 年），頁 8。

士輔所用之國，為之策謀，宜為《戰國策》。其事繼春秋以後，楚、漢之起，二百四十五年間之事。

依劉向〈書錄〉的說法，在當時，本書的書名至少有「國策」、「國事」、「短長」、「事語」、「長書」與「脩書」等六種之多，經劉向校錄之後，定名而稱為《戰國策》。

《戰國策》的主要內容，如劉向所說，為「游士輔所用之國，為之策謀」，即游士說客的策謀；而所記載的時間，劉向指出為「繼春秋之後，訖楚、漢之起，二百四十五年間之事」，如果以「三家分晉」（西元前403年）算起，迄秦統一（西元前221年），則約有二百二十多年的歷史。

關於《戰國策》的成書與流傳，依據《四庫全書總目提要》的說法，大致如下：西漢劉向奉詔領校中秘府所藏經傳諸子詩賦，校錄《戰國策》，並為之定名；東漢高誘作注，北宋曾鞏重定，南宋姚宏新校續注，南宋鮑彪作注重編、元吳師道校注。[4] 其後，清黃丕烈重刻姚宏本《戰國策》，並寫了三卷《札記》附在書後。[5]

本文所採用的《戰國策》文本，以臺北藝文印書館刊行「剡川姚氏本」為主[6]，並佐以諸祖耿先生編撰《戰國策集注匯考》[7]、范祥雍先生箋證，范邦瑾先生協校《戰國策箋證》[8]、溫洪隆先生注譯，陳滿銘先生校閱《新譯戰國策》[9]等書，為主要參考資料。

4　詳見永瑢等：《四庫全書總目》，頁 461-462。

5　詳見溫洪隆注譯，陳滿銘校閱：《新譯戰國策・導讀》，頁 20。

6　〔漢〕劉向集錄，高誘註：《戰國策》。

7　諸祖耿編撰：《戰國策集注匯考》（南京市：鳳凰出版社，2008 年）。

8　范祥雍箋證，范邦瑾協校：《戰國策箋證》（上海市：上海古籍出版社，2012 年）。

9　溫洪隆注譯，陳滿銘校閱：《新譯戰國策》。

第二節　《戰國策》的語用研究

　　所謂的語用學（Pragmatics），是一門研究語言運用的學科，屬於語言學一個新的學門。何自然先生指出：[10]

> 語用學（Pragmatics），即語言實用學，是語言學的一個新領域，它研究在特定情景中的特定話語，特別是研究在不同的語言交際環境下如何理解語言和運用語言。

語用學是一門語言實用學，研究在言語交際時，如何理解與運用語言。冉永平先生指出：[11]

> 語用學就是研究話語在使用中的語境意義，或話語在特定語境條件下的交際意義，包括意義的產生與理解，也包括交際中語言形式或策略的恰當選擇與使用。

引文中，冉永平先生提出語用學的研究，包括「話語在使用中的語境意義」、「話語在特定語境中的交際意義」與「交際中語言形式或策略的恰當選擇與使用」等三個要點。

　　由於《戰國策》的內容，主要為記敘戰國時期說客的謀策、策士的言行，而說客的策謀要能說服對方，一定要在特定的語用環境中，始能達成目的；因此，研究游士說客策謀所運用的語用技巧，可以更明白說客與策謀的高明所在。諸祖耿先生指出：[12]

---

10 詳見何自然：《語用學概論》（湖南市：湖南教育出版社，1994 年），頁 3。

11 詳見冉永平：《語用學：現象與分析》（北京市：北京大學出版社，2009 年），頁 16。

12 詳見諸祖耿：《戰國策集注匯考‧前言》（南京市：鳳凰出版社，2008 年），頁 1。

　　《戰國策》的基本內容，是記載戰國秦漢之間，一群謀臣策士
針對當時各種不同情況進行分析、研究，提出各種不同的意
見，作為解決當前問題的建議——說辭。這些謀臣策士，絕大
部分從統治階級利益、包括自己個人利益出發，運用機智，展
開雄辯。

因為《戰國策》的主要內容，是謀臣策士針對當時的各種情況提出建
議說辭，所以運用語用學來研究、理解《戰國策》特定語境之下的語
言交際意義，有其特別的意義與價值。本書擬就《戰國策》的說客及
其游說對象的建議與說辭，進行語用研究，期能由另一個途徑解釋
《戰國策》的言語、說辭。

　　前文曾提及，語用學屬於語言學的一個新的學門，有關語用學研
究的方向與範圍，李櫻先生指出：[13]

　　語用學門主要探討的議題是抽象語言系統或單句結構之外的語
　　言實際運作，研究範疇包括指示、指稱、預設、語用涵義、言
　　語行為、禮貌原則、會話結構、言談篇章等。

李先生指出，語用學研究的範疇，大致上有「指示」、「指稱」、「預
設」、「語用涵義」、「言語行為」、「禮貌原則」、「會話結構」、「言談篇
章」等等；諸多研究範疇之中，索振羽先生特別指出：「語境」、「指
示」、「會話含義」、「預設」、「言語行為」、「會話結構」為語用學研究
的六個主要方向。[14]

　　至於語用學的研究方法，李捷先生指出，「同其他學科一樣，語

13　詳見李櫻：《語用研究與華語教學》（臺北市：正中書局，2012 年），頁 13。
14　詳見索振羽：《語用學教程》（北京市：北京大學出版社，2011 年），頁 16。

用學整體上採用量的研究和質的研究兩種研究方法」[15]。所謂的量的研究方法，又稱為「定量研究方法」，李捷先生指出：[16]

> 運用數學工具來收集和處理研究資料的方法，主要通過抽樣或實驗的統計方式米驗證其研究假設，是開展實驗語用學科研活動的基本方法。

至於「質的研究方法」，李捷先生等指出：[17]

> 它指不依賴統計分析等數量化資料與方法，而對社會、語言、心理等現象進行經驗研究的方法，常見的資料收集方法有觀察法、訪談法、文本法等。

索振羽先生則將語用學的研究方法，區分為三種不同的類型，分別是：[18]

（一）純語用學：純語用學也叫做形式語用學，是語言哲學領域的重要研究內容之一，它研究語用學的形式和範疇，研究語用學形式化的最適宜的方法。

（二）描寫語用學：描寫語用學致力於描寫人的來自經驗的有關自然語言的運用原則，分析自然語言怎樣跟語境相聯繫，關注人們為達到特定的交際意圖在一定的語境中恰當地使用語言和準確地理解話語的語用能力。

---

15 詳見李捷等：《語用學十二講》（上海市：華東師範大學出版社，2011年），頁7。

16 同前註，頁227。

17 同前註，頁7。

18 詳見索振羽先生：《語用學教程》，頁15。此外，何自然先生亦分為此三種類型，詳見《語用學概論》，頁8-17。

（三）應用語用學：應用語用學領域中，外語教學，人——機對話和人工智能，不同語言間的語用對比研究等是最有實用價值的。

　　本文擬經由描寫語用學的分析，研究《戰國策》謀士說客的說辭，以「量」與「質」兩方面入手研析，全文略分為八章，第一章為前言，討論《戰國策》成書、《戰國策》語用研究的目的與價值；第二章研究《戰國策》的預設與衍推；第三章研究《戰國策》指示語及其指示信息；第四章研究《戰國策》語境；第五章研究《戰國策》言語行為；第六章研究《戰國策》語用合作原則與會話含義；第七章研究《戰國策》語用禮貌原則；第八章為結論。

第二章

《戰國策》預設與衍推

　　本章擬論述《戰國策》的預設與衍推。

　　「預設」與「衍推」為語用學的重要論題，李櫻先生將「預設」與「衍推」稱為「不須明說即可意會」的訊息[1]；一般語言學書籍往往將「預設」與「衍推」合併論述之[2]，本文據此，合併論述《戰國策》的預設與衍推。

第一節　語義預設與語用預設

　　預設（presupposition），又被稱為「前提」[3]、「先設」[4]，是指「會話含義必有一種已知信息，亦即講話之前，已擁有的立場」[5]。

　　一般而言，預設主要可以分為「語義預設」和「語用預設」兩種[6]。所謂的「語義預設」，是「從語句的意義或者命題的真假來考察

1　詳見李櫻：《語用研究與華語教學》，頁 51。

2　如李櫻《語用研究與華語教學》、姜望琪《當代語用學》、鍾榮富《當代語言學概論》等。

3　如何自然：《語用學概論》，頁 112；何兆熊：《新編語用學概要》（上海市：上海外語教育出版社，2009 年），頁 277。

4　如熊學亮：《語言學新解》（上海市：復旦大學出版社，2005 年），頁 163。

5　詳見鍾榮富：《當代語言學概論》（臺北市：五南圖書出版公司，2006 年），頁 220。

6　如鍾榮富：《當代語言學概論》，頁 223、李櫻：《語用研究與華語教學》，頁 53-61、姜望琪：《當代語用學》，頁 88-96。

或定義預設」[7]。夏中華先生指出：[8]

> 語義預設以言語片斷自身作為一個判斷，從這一判斷中邏輯地推出另一個判斷並使這種判斷之間符合一定的條件。這時，後一個判斷就被認為是前一個判斷的預設。

也就是說，語義預設是以語句的意義為主，其真與假影響到整個語句是否具有意義。例如：

（例一）小明和女友假日時外出購物。

這句話是否有意義，是以「小明有女友」為預設，如果沒有此一預設信息，整句話就沒有意義。

（例二）甲：是小張考取○大的碩士班嗎？
（例二）乙：不是，是小劉考取了。

這兩句話的預設，在於「有人考取了○大的碩士班」。

由此看來，語義預設與句子本身有著切身的關係。

句子的語義預設，其特點在於：「否定了句子本身，句子的預設保持不變」。也就是說，如果A、B兩句具有預設關係，必須滿足以下兩個條件：[9]

（1）如果A真實，B也真實。

（2）如果A不真實，B仍然真實。

例如：

「他停止了吸菸」／預設為「他有菸癮」。

---

7 詳見夏中華：《現代語言學引論》（上海市：學林出版社，2009 年），頁 216。

8 同前註，頁 216-217。

9 同前註，頁 218。

否定形式「他沒有停止吸菸」／預設仍為「他有菸癮」。

至於「語用預設」，是研究「關於『言語活動』或『命題態度』的預設⋯⋯也可以看作話語和其他使用的語境之間的關係」[10]。鍾榮富先生指出：[11]

> 在語用學的研究和歸類裡，不只語詞會有預設，很多情形之下，同一個類似的語句，卻因聽者已經有了社會文化上的預設，而會有不同的語義解釋。這種因社會文化或語言的前後文而衍生出來的預設，稱為語用預設（pragmatic presupposition）。

鍾先生指出，語用預設與語義預設最大的不同，在於語用預設會因溝通者的「社會文化」或「語言的前後文」，而衍生出來預設。通常，語用預設又被稱為「背景說」[12]，例如：

甲：林主任有個研究生考取了○大學的博士班。

乙：有一個指導研究生的林主任。

其中，甲能成立的前提，是以乙作為背景的。

錢乃榮先生從語用的角度分析語用預設，以為應注意語用預設的兩個基本特徵，一是「合適性」，一是「共知性」[13]。錢先生進一步說明，所謂的語用預設的「合適性」，是指說話人正確發出話語、聽話人正確理解話語；而所謂的語用預設的「共知性」，則是指：一、語用預設是會話雙方所共知的信息，其他人只要處在有關語境中，就也

---

10 同前註。

11 詳見鍾榮富：《當代語言學概論》，頁 221。

12 詳見夏中華：《現代語言學引論》，頁 218。

13 詳見錢乃榮：《漢語語言學》（北京市：北京語言學院出版社，1995 年），頁 364。

能理解會話內容、二、語用預設從話語推斷出來，其他人只要聽到話語就也能推斷出來、三、語用預設只為會話雙方所共知的信息，其他人即使處在有關的語境中也難以理解話語的內容。[14]

竺師家寧曾指出：「語言隨時在我們身邊，我們使用語言，語言反映一套思維模式，吾人自然就受到這個思維模式控制。」[15]竺老師進一步指出：[16]

> （預設）這是在句子表面沒說，卻偷偷夾帶在句子中的意思。
> 我們聽了別人的話語，不知不覺的，有些觀念會隨著句子進入
> 我們腦中，成為我們觀念的一部分。

竺老師表示，預設往往會隨著表達的話語，反映出說話者的觀念；而這些所反映的觀念，有可能是正確的，也有可能錯誤的，但是都會隨著話語的溝通，進入吾人的腦中。

第二節　衍推

所謂的衍推，是「基於語句的論斷內容由邏輯推論所得的訊息」[17]，而這種推論所得的訊息，包括正確或錯誤的類推（順向類推，反向類推）。鍾榮富先生指出，衍推的觀念是建立在哲學的三段論法：[18]

A、所有的人都會死

---

14 同前註，頁 364-366。
15 詳見竺家寧：《中國的語言和文字》（臺北市：臺灣書店，1998 年），頁 30。
16 同前註，頁 33-34。
17 詳見李櫻：《語用研究與華語教學》（臺北市：正中書局，2012 年），頁 52。
18 詳見鍾榮富：《當代語言學概論》，頁 224。

B、張三是人

C、所以張三一定會死。

由A、B的前提，衍推出C的結論。

　　由此看來，衍推是句子之間的邏輯關係，當其中的一個句子是真，另一個句子才有可能是真。李櫻先生指出，「衍推」和「預設」是有所不同的，「預設」是人們使用一個句子的先決條件；「衍推」則是根基於語句的內容，經由邏輯推論所得的訊息。[19]

　　竺家寧老師曾詳細論述「事實」、「推論」與「判斷」。竺老師指出，「事實」就是客觀上曾發生的事件，「推論」是依據事實作的推想，「判斷」則是帶著強烈主觀的評價。[20]本文所討論的「衍推」，就是依據「事實」所作的推想，而這個推想，可能是正確的，也有可能是錯誤的。

第三節　《戰國策》預設與衍推研究

　　由於《戰國策》的內容以游士的謀策為主，而謀策的論辯與勸說過程，往往在於立論的預設與衍推。首先，「預設」包括了說話人自己與對方既有的立場，「衍推」則是基於「預設」所得的結果。有關《戰國策》預設與衍推的例子，說明如下：

（一）秦興師臨周而求九鼎（頁15）[21]

　　秦興師臨周而求九鼎，周君患之，以告顏率。顏率曰：「大王勿

---

19 詳見李櫻：《語用研究與華語教學》，頁 52。

20 詳見竺家寧：《中國的語言和文字》，頁 31-32。

21 《戰國策》的文章本無篇名，為方便論述，今依例以各篇首句作篇名，以下同。篇名之後所附頁碼，係為臺北藝文印書館印行之《戰國策》，以下同。

憂，臣請東借救於齊。」顏率至齊，謂齊王曰：「<u>夫秦之為無道也，</u>欲興兵臨周而求九鼎，周之君臣，內自盡計，與秦，不若歸之大國。夫存危國，美名也；得九鼎，厚寶也。願大王圖之。」齊王大悅，發師五萬人，使陳臣思將以救周，而秦兵罷。

　　齊將求九鼎，周君又患之。顏率曰：「大王勿憂，臣請東解之。」顏率至齊，謂齊王曰：「周賴大國之義，得君臣父子相保也，願獻九鼎，不識大國何塗之從而致齊？」齊王曰：「寡人將寄徑於梁。」顏率曰：「不可。<u>夫梁之君臣欲得九鼎，謀之暉臺之下，少海之上，其日久矣。</u>鼎入梁，必不出。」齊王曰：「寡人將寄徑於楚。」對曰：「不可。<u>楚之君臣欲得九鼎，謀之於葉庭之中，其日久矣。</u>若入楚，鼎必不出。」王曰：「寡人終何塗之從而致之齊？」顏率曰：「弊邑固竊為大王患之。夫鼎者，非效醯壺醬甀耳，可懷挾提挈以至齊者；非效鳥集、烏飛、兔興、馬逝，灕然止於齊者。昔周之伐殷，得九鼎，凡一鼎而九萬人輓之，九九八十一萬人，士卒師徒，器械被具，所以備者稱此。今大王縱有其人，何塗之從而出？臣竊為大王私憂之。」齊王曰：「子之數來者，猶無與耳。」顏率曰：「不敢欺大國，疾定所從出，弊邑遷鼎以待命。」齊王乃止。

說明：

　　本篇為《戰國策》首篇，內容大略為：秦國出兵周國，目的為獲得周人的「九鼎」，周人顏率出使遊說齊國，退了秦軍，亦保住「九鼎」。

　　引文第一段，「夫秦之為無道也」：預設「秦無道」，無道是指「國君無德，不行正道」，因為秦國「無道」，「興師臨周」，所以衍推「九鼎」一定會被「無道」的秦國所奪。

　　齊國發兵五萬人救周，事成之後，要求得到九鼎，結果顏率以無

路可運送九鼎為由，委婉說明無法把九鼎送到齊國。

引文第二段，「夫梁之君臣欲得九鼎，謀之暉臺之下，少海之上，其日久矣」、「楚之君臣欲得九鼎，謀之於葉庭之中，其日久矣。」：預設梁國與楚國君臣想要得到九鼎已久；衍推為若向梁國、楚國借道運送九鼎，九鼎必為梁國、楚國所奪。

（二）周相呂倉見客於周君（頁21）

周相呂倉見客於周君。前相工師籍恐客之傷己也，因令人謂周君曰：「客者，辯士也，然而所以不可者，好毀人。」

說明：

本篇內容大略為：工師籍怕說客說自己壞話，派人告訴周君，不可聽信說客的話。

工師籍害怕周相呂倉的說客，在周君面前說他的壞話，所以預設該說客是一位辯士，好毀人，說人壞話；衍推說客一定會在周君面前說自己的壞話，此時周君不可聽信。

（三）石行秦謂大梁造（頁23）

石行秦謂大梁造曰：「欲決霸王之名，不如備兩周辯知之士。」謂周君曰：「君不如令辯知之士，為君爭於秦。」

說明：

本篇內容大略為：石行秦為了使兩周的辯知之士可以入秦，遊說大梁造與周君。

本文的預設是秦國大梁造想成就霸王之名、周君希望辯知之士到秦國幫他爭辯。

（四）秦武王謂甘茂（頁81）

秦武王謂甘茂曰：「寡人欲車通三川，以窺周室，而寡人死不朽乎？」甘茂對曰：「請之魏，約伐韓。」王令向壽輔行。

甘茂至魏，謂向壽：「子歸告王曰：『魏聽臣矣，然願王勿攻也。』事成，盡以為子功。」向壽歸以告王，王迎甘茂於息壤。甘茂至，王問其故。對曰：「宜陽，大縣也，上黨、南陽積之久矣，名為縣，其實郡也。今王倍數限，行千里而攻之，難矣。臣聞張儀西并巴蜀之地，北取西河之外，南取上庸，天下不以為多張儀而賢先王。魏文侯令樂羊將，攻中山，三年而拔之，樂羊反而語功，文侯示之謗書一篋，樂羊再拜稽首曰：『此非臣之功，主君之力也。』今臣羈旅之臣也，樗里疾、公孫衍二人者，挾韓而議，王必聽之，是王欺魏，而臣受公仲侈之願也。昔者曾子處費，費人有與曾子同名族者而殺人，人告曾子母曰：「曾參殺人。」曾子之母曰：『吾者不殺人。』置自若。有頃焉，人又曰：『曾參殺人。』其母尚置自若也。頃之，一人又告之曰：『曾參殺人。』其母懼，投杼逾牆牆而走。夫以曾參之賢，與母之信也，而三人疑之，則慈母不能信也。今臣賢不及曾子，而王之信臣又未若曾子之母也，疑臣者不適三人，臣恐王為臣之投杼也。」王曰：「寡人不聽也，請與子盟。」於是與之盟於息壤。

果攻宜陽，五月而不能拔也。樗里疾、公孫衍二人在，爭之王，王將聽之，召甘茂而告之。甘茂對曰：「息壤在彼。」王曰：「有之。」因悉起兵，復使甘茂攻之，遂拔宜陽。

說明：

本篇內容大略為：秦武王想要向東發展，闚視周室，於是派甘茂約定魏國，攻打韓國。甘茂知道韓國的宜陽是個大縣，若久攻不下，一定會被樗里疾、公孫衍等人非議，進而動搖秦王的決心，因而說服

秦武王與他在息壤立下盟誓，最後終於成功。

本文的預設宜陽是個大縣，不容易攻下，而樗里疾、公孫衍等人會因宜陽久攻不下而非議甘茂，衍推秦武王的決心，會因謗議而動搖。

（五）秦假道韓魏以攻齊（頁175）

秦假道韓、魏以攻齊，齊威王使章子將而應之。與秦交和而舍，使者數相往來，章子為變其徽章，以雜秦軍。候者言章子以齊入秦，威王不應。頃之間，候者復言章子以齊兵降秦，威王不應。而此者三。有司請曰：「言章子之敗者，異人而同辭。王何不發將而擊之？」王曰：「此不叛寡人明矣，曷為擊之！」

頃間，言齊兵大勝，秦軍大敗，於是秦王拜西藩之臣而謝於齊。左右曰：「何以知之？」曰：「章子之母啟得罪其父，其父殺之而埋馬棧之下。吾使者章子將也，勉之曰：『夫子之強，全兵而還，必更葬將軍之母。』對曰：『臣非不能更葬先妾也。臣之母啟得罪臣之父。臣之父未教而死。夫不得父之教而更葬母，是欺死父也。故不敢。』夫為人子而不欺死父，豈為人臣欺生君哉？」

說明：

本篇內容大略為：齊威王派章子迎戰來犯的秦軍，章子讓齊軍改換徽章，混入秦軍中，偵探回報章子將要投降秦國，齊威王以章子不敢改葬其母一事，深信章子不會背叛。

本篇的偵探因為「與秦交和而舍，使者數相往來，章子為變其徽章，以雜秦軍」，所以衍推為章子要投降秦國。

齊威王則因為章子「為人子而不欺死父」，衍推章子絕對不會背叛他。

（六）楚王死（頁195）

楚王死，太子在齊質。蘇秦謂薛公曰：「君何不留楚太子，以市其下東國。」薛公曰：「不可。我留太子，郢中立王，然則是我抱空質而行不義於天下也。」蘇秦曰：「不然。郢中立王，君因謂其新王曰：『與我下東國，吾為王殺太子。不然，吾將與三國共立之。』然則下東國必可得也。」

蘇秦之事，可以請行；可以令楚王亟入下東國；可以益割於楚；可以忠太子而使楚益入地；可以為楚王走太子；可以忠太子使之亟去；可以惡蘇秦於薛公；可以為蘇秦請封於楚；可以使人說薛公以善蘇子；可以使蘇子自解於薛公。

蘇秦謂薛公曰：「臣聞謀泄者事無功，計不決者名不成。今君留太子者，以市下東國也。非亟得下東國者，則楚之計變，變則是君抱空質而負名於天下也。」薛公曰：「善。為之奈何？」對曰：「臣請為君之楚，使亟入下東國之地。楚得成，則君無敗矣。」薛公曰：「善。」因遣之。

謂楚王曰：「齊欲奉太子而立之。臣觀薛公之留太子者，以市下東國也。今王不亟入下東國，則太子且倍王之割而使齊奉己」。楚王曰：「謹受命。」因獻下東國。故曰可以使楚亟入地也。

謂薛公曰：「楚之勢可多割也。」薛公曰：「奈何？」「請告太子其故，使太子謁之君，以忠太子，使楚王聞之，可以益入地。」故曰「可以益割於楚」。

謂太子曰：「齊奉太子而立之，楚王請割地以留太子，齊少其地。太子何不倍楚之割地而資齊，齊必奉太子。」太子曰：「善。」倍楚之割而延齊。楚王聞之恐，益割地而獻之，尚恐事不成。故曰「可以使楚益入地」也。

謂楚王曰：「齊之所以敢多割地者，挾太子也。今已得地而求不

止者，以太子權王也。故臣能去太子。太子去，齊無辭，必不倍於王也。王因馳強齊而為交，齊辭，必聽王。然則是王去讎而得齊交也。」楚王大悅，曰：「請以國因。」故曰「可以為楚王使太子亟去」也。

謂太子曰：「夫剬楚者王也，以空名市者太子也，齊未必信太子之言也，而楚功見矣。楚交成，太子必危矣。太子其圖之。」太子曰：「謹受命。」乃約車而暮去。故曰「可以使太子急去」也。

蘇秦使人請薛公曰：「夫勸留太子者蘇秦也。蘇秦非誠以為君也，且以便楚也。蘇秦恐君之知之，故多割楚以滅跡也。今勸太子者又蘇秦也，而君弗知，臣竊為君疑之。」薛公大怒於蘇秦。故曰「可使人惡蘇秦於薛公」也。

又使人謂楚王曰：「夫使薛公留太子者蘇秦也，奉王而代立楚太子者又蘇秦也，割地固約者又蘇秦也，忠王而走太子者又蘇秦也。今人惡蘇秦於薛公，以其為齊薄而為楚厚也。願王之知之。」楚王曰：「謹受命。」因封蘇秦為武貞君。故曰「可以為蘇秦請封於楚」也。

又使景鯉請薛公曰：「君之所以重於天下者，以能得天下之士而有齊權也。今蘇秦天下之辯士也，世與少有。君因不善蘇秦，則是圍塞天下士而不利說途也。夫不善君者且奉蘇秦，而於君之事殆矣。今蘇秦善於楚王，而君不蚤親，則是身與楚為讎也。故君不如因而親之，貴而重之，是君有楚也。」薛公因善蘇秦。故曰「可以為蘇秦說薛公以善蘇秦」。

說明：

本篇內容大略為：第一段，楚懷王死，蘇秦建議薛公，利用在齊國的楚太子，要求交換下東國。第二段開始，則是一一分析這件事的十種可能。

　　第一段，蘇秦建議薛公扣留楚太子，要求楚國割讓下東國，薛公預設楚國不重視在齊國當人質的楚太子，不接受威脅，而在郢都另立新王；衍推為空留沒有用的人質，而且讓天下人知道齊國做了不義的事。蘇秦則表示，假如預設楚國真的另立新王的話，那麼可以趁機告訴對方，如果把下東國割讓給齊國的話，齊國就替他殺掉太子，衍推為使他安心當楚王；如果不把下東國割讓給齊國的話，齊國就和秦、韓、魏三國共同擁立楚太子為王，衍推為使得對方不能安穩的當楚王。

　　第二段開始，是針對這一事件可能有的十種發展，分別作預設與衍推。第一種可能，預設密謀洩漏了就無法成功，衍推為蘇秦前往楚國。

　　第三段是第二種可能，預設為新立的楚王怕太子以割讓多一倍的土地給齊國，換得回楚國當王的機會，衍推為楚王快速的將下東國割給齊國。

　　第四段是第三種可能，預設為新立的楚王害怕齊國立楚太子，衍推為楚國增加割地。

　　第五段是第四種可能，預設為向楚太子表明無二心，使得新立的楚王害怕，衍推為使楚國多割地。

　　第六段是第五種可能，預設為可以為新立的楚王使太子離開齊國，衍推為楚王要求與齊國結交，因而割地給齊國。

　　第七段是第六種可能，預設為可以使楚太子趕快離開齊國，衍推為可以使得楚王割地給齊國。

　　第八段是第七種可能，預設為派人在薛公面前非議蘇秦，衍推為薛公對蘇秦大怒。

　　第九段是第八種可能，預設為讓新立的楚王知道蘇秦為齊國少，而為楚國多，衍推為楚國封蘇秦為武貞君。

　　第十段是第九種可能，預設為替蘇秦遊說薛公，衍推為薛公親善蘇秦。第十種可能，前文說是「可以使蘇子自解於薛公」，但是文中並沒有作說解。

（七）楚懷王拘張儀（頁289）

　　楚懷王拘張儀，將欲殺之。靳尚為儀謂楚王曰：「拘張儀，秦王必怒。天下見楚之無秦也，楚必輕矣。」又謂王之幸夫人鄭袖曰：「子亦自知且賤於王乎？」鄭袖曰：「何也？」尚曰：「張儀者，秦王之忠信有功臣也。今楚拘之，秦王欲出之。秦王有愛女而美，又簡擇宮中佳冶麗好翫習音者，以懽從之；資之金玉寶器，奉以上庸六縣為湯沐邑，欲因張儀內之楚王。楚王必愛，秦女依強秦以為重，挾寶地以為資，勢為王妻以臨於楚。王惑於虞樂，必厚尊敬親愛之而忘子，子益賤而日疏矣。」鄭袖曰：「願委之於公，為之奈何？」曰：「子何不急言王，出張子。張子得出，德子無已時，秦女必不來，而秦必重子。子內擅楚之貴，外結秦之交，畜張子以為用，子之子孫必為楚太子矣，此非布衣之利也。」鄭袖遽說楚王出張子。

說明：

　　本篇內容大略為：張儀出使楚國，楚懷王因曾被張儀欺騙而欲殺之，張儀透過靳尚向楚懷王及懷王的寵姬鄭袖勸說，使得楚懷王再次受騙，後來，張儀平安的回到秦國。

　　文中「拘張儀，秦王必怒。天下見楚之無秦也，楚必輕矣」，預設張儀為秦王的「忠信有功臣」，所以楚國拘捕張儀，衍推為「秦王必怒」；預設秦王怒，衍推為「楚國失去秦國支持」；預設「楚國失去秦國支持」，衍推為「楚國受到輕視」。

（八）秦伐宜陽（頁303）

秦伐宜陽。楚王謂陳軫曰：「寡人聞韓侈巧士也，習諸侯事，殆能自免也。為其必免，吾欲先據之以加德焉。」陳軫對曰：「舍之，王勿據也。以韓侈之知，於此困矣。今山澤之獸，無黠於麋。麋知獵者張罔，前而驅己也，因還走而冒人，至數。獵者知其詐，偽舉罔而進之，麋因得矣。今諸侯明知此多詐，偽舉罔而進者必眾矣。舍之，王勿據也。韓侈之知，於此困矣。」楚王聽之，宜陽果拔。陳軫先知之也。

說明：

本篇內容大略為：秦國進攻宜陽，楚懷王認為韓侈是個知巧之士，可以守住宜陽，所以打算依靠他，給他加倍的恩德，陳軫卻預見韓侈守不住宜陽，建議懷王不要依靠他。

本篇的預設是「韓侈巧士也，習諸侯事」，因為韓侈熟悉諸侯國的事，所以衍推為「殆能自免也」，能守住宜陽。陳軫的預設為「今諸侯明知此多詐」，因為諸侯已明知韓侈多詐，故衍推為「韓侈之知，於此困矣」，預見韓侈將敗。

（九）魏將與秦攻韓（頁493）

魏將與秦攻韓，朱己謂魏王曰：「秦與戎翟同俗，有虎狼之心，貪戾好利而無信，不識禮義德行。苟有利焉，不顧親戚兄弟，若禽獸耳。此天下之所同知也，非所施厚積德也。故太后母也，而以憂死；穰侯舅也，功莫大焉，而竟逐之；兩弟無罪，而再奪之國。此於其親戚兄弟若此，而又況於仇讎之敵國也。「今大王與秦伐韓而益近秦，臣甚或之，而王弗識也，則不明矣。群臣知之，而莫以此諫，則不忠矣。

今夫韓氏以一女子承一弱主，內有大亂。外安能支強秦、魏之兵，王以為不破乎？韓亡，秦盡有鄭地，與大梁鄰，王以為安乎？王

欲得故地，而今負強秦之禍也，王以為利乎？「秦非無事之國也，韓亡之後，必且便事；便事，必就易與利；就易與利，必不伐楚與趙矣。是何也？夫越山逾河，絕韓之上黨而攻強趙，則是復於與之事也，秦必不為也。若道河內，倍鄴、朝歌，絕漳、滏之水，而以與趙兵決勝於邯鄲之郊，是受智伯之禍也。秦又不敢。伐楚，道涉而穀行但是里，而攻危隘之塞，所行者甚遠，而所攻者甚難，秦又弗為也。若道河外，背大梁，而右上蔡、召陵，以與楚兵決於陳郊，秦又不敢也。故曰，秦必不伐楚與趙矣，又不攻衛與齊矣。韓亡之後，兵出之日，非魏無攻矣。

「秦故有懷地刑丘、之城、垝津，而以之臨河內，河內之共、汲莫不危矣。秦有鄭地，得垣雍，決熒澤，而水大梁，大梁必亡矣。王之使者大過矣，乃惡安陵氏與秦，秦之欲許之久矣。然而秦之葉陽、昆陽與舞陽、高陵鄰，聽使者之惡也，隨安陵氏而欲亡之。秦繞舞陽之北，以東臨許，則南國必危矣。南國雖無危，則魏國豈得安哉？且夫憎韓不愛安陵氏可也，夫不患秦之不愛南國非也。

「異日者，秦乃在河西，晉國之去梁也，千里有餘，河山以蘭之，有周、韓而間之。從林軍以至於今，秦十攻魏，五入國中，邊城盡拔。文臺墮，垂都焚，林木伐，麋鹿盡，而國繼以圍。又長驅梁北，東至陶、衛之郊，北至乎闡，所亡乎秦者，山北、河外、河內，大縣數百，名都數十。秦乃在河西，晉國之去大梁也尚千里，而禍若是矣。又況於使秦無韓而有鄭地，無河山以蘭之，無周、韓以間之，去大梁百里，禍必百此矣。

異日者，從之不成矣，楚、魏疑而韓不可得而約也。今韓受兵三年矣，秦撓之以講，韓知亡，猶弗聽，投質遇趙，而請為天下雁行頓刃。以臣之觀之，則楚、趙必與之攻矣。此何也？則皆知秦之無窮也，非盡亡天下之兵，而臣海內之民，必不休矣。是故臣願以從事乎

王，王速受楚、趙之約，而挾韓、魏之質，以存韓為務，因求故地於韓，韓必效之。如此則士民不勞而故地得，其功多於與秦共伐韓，然而無與強秦鄰之禍。

說明：

　　本篇內容大略為：魏國將與秦國一起攻打韓國，朱己從秦國貪戾無信的角度分析，若滅了韓國，魏國將會有危險，若保存韓國，魏國也可獲得安全。

　　本篇的預設為「與戎翟同俗，有虎狼之心，貪戾好利而無信，不識禮義德行」，因為秦國的本質是貪戾而且無信，所以衍推為「無周、韓以間之，去大梁百里，禍必百此矣」，若無韓國做為中間，隔開秦、魏，則秦國必定會攻打魏國。

（十）客謂司馬食其（頁506）

　　客謂司馬食其曰：「慮久以天下為可一者，是不知天下者也。欲獨以魏支秦者，是又不知魏者也。謂茲公不知此兩者，又不知茲公者也。然而茲共為從，其說何也？從則茲公重，不從則茲公輕，茲公之處重也，不實為期。子何不疾及三國方堅也，自賣於秦，秦必受子。不然，構者將圖子以合於秦，是取子之資，而以資子之讎也。」

說明：

　　本篇內容大略為：某說客勸司馬食其放棄合縱，投身秦國。

　　本篇的預設為，合縱是一種主張，主張合縱就會被重視，但是合縱無法成為事實；衍推為投身秦國後，享有受到重視的地位。

（十一）魏秦伐楚（頁506）

　　魏、秦伐楚，魏王不欲。樓緩謂魏王曰：「王不與秦攻楚，楚且與秦攻王。王不如令秦、楚戰，王交制之也。」

說明：

　　本篇內容大略為：樓緩勸魏王與秦攻楚。

　　本篇的預設為「王不與秦攻楚，楚且與秦攻王」，若魏王不助秦攻楚，楚國恐怕助秦攻魏；衍推為助秦攻楚，而秦、楚交戰，魏國交相制服秦、楚。

（十二）穰侯攻大梁（頁506）

　　侯攻大梁，乘北郢，魏且從。謂穰侯曰：「君攻楚得宛穰以廣陶，攻齊得剛、博以廣陶，得許、鄢陵以廣陶，秦王不問者，何也？以大梁之未亡也。今日大梁往，許、鄢陵必議，議則君必窮。為君計者，勿攻便。」

說明：

　　本篇內容大略為：說客勸穰侯不要攻下大梁。

　　本篇的預設為大梁即將被穰侯攻破，加上先前的攻楚、攻齊，穰侯得到許多土地；衍推為完成攻下魏大梁後，會再得到土地，而且會引來非議，陷自己入困境。

（十三）成陽君欲以韓魏聽秦（頁511）

　　成陽君欲以韓、魏聽秦，魏王弗利。白圭謂魏王曰：「王不如陰侯人說成陽君曰：『君入秦，秦必留君，而以多割於韓矣。韓不聽，秦必留君，而伐韓矣。故君不如安行求質於秦。』成陽君必不入秦，秦、韓不敢合，則王重矣。」

說明：

　　本篇內容大略為：成陽君打算讓韓、魏兩國聽從秦國，魏王覺得這對國家不利，白圭勸魏王遊說成陽君，阻止成陽君入秦。

　　本篇的預設為成陽君欲入秦，使韓、魏聽從秦國；衍推為阻止成

陽君入秦，秦、韓兩國沒有聯合，而魏王更顯得重要。

（十四）秦攻魏急（頁519）

秦攻魏急。或謂魏王曰：「棄之不如用之之易也，死之不如棄之之易也。能棄之弗能用之，能死之弗能棄之，此人之大過也。今王亡地數百里，亡城數十，而國患不解，是王棄之，非用之也。今秦之強也，天下無敵，而魏之弱也甚，而王以是質秦，王又能死而弗能棄之，此重過也。今王能用臣之計，虧地不足以傷國，卑體不足以苦身，解患而怨報。「秦自四境之內，執法以下至於長輓者，故畢曰：『與嫪氏乎？與呂氏乎？』雖至於門閭之下，廊廟之上，猶之如是也。今王割地以賂秦，以為嫪毒功；卑體以尊秦，以因嫪毒。王以國贊嫪毒，以嫪毒勝矣。王以國贊嫪氏，太后之德王也，深於骨髓，王之交最為天下上矣。秦、魏百相交也，百相欺也。今由嫪氏善秦而交為天下上，天下孰不棄呂氏而從嫪氏？天下必合呂氏而從嫪氏，則王之怨報矣。」

說明：

本篇內容大略為：秦國攻魏國，情勢緊急，說客勸魏王割地給秦，資助太后的情人嫪毒，太后定會感激魏王，嫪毒得勢之後，就會使得秦相呂不韋失勢，魏王的怨就可以報了。

本篇的預設為秦強魏弱，衍推為魏王一再割地；預設為魏王一再割地求和，但是國患不解，衍推為魏王無法解患報怨；預設為助嫪毒得勢，秦相呂不韋失勢，衍推為魏王得以報怨。

（十五）張儀為秦破從連橫謂燕王（頁588）

張儀為秦破從連橫，謂燕王曰：「大王之所親，莫如趙。昔趙王以其姊為代王妻，欲并代，約與代王遇於句注之塞。乃令工人作為金

斗，長其尾，令之可以擊人。與代王飲，而陰告廚人曰：『即酒酣樂，進熱啜，即因反鬭擊之。』於是酒酣樂進取熱啜。廚人進斟羹，因反鬭而擊之，代王腦涂地。其姊聞之，摩笄自自刺也。故至今有摩笄之山，天下莫不聞。

「夫趙王之狼戾無親，大王之所明見知也。且以趙王為可親邪？趙興兵而攻燕，再圍燕都而劫大王，大王割十城乃卻以謝。今趙王已入朝澠池，效河間以事秦。大王不事秦，秦下甲云中、九原，驅趙而攻燕，則易水、長城非王之有也。且今說趙之於秦，猶郡縣也。不敢妄興師以征伐。今大王事秦，秦王必喜，而趙不敢妄動矣。是西有強秦之援，而南無齊、趙之患，是故願大王之熟計之也。」

燕王曰：「寡人蠻夷辟處，雖大男子，裁如嬰兒，言不足以求正，謀不足以決事。今大客幸而教之，請奉社稷西面而事秦，獻常山之尾五城。」

說明：

本篇內容大略為：張儀以趙國不可親，勸說燕王與秦國連橫，破壞合縱的聯盟。

本篇的預設為合縱的聯盟國互相信任，則對秦國、對連橫的策略不利，其中燕昭王與趙國最親，所以由燕趙入手；衍推為趙國過去的所做所為，令人不齒，所以趙國不可親；而與秦國親，對於燕國有利。

第四節　小結

溫洪隆先生將戰國時代稱為「只有利害而沒有道德可言的世道」[22]，這個時期，各國的統治者都希望可以讓自己在「鬥爭中立於

---

22 詳見溫洪隆注譯，陳滿銘校閱：《新譯戰國策・導讀》，頁 3。

不敗之地」[23]，所以說客辯士在遊說勸說的對象時，也往往善用「預設」與「衍推」，進而達到勸說的效果。

經由上節分析，吾人可以得知，說客辯士在遊說時，可以不顧一切，只要求能遂行心願，甚至於完全不在乎仁義道德，如〈秦攻魏急〉（頁519）中，說客知道魏景湣王怨恨秦相呂不韋，為了達成魏王的心願，說客竟然建議，魏王割地給秦太后的情人嫪毐，如此一來，嫪毐就會得勢，秦太后就會感激魏王，而天下諸侯就會歸向嫪毐，而秦相呂不韋的地位就不保，魏王的怨也就解決了，手段實在不怎麼高明。

此外，由於戰國時期，只要說客辯士的計謀得到賞識，就可以「朝為布衣，暮為卿相」[24]，所以拿捏統治者的心態，成為說客辯士最拿手的工夫，如〈楚王死〉（頁195）一篇，甚至將所可能面臨的問題，深入分析，共得出十種的可能性，並一一分析其利弊得失，迎合「新立的楚王怕失勢」的心態，極力從中獲取最大利益，此時，說客辯士的心中已完全沒有薛公「我抱空質而行不義於天下也」的顧忌了。

此外，〈楚懷王拘張儀〉（頁289）一篇中，吾人也可以發現，張儀為了破壞齊、楚的合縱，曾答應獻地給楚國，後來齊、楚兩國不結盟了，張儀達到了目的，卻不守信用；一年後，秦國打算與楚國講和，張儀再次來到楚國，楚懷王不甘被騙的往事，所以拘捕了張儀，並打算殺了他，沒想到張儀透過買通楚國當權大臣靳尚的手法，讓靳尚在懷王面前分析拘殺張儀的利害關係；並以「失寵」來威脅懷王的寵姬鄭袖，最後又再一次欺騙楚王，平安地回到了秦國。由此可以看得出來張儀勸說的技巧相當高明，並一再利用人性的弱點，達到其說服的目的。

---

23 同前註。

24 同前註，頁4。

第三章
《戰國策》指示語研究

第一節　指示語

指示語（deixis）[1]，又稱為指示[2]、指示詞語[3]、指代詞[4]、指別[5]，是指溝通時，使用指示代名詞或指示形容詞（這個、那個），或表時間的副詞。指示語的使用和講話時間、方位、立場等因素大有關係，應用時若未說明清楚，容易造成溝通上的困難。

指示語在語境中才能確定其所指對象，一般而言，指示語可以分為五種：人稱指示、時間指示、地點（空間）指示、語篇（話語）指示、社交指示。[6]

一　人稱指示

人稱指示，或稱為人稱指示語，就是言語交際中，用以表示說話人、聽話人或第三者的詞語或結構，一般可分為「第一人稱」、「第二人稱」與「第三人稱」等三類：[7]

1　錢乃榮《漢語語言學》、何自然《語用學概論》、李捷等《語用學十二講》、冉永平《語用學：現象與分析》稱為「指示語」。
2　何兆熊《新編語用學概要》、李櫻《語用研究與華語教學》稱為「指示」。
3　索振羽《語用學教程》稱為「指示詞語」。
4　鍾榮富《當代語言學概論》稱為「指代詞」。
5　姜望琪《當代語用學》、夏中華《現代語言學引論》稱為「指別」。
6　詳見索振羽：《語用學教程》，頁42。
7　如李捷等：《語用學十二講》，頁26-31；何自然：《語用學概論》，頁20-29。

（一）第一人稱指示語

　　第一人稱指示語，是指說話人而言，如現代漢語中的「我」、「我們」、「咱」、「咱們」等，或是包括聽話人在內的「我們」、「咱們」等。

（二）第二人稱指示語

　　第二人稱指示語，是指聽話人，如現代漢語的「你」、「妳」、「您」、「你們」、「您們」等。其中，第二人稱的「您」、「您們」，表示敬稱，帶有尊敬的意味，也可列為「社交指示」。

（三）第三人稱指示語

　　第三人稱指示語，是指說話人和聽話人以外的第三者，不包括說話人、聽話人在內，如現代漢語的「他」、「她」、「他們」、「她們」、「那些人」、「有人」等。

二　時間指示

　　有關於「時間」，可以區分為「絕對時間」與「時間指示」兩類。[8]所謂的「絕對時間」，是指「不受說話時間影響，以日、月、年份等為基礎來表示時間」；[9]而「時間指示」，或稱為時間指示語，則是在言語交際中，說話雙方用話語傳遞信息時所涉及的時間。[10]

　　「時間指示」通常以說話人的說話時刻為依據。一般將時間指示分為「時間單位」、「時間修飾語」、「時間指示副詞」與「語用時間指

8　詳見李捷等：《語用學十二講》，頁31。
9　同前註。
10　同前註。

示」等四類。[11]

（一）時間單位

　　時間單位，又可分為「曆法時間單位」與「非曆法時間單位」。「曆法時間單位」，如通行的曆法，在固定的曆算系統中，依一定的規則所劃分的年、月、日、星期等時間單位。[12]而「非曆法時間單位」，雖然也是時間單位，但是往往沒有固定的起點與終點，且起點與終點受到文化、生活習慣的影響。[13]

（二）時間修飾語

　　何自然、冉永平兩位先生指出：[14]時間修飾語，就是那些與表示時間信息的名詞聯繫在一起的詞語，包括代詞、副詞，如「這」（這週、這個月）、「前」（前幾天、一年前）、「以後」（一週以後、二年以後）等。漢語中也可以使用時間名詞做修飾語，如「今天晚上」、「昨天上午」、「本世紀初」。

（三）時間指示副詞

　　使用時間副詞，可以表達時間指示，在現代漢語中，常使用的時間指示副詞，如「已經」、「曾經」、「剛剛」、「將」、「將要」、「立刻」、「頓時」、「從來」、「一直」、「隨時」、「偶爾」、「忽然」等等。至於古籍中常出現的時間副詞，如「既」、「已」、「業」、「向」、「初」、

---

11 詳見何自然、冉永平：《新編語用學概論》（北京市：北京大學出版社，2009 年），頁 39-45。

12 詳見李捷等：《語用學十二講》，頁 31。

13 同前註。

14 詳見何自然、冉永平：《新編語用學概論》，頁 41。

「適」、「嘗」、「曾」、「正」、「方」、「適」、「將」、「行將」、「且」、「其」等等。

（四）語用時間指示

何自然、冉永平兩位先生指出，[15]漢語中，常見一些涉及時間的語詞或結構，往往帶有模糊性，需透過上下文來理解；漢語中帶有一些指示特定時間信息的詞，如：「不惑」、「知天命」、「耳順」、「花甲」、「古稀」、「梅月」、「荔月」、「桂月」、「菊月」等等。

三　地點指示

地點指示或空間指示，表示話語所涉及的地點或空間。地點指示來自話語中有關物體的方位或說話人和聽話人雙方所處的位置。現代漢語中常見的地點指示語包括「這裡」、「這兒」、「這邊」、「那裡」、「那兒」、「那邊」、「這個地方」、「那個地方」、「在樓上」、「在外面」等，而就說話人、聽話人不同的視角、所在位置，語用也有所不同。

四　話語（語篇）指示

話語（語篇）指示，是指用詞語指語篇的某一個部分，而所用的詞語就包含在這語篇的話語中。若再細分，「話語指示」多強調會話、訪談等口頭交際中出現的指示語，而「語篇指示」多強調書面語篇中出現的指示語。現代漢語常見的話語指示語或語篇指示語，如「前者」、「後者」、「前面那個」、「後面那個」、「上次」、「下次」、「前文」、「上文」、「下文」、「上面一段」、「下面一段」、「原來那句話」、「下一章節」等等。

---

15 同前註。

五 社交指示

社交指示，是由語言結構中，反映出語言使用者的身分、地位的詞語。因為交際雙方所使用的語言，建立在人際關係之上，包括權勢、地位、職位、親疏等，所以在一定的語境中，人稱代詞、稱謂語以及非正式用語，可以呈現不同的社交指示信息。

第二節　《戰國策》指示語研究

有關《戰國策》的指示語研究，例子如下：[16]

（一）秦興師臨周而求九鼎（頁15）

秦興師臨周而求九鼎，周君患之，以告顏率。顏率曰：「<u>大王</u>勿憂，臣請東借救於齊。」顏率至齊，謂齊王曰：「夫秦之為無道也，欲興兵臨周而求九鼎，周之君臣，內自盡計，與秦，不若歸之<u>大國</u>。夫存危國，美名也；得九鼎，厚寶也。願<u>大王</u>圖之。」齊王大悅，發師五萬人，使陳臣思將以救周，而秦兵罷。

齊將求九鼎，周君又患之。顏率曰：「大王勿憂，臣請東解之。」顏率至齊，謂齊王曰：「周賴大國之義，得君臣父子相保也，願獻九鼎，不識大國何塗之從而致齊？」齊王曰：「寡人將寄徑於梁。」顏率曰：「不可。夫梁之君臣欲得九鼎，謀之暉臺之下，少海之上，其日久矣。鼎入梁，必不出。」齊王曰：「寡人將寄徑於楚。」對曰：「不可。楚之君臣欲得九鼎，謀之於葉庭之中，其日久矣。若入楚，鼎必不出。」王曰：「<u>寡人</u>終何塗之從而致之齊？」顏

---

16 指示語的用法相同，重複出現時，僅於第一次出現時說明，以下同。

率曰：「<u>弊邑</u>固竊為大王患之。夫鼎者，非效醯壺醬垂耳，可懷挾提
挈以至齊者；非效鳥集、烏飛、兔興、馬逝，灕然止於齊者。昔周之
伐殷，得九鼎，凡一鼎而九萬人輓之，九九八十一萬人，士卒師徒，
器械被具，所以備者稱此。今大王縱有其人，何塗之從而出？臣竊為
大王私憂之。」齊王曰：「子之數來者，猶無與耳。」顏率曰：「不敢
欺大國，疾定所從出，弊邑遷鼎以待命。」齊王乃止。

說明：

本篇的內容大略為：秦國出兵周國，目的為獲得周人的「九
鼎」，周人顏率出使遊說齊國，退了秦軍，亦保住「九鼎」。

本篇使用的指示語，包括「<u>大王</u>勿憂，<u>臣</u>請東借救於齊。」其
中，「大王」、「臣」屬於社交指示語，用來表示溝通者的身分地位。

「與秦，不若歸之<u>大國</u>」，此處的「大國」係指齊國，因為周有
求於齊，所以尊稱而以「大國」指示。

「<u>寡人</u>終何塗之從而致之齊」。寡人係指寡德的人，為古代國君
自稱的謙詞，屬於第一人稱指示語。

「<u>弊邑</u>固竊為大王患之」。弊邑，為顏率謙稱自己的國家，屬於
第一人稱的指示語。

「<u>子</u>之數來者，猶無與耳」。子，為當時對男子的美稱，多用來
指有學問、道德或地位的人，屬於第二人稱指示語。「子」字用為第
二人稱指示語，在《戰國策》中時常出現。

（二）秦攻宜陽（頁17）

秦攻宜陽，周君謂趙累曰：「<u>子</u>以為何如？」對曰：「宜陽必拔
也。」君曰：「宜陽城方八里，材士十萬，粟支數年，公仲之軍二十
萬，景翠以楚之眾，臨山而救之，秦必無功。」對曰：「甘茂，羈旅
也，攻宜陽而有功，則周公旦也；無功，則削跡於秦。秦王不聽群臣

父兄之義而攻宜陽，宜陽不拔，秦王恥之。臣故曰拔。」君曰：「子為寡人謀，且奈何？」對曰：「君謂景翠曰：『公爵為執圭，官為柱國，戰而勝，則無加焉矣；不勝，則死，不如背秦援宜陽，公進兵。秦恐公之乘其弊也，必以寶事公；公中慕公之為己乘秦也，亦必盡其寶。』」秦拔宜陽，景翠果進兵。秦懼，遽效煮棗；韓氏果亦效重寶。景翠得城於秦，受寶於韓，而德東周。

說明：

　　本篇內容大略為：秦國攻打韓國的宜陽，危及周國，周國趙累建議周國國君，告訴前來救援的楚將景翠，希望他在秦國拿下宜陽之後，再行進兵。

　　本篇使用的指示語，包括「子」、「公」，其中「子」已於前文說明。

　　「**公**爵為執圭」。公是一種古代的爵位，位居五等之首，也可用於對年長或有地位者的尊稱；在此則是對同輩（或晚輩）的敬稱，屬於第二人稱指示語。

（三）東周與西周爭（頁18）

　　東周與西周爭，西周欲和於楚、韓。齊明謂東周君曰：「臣恐西周之與楚、韓寶，令之為己求地於東周也。不如謂楚、韓曰：『西周之欲入寶，持二端。今東周之兵不急西周，西周之寶不入楚、韓。』楚、韓欲得寶，即且趣<u>我</u>攻西周。西周寶出，是<u>我</u>為楚、韓取寶以德之也，西周弱矣。」

說明：

　　本篇內容大略為：東周與西周爭，西周打算與楚、韓議和；齊明對東周君出策，離間西周和楚、韓的關係，使得西周的力量變弱。

本篇使用了第一人稱指示語「我」：「即且趣我攻西周。西周寶出，是我為楚、韓取寶以德之也」，「我」在本篇中係指東周國而言。

（四）昭獻在陽翟（頁19）

昭獻在陽翟，周君將令相國往，相國將不欲。蘇厲為之謂周君曰：「楚王與魏王遇也，主君令陳封之楚，令向公之魏；楚、韓之遇也，主君令許公之楚，令向公之韓。今昭獻非人主也，而主君令相國往，若其王在陽翟，主君將令誰往？」周君曰：「善。」乃止其行。

說明：

本篇內容大略為：蘇厲告訴周君，派使者出使他國，身分應低於對方人員。

本篇使用了「主君」：「主君令陳封之楚」，指稱第二人稱周君。

（五）楚攻雍氏（頁20）

楚攻雍氏，周餧秦、韓，楚王怒周，周之君患之。為周謂楚王曰：「以王之強而怒周，周恐，必以國合於所與粟之國，則是勁王之敵也。故王不如速解周恐，彼前得罪而後得解，必厚事王矣。」

說明：

本篇內容大略為：楚國進攻雍氏時，周國供應糧食給秦國、韓國，楚王因而對周國生氣，有說客勸說楚王，若是楚國對周國發怒，將會使得周國與秦國、韓國聯合，如此一來，對楚國不利。

本篇使用「王」：「王之強而怒周」，指稱楚王，為第二人稱指示語。

（六）蘇厲為周最謂蘇秦（頁25）

蘇厲為周最謂蘇秦曰：「君不如令王聽最，以地合於魏，趙故必

怒，合於齊，是君以合齊與強楚。吏產子君，若欲因最之事，則合齊者，君也；割地者，最也。」

說明：

　　本篇內容大略為：蘇厲為了周最，勸蘇秦建議齊王聽從周最的話，使齊國和魏國聯合。

　　本篇的指示語有「君」、「王」：「君不如令王聽最」，其中的「君」，在《戰國策》中，除了是對「一國之主」的稱呼之外，在此，是對蘇秦的尊稱，屬於第二人稱指示語；「王」，則是指齊王，在此為第三人稱指示語。

（七）犀武敗於伊闕（頁40）

　　犀武敗於伊闕，周君之魏求救，魏王以上黨之急辭之。周君反，見梁囿而樂之也。綦母恢謂周君曰：「溫囿不下此，而又近。臣能為君取之。」反見魏王，王曰：「周君怨寡人乎？」對曰：「不怨。且誰怨王？臣為王有患也。周君，謀主也，而設以國為王扞秦，而王無之扞也，臣見其必以國事秦也。秦悉塞外之兵，與周之眾，以攻南陽，而兩上黨絕矣。」魏王曰：「然則奈何？」綦母恢曰：「周君形不小利事秦，而好小利。今王許戍三萬人與溫囿，周君得以為辭於父兄百姓，而利溫囿以為樂，必不合於秦。臣嘗聞溫囿之利，歲八十金，周君得溫囿，其以事王者，歲百二十金，是上黨每患而贏四十金。」魏王因使孟卯致溫囿於周君而許之戍也。

說明：

　　本篇內容大略為：魏將犀武在伊闕被秦軍打敗，周國感到威脅，周君到魏國求救，在途中竟喜愛魏國的射獵場，周臣綦母恢勸說魏王，將溫囿送給周君，並且幫周國戍守邊境。

本篇使用的指示語「謀主」:「周君,謀主也」,謀主本指「出計謀的人」,在此指代為「天子」,為周君,屬於第三人稱指示語。

(八)張儀說秦王(頁54)

張儀說秦王曰:「臣聞之,弗知而言為不智,知而不言為不忠。為人臣不忠當死,言不審亦當死。雖然,臣願悉言所聞,大王裁其罪。臣聞天下陰燕陽魏,連荊固齊,收余韓成從,將西南以與秦為難。臣竊笑之。世有三亡,而天下得之,其此之謂乎!臣聞之曰:『以亂攻治者亡,以邪攻正者亡,以逆攻順者亡』。今天下之府庫不盈,囷倉空虛,悉其士民,張軍數千百萬,白刃在前,斧質在後,而皆去走,不能死,罪其百姓不能死也,其上不能殺也。言賞則不使,言罰則不行,賞罰不行,故民不死也。今秦出號令而行賞罰,不攻無攻相事也。出其父母懷衽之中,生未嘗見寇也,聞戰頓足徒裼,犯白刃,蹈煨炭,斷死於前者比是也。夫斷死與斷生也不同。而民為之者是貴奮也。一可以勝十,十可以勝百,百可以勝千,千可以勝萬,萬可以勝天下矣。今秦地形,斷長續短,方書千里,名師數百萬,秦之號令賞罰,地形利害,天下莫如也。以此與天下,天下不足兼而有也。是知秦戰未嘗不勝,攻未嘗不取,所當未嘗不破也。開地書千里,此甚大功也。然而甲兵頓,士民病,蓄積索,田疇荒,囷倉虛,四鄰諸侯不服,伯王之名不成,此無異故,謀臣皆不盡其忠也。

臣敢言往昔。昔者齊南破荊,中破宋,西服秦,北破燕,中使韓、魏之君,地廣而兵強,戰勝攻取,詔令天下,濟清河濁,足以為限,長城鉅坊,足以為塞。齊五戰之國也。一戰不勝而無齊。故由此觀之,夫戰者萬乘之存亡也。且臣聞之曰:『削柱掘根,無與禍鄰,禍乃不存。』秦與荊人戰,大破荊,襲郢,取洞庭、五都、江南。荊王亡奔走,東伏於陳。當是之時,隨荊以兵,則荊可舉。舉荊,則其

民足貪也，地足利也。東以強齊、燕，中陵三晉。然則是一舉而伯王之名可成也，四鄰諸侯可朝也。而謀臣不為，引軍而退，與荊人和。今荊人收亡國，聚散民，立社主，置，宗廟，令帥天下西面以與秦為難，此固已無伯王之道一矣。天下有比志而軍華下，大王以詐破之，兵至梁郭，圍梁數旬，則梁可拔。拔梁，則魏可舉。舉魏則荊、趙之志絕。荊、趙之志絕，則趙危。趙危而荊孤。東以強齊、燕，中陵三晉，然則是一舉而伯王之名可成也，四鄰諸侯可朝也。而謀臣不為，引軍而退，與魏氏和，令魏氏收亡國，聚散年，立社主，置宗廟，此固已無伯王之道二矣。前者穰侯之治秦也，用一國之兵，而欲以成兩國之功。是故兵終身暴靈於外，士民潞病於內，伯王之名不成，此固已無伯王之道三矣。

趙氏，中央之國也，雜民之所居也。其民輕而難用，號令不治，賞罰不信，地形不便，上非能盡其民力。彼固亡國之形也，而不憂其民氓。悉其士民，軍於長平之下，以爭韓之上黨，大王以詐破之，拔武安。當是時，趙氏上下不相親合，貴賤不相信，然則是邯鄲不守，拔邯鄲，完河間，引軍而去，西攻修武，逾羊腸，降代、上黨。代三十六縣，上黨十七縣，不用一領甲，不苦一民，皆秦之有也。代、上黨不戰而已為秦矣，東陽河外不戰而已反為齊矣，中呼池以北不戰而已為燕矣。然則是舉趙則韓必亡，韓亡則荊魏不能獨立。荊、魏不能獨立，則是一舉而壞韓，蠹魏，挾荊，以東弱齊、燕，決白馬之口，以流魏氏。一舉而三晉亡，從者敗。大王拱手以須，天下遍隨而伏，伯王之名可成也。而謀臣不為，引軍而退，與趙氏為和。以大王之明，秦兵之強，伯王之業，地尊不可得，乃取欺於亡國，是謀臣之拙也。且夫趙當亡不亡，秦當伯不伯，天下固量秦之謀臣一矣。乃復悉辛乃攻邯鄲，不能拔也，棄甲兵怒，戰慄而卻，天下固量秦力二矣。軍乃引退，並於李下，大王並軍而致與只顧，非能厚勝之也，又交罷

卻，天下固量秦力三矣。內者量吾謀臣，外者極吾兵力。由是觀之，臣以天下之從，豈其難矣。內者吾甲兵頓，士民病，蓄積索，田疇荒，囷倉虛，外者天下比志甚固。願大王有以慮之也。

且臣聞之：「戰戰慄慄，日慎一日。」苟慎其道，天下可有也。何以知其然也？昔者紂為天子，帥天下將甲百萬，左飲於淇谷，右飲於洹水，淇水竭而洹水不流，以與周武為難。武王將素甲三千領，戰一日，破紂之國，禽其身，據其地，而有其民，天下莫不傷。智伯帥三國之眾，以攻趙襄主於晉陽，決水灌之，三年，城且拔矣。襄主錯龜，數策占兆，以視利害，何國可降，而使張孟談。於是潛行而出，反智伯之約，得兩國之眾，以攻智伯之國，禽其身，以成牒子之功。今秦地斷長續短，方數千里，名師數百萬，秦國號令賞罰，地形利害，天下莫如也。以此與天下，天下可兼而有也。

臣昧死望見大王，言所以即著破天下之從，舉趙亡韓，臣荊、魏，親齊、燕，以成伯王之名，朝四鄰諸侯之道。大王試聽其說，一舉而天下之從不破，趙不舉，韓不亡，荊、魏不臣，齊、燕不親，伯王之名不成，四鄰諸侯不朝，大王斬臣以徇於國，以主為謀不忠者。」

說明：

本篇內容大略為：秦國之所以未完成霸業，是因為謀臣不盡其忠，若能破壞山東諸國的合縱，乘勝追擊，始能成霸王之名。

本篇使用的指示語：「臣聞天下陰燕陽魏，連荊固齊，收余韓成從，將西南以與秦為難」，以「陰」為北、「陽」為南，屬於地點指示語。

屬於時間指示語的，有「今」、「往昔」、「昔者」：「今秦出號令而行賞罰」、「臣敢言往昔。昔者齊南破荊」。

（九）秦武王謂甘茂（頁81）

秦武王謂甘茂曰：「寡人欲車通三川，以窺周室，而寡人死不朽乎？」甘茂對曰：「請之魏，約伐韓。」王令向壽輔行。

甘茂至魏，謂向壽：「子歸告王曰：『魏聽臣矣，然願王勿攻也。』事成，盡以為子功。」向壽歸以告王，王迎甘茂於息壤。甘茂至，王問其故。對曰：「宜陽，大縣也，上黨、南陽積之久矣，名為縣，其實郡也。今王倍數限，行千里而攻之，難矣。臣聞張儀西并巴蜀之地，北取西河之外，南取上庸，天下不以為多張儀而賢先王。魏文侯令樂羊將，攻中山，三年而拔之，樂羊反而語功，文侯示之謗書一篋，樂羊再拜稽首曰：『此非臣之功，主君之力也。』今臣羈旅之臣也，樗里疾、公孫衍二人者，挾韓而議，王必聽之，是王欺魏，而臣受公仲侈之願也。昔者曾子處費，費人有與曾子同名族者而殺人，人告曾子母曰：「曾參殺人。」曾子之母曰：『吾者不殺人。』置自若。有頃焉，人又曰：『曾參殺人。』其母尚置自若也。頃之，一人又告之曰：『曾參殺人。』其母懼，投杼逾牆牆而走。夫以曾參之賢，與母之信也，而三人疑之，則慈母不能信也。今臣賢不及曾子，而王之信臣又未若曾子之母也，疑臣者不適三人，臣恐王為臣之投杼也。」王曰：「寡人不聽也，請與子盟。」於是與之盟於息壤。

果攻宜陽，五月而不能拔也。樗里疾、公孫衍二人在，爭之王，王將聽之，召甘茂而告之。甘茂對曰：「息壤在彼。」王曰：「有之。」因悉起兵，復使甘茂攻之，遂拔宜陽。

說明：

本篇內容大略為：秦武王想要向東發展，以闚周室，於是派甘茂約定魏國，攻打韓國。甘茂知道韓國的宜陽是個大縣，若久攻不下，一定會被樗里疾、公孫衍等人非議，進而動搖秦王的決心，因而說服

秦武王與他在息壤立下盟誓，最後終於成功。

本篇使用的指示語：「三年而拔之」、「五月而不能拔也」，「三年」、「五月」屬於時間指示語。

此外，「甘茂對曰：『息壤在彼。』」其中，「息壤」二字，本為地名，因為甘茂與秦武王在此立下盟誓，所以成了篇章（話語）指示語。在「彼」，「彼」為地點指示語，指代「息壤」，也指代「息壤的盟誓」。

（十）范子因王稽入秦（頁97）

范子因王稽入秦，獻書昭王曰：「臣聞明主涖正，有功不得不賞，有能者不得不官；勞大者其祿厚，功多者其爵尊，能治眾者其官大。故不能者不敢當其職焉，能者亦不得蔽隱。使以臣之言為可，則行而益利其道；若將弗行，則久留臣無謂也。語曰：『人主賞所愛，而罰所惡。明主則不然，賞必加於有功，刑比斷於有罪。』今臣之胸不足以當椹質，要不足以待斧鉞，豈敢以疑事尚語於王乎？雖以臣為賤而輕辱臣，獨不重任臣者後無反覆於王前耶？臣聞周有砥厄，宋有結綠，梁有懸黎，楚有和璞。此四寶者，工之所失也，而為天下名器。然則聖王之所棄者，獨不足以厚國家乎？臣聞善厚家者，取之於國；善厚國者，取之於諸侯。天下有明主，則諸侯不得擅厚矣。是何故也？為其凋榮也。良醫知病人之死生，聖主明於成敗之事，利則行之，害則捨之，疑則少嘗之，雖堯、舜、禹、湯復生，弗能攻已！語之至者，臣不敢載之於書；其淺者又不足聽也。意者，臣愚而不闔於王心耶！已其言臣者，將賤而不足聽耶！非若是也，則臣之志，願少賜遊觀之間，望見足下而入之。」

書上，秦王說之，因謝王稽說，使人持車召之。

說明：

　　本篇內容大略為：范雎透過王稽來到了秦國，上了一封書信，希望秦昭王接見他。

　　本篇的指示語：「望見<u>足下</u>而入之」，足下，屬於下對上或同輩相稱的敬辭，在此指秦昭王，屬於第二人稱指示語。

（十一）秦昭王謂左右（頁126）

　　秦昭王謂左右曰：「<u>今日</u>韓、魏，孰與始強？」對曰：「弗如也。」王曰：「今之如耳、魏齊，孰與孟嘗、芒卯之賢？」對曰：「弗如也。」王曰：「以孟嘗、芒卯之賢，帥強韓、魏之兵以伐秦，猶無奈寡人何也！今以無能若耳、魏齊，帥弱韓、魏以攻秦，其無奈寡人何，亦明矣！」左右皆曰：「甚然。」

　　中期推琴對曰：「三之料天下過矣。昔者<u>六晉之時</u>，智氏最強，滅破范、中行，帥韓、魏以圍趙襄子於晉陽。決晉水以灌晉陽，城不沈者三版耳。智伯出行水，韓康子御，魏桓子驂乘。智伯曰：『始，吾不知水之可亡人之國也，乃今知之。汾水利以灌安邑，絳水利以灌平陽。』魏桓子肘韓康子，康子履魏桓子，躡其踵。肘足接於車上，而智氏分矣。身死國亡，為天下笑。今秦之強，不能過智伯；韓、魏雖弱，尚賢在晉陽之下也。此乃方其用肘足時也，願王之勿易也。」

說明：

　　本篇內容大略為：秦昭王自大輕敵，秦臣中期提醒他重視智氏身死國亡的教訓。

　　本篇的指示語：「<u>今日</u>韓、魏，孰與始強」、「昔者<u>六晉之時</u>」，「今日」、「六晉之時」，指的晉的六卿之時[17]，為時間指示語。

---

17 詳見溫洪隆注譯，陳滿銘校閱：《新譯戰國策》，頁181。

（十二）王孫賈年十五事閔王（頁244）

王孫賈年十五，事閔王。王出走，失王之處。其母曰：「女朝出而晚來，則吾倚門而望；女暮出而不還，則吾倚閭而望。女今事王，王出走，女不知其處，女尚何歸？」王孫賈乃入市中，曰：「淖齒亂齊國，殺閔王，欲與我誅者，袒右！」市人從者四百人，與之誅淖齒，刺而殺之。

說明：

本篇內容大略為：十五歲的王孫賈，在他母親的激勵之下，刺死了殺掉齊閔王的淖齒。

本篇的指示語：「女朝出而晚來」，「女」通「汝」，屬於第二人稱指示語。

（十三）秦王謂公子他（頁344）

秦王謂公子他曰：「昔歲殽下之事，韓為中軍，以與諸侯攻秦。韓與秦接境壤界，其地不能千里，展轉不可約。日者秦、楚戰於藍田，韓出銳師以佐秦，秦戰不利，因轉遇楚，不固信盟，唯便是從。韓之在我，心腹之疾。吾將伐之，何如？」公子他曰：「王出兵韓，韓必懼，懼則可以不戰而深取割。」王曰：「善。」乃起兵，一軍臨滎陽，一軍臨太行。

韓恐，使陽城君入謝於秦，請效和黨之地以為和。令韓陽告上黨之守靳䵮曰：「秦起二軍以臨韓，韓不能有。今王令韓興兵以上黨入和於秦，使陽言之太守，太守其效之。」靳䵮曰：「人有言：挈瓶之知，不失守器。王則有令，而臣太守，雖王與子，亦其猜焉。臣請悉發守以應秦，若不能卒，則死之。」韓陽趨以報王，王曰：「吾始已諾於應侯矣，今不與，是欺之也。」乃使馮亭代靳䵮。

馮亭守三十日，陰使人謂趙王曰：「韓不能守上黨，且以與秦，

其民皆不欲為秦，而願為趙。今有城市之邑十七，願拜內之於王，唯王才之。」趙王喜，召平陽君而告之曰：「韓不能守上黨，且以與秦，其吏民不欲為秦，而皆願為趙。今馮亭令使者以與寡人，何若？」趙豹對曰：「臣聞聖人甚禍無故之利。」王曰：「人懷吾義，何謂無故乎？」對曰：「秦蠶食韓氏之地，中絕不令相通，故自以為坐受上黨也。且夫韓之所以內趙者，欲嫁其禍也。秦被其勞，而趙受其利，雖強大不能得之於小弱，而小弱顧能得之強大乎？今王取之，可謂有故乎？且秦以牛田，水通糧，其死士皆列之於上地，令嚴政行，不可與戰。王其圖之！」王大怒曰：「夫用百萬之眾，攻戰逾年歷歲，未得一城也。今不用兵而得城十七，何故不為？」趙豹出。

王召趙勝、趙禹而告之曰：「韓不能守上黨，今其守以與寡人，有城市之邑十七。」二人對曰：「用兵逾年，未得一城，今坐而得城，此大利也。」乃使趙勝往受地。趙聖至曰：「敝邑之王，使使者臣勝，太守有詔，使臣勝謂曰：『請以三萬戶之都封太守，千戶封縣令，諸吏皆益爵三級，民能相集者，賜家六金。』」馮亭垂涕而勉曰：「是吾處三不義也：為主守地而不能死，而以與人，不義一也；主內之秦，不順主命，不義二也；賣主之地而食之，不義三也。」辭封而入韓，謂韓王曰：「趙聞韓不能守上黨，今發兵已取之矣。」韓告秦曰：「趙起兵取上黨。」秦王怒，令公孫起、王齮以兵遇趙於長平。

說明：

本篇內容大略為：秦國攻打韓國，韓國害怕，欲割讓上黨之地求和，上黨太守靳黈不同意，韓王便派馮亭取代靳黈；馮亭又將上黨獻給趙國最後引發秦國進攻趙國長平。

本篇的指示語：「昔歲殽下之事」、「日者秦、楚戰於藍田」、「馮亭守三十日」。「昔歲」，指過去，屬於時間指示語；「日者」，指日

前，屬於時間指示語；「三十日」，屬於時間指示語。

（十四）蘇秦從燕之趙始合從（頁355）

蘇秦從燕之趙，始合從，說趙王曰：「天下之卿相人臣，乃至布衣之士，莫不高賢大王之行義，皆願奉教陳忠於前之日久矣。雖然，奉陽君妒，大王不得任事，是以外賓客游談之士，無敢盡忠於前者。今奉陽君捐館舍，大王乃今然後得與士民相親，臣故敢獻其愚，效愚忠。為大王計，莫若安民無事，請無庸有為也。安民之本，在於擇交。擇交而得則民安，擇交不得則民重申不得安。請言外患：齊、秦為兩敵，而民不得安；倚秦攻齊，而民不得安；倚齊攻秦，而民不得安。故夫謀人之主，伐人之國，常庫出辭斷絕人之交，願大王慎無出於口也。

「請屏左右，曰言所以異，陰陽而已矣。大王誠能聽臣，燕必致氈裘狗馬之地，齊必致海隅魚鹽之地，楚必致桔柚云夢之地，韓、魏皆可使致封地湯沐之邑，貴戚父兄皆可以受封侯。夫割地效實，五伯之所以覆軍禽將而求也；封侯貴戚，湯、武之所以放殺而爭也。今大王垂拱而兩有之，是臣之所以為大王願也。大王與秦，則秦必弱韓、魏；與齊則齊必弱楚、魏。魏弱則割河外，韓弱則效宜陽。宜陽效則上郡絕，河外割則道不通。楚弱則無援。此三策者，不可不熟計也。夫秦下軹道則南陽動，劫韓包周則趙自銷鑠，據衛取淇則齊必入朝。秦欲已得行於山東，則必舉甲而向趙。秦甲涉河逾漳，據番吾，則兵必戰於邯鄲之下矣。此臣之所以為大王患也。

「當今之時，山東之建國，莫若趙強。趙地方二千里，帶甲數十萬，車千乘，即萬匹，粟支數十年；西有常山，南有河漳，東有清河，北有燕國。燕曾弱國，不足畏也。且秦之所畏害於天下者，莫如趙。然而秦不敢舉兵甲而伐趙者，何也？畏韓、魏之議其後也。然則

韓、魏，趙之南蔽也。秦之攻韓、魏也，則不然。無有名山大川之限，稍稍蠶食之，傅之國都而窒矣。韓、魏不能支秦，必入臣。韓、魏臣於秦，秦無韓、魏之隔，禍中於趙矣。此臣之所以為大王患也。

「臣聞，堯無三夫之分，舜無咫尺之地，以有天下。禹無百人之聚，以王諸侯。湯、武之卒不過三千人，車不過三百乘，立為天子。誠得其道也。是故明主外料其敵國之強弱，內度其士卒之眾寡、賢與不肖，不待兩軍相當，而勝敗存亡之機節，固已見於胸中矣，豈掩於眾人之言，而以冥冥決事哉！「臣竊以天下地圖案之。諸侯之地五倍於秦，料諸侯之卒，十倍於秦。六國并力為一，西面而弓秦，秦破必矣。今見破於秦，西面而事之，見臣於秦。夫破人之與破於人也，臣人之與臣於人也，豈可同日而言之哉！夫橫人者，皆欲割諸侯之地以與秦成。與秦成，則高臺、美宮室，聽竽瑟之音，察五味之和，前有軒轅，後有長庭，美人巧笑，卒有秦患，而不與其憂。是故橫人日夜務以秦權恐嚇諸侯，以求割地。願大王之熟計之也。

「臣聞，明王絕疑去讒，屏流言之跡，塞朋黨之門，故尊主廣的強兵之計，臣得陳忠於前矣。故竊大王計，莫如一韓、魏、齊、楚、燕趙，六國從親，以儐畔秦。令天下之將相，相與會於洹水之上，通質刑白馬以盟之。約曰：秦攻楚，齊、魏各出銳師以佐之，韓絕食道，趙涉河漳，燕守常山之北。秦攻韓、魏，則楚絕其後，齊出銳師以佐之，趙涉河漳，燕守雲中。秦攻齊，則楚絕其後，韓守成皋，魏塞午道，趙涉河漳、博關，燕出銳師以佐之。秦攻燕，則趙守上層山，楚軍武關，齊涉渤海，韓、魏出銳師以佐之。秦攻趙，則鐸軍姨陽，楚軍武關，魏軍河外，齊涉渤海，燕出銳師以佐之。諸侯有先背約者，五國共伐之。六國從親以擯秦，秦必不敢出兵於函穀關以害山東矣！如是則伯業成矣！」

趙王曰：「寡人年少，涖國之日淺，未嘗得聞社稷之長計。今上

客有意存天下，安諸侯，寡人敬以國從。」乃封蘇秦為武安君，飾車百乘，黃金前鎰，白璧百雙，錦繡千純，以約諸侯。

說明：

本篇內容大略為：蘇秦從燕國來到趙國，遊說趙王，合縱抗秦。

本篇的指示語：「大王<u>乃今</u>然後得與士民相親」，「乃今」即「如今」，屬於時間指示語；「魏弱則割<u>河外</u>」，「河外」，指「魏國黃河以西的地方，在今陝西大荔一帶」[18]，屬於地點指示語；「<u>當今之時</u>，山東之建國」，「當今之時」，屬於時間指示語。

（十五）王立周紹為傅（頁375）

王立周紹為傅，曰：「寡人<u>始</u>行縣，過番吾，當子為子之時，踐石以上者皆道子之孝。故寡人問子以璧，遺子以酒食，而求見子。子謁病而辭。人有言子者曰：『父之孝子，君之忠臣也。』故寡人以子之制慮，為辯足以道人，危足以持難，忠可以寫意，信可以遠期。詩云：『服難以勇，治亂以知，事之計也。立傅以行，教少以學，義之經也。循計之事，失而累；訪議之行，窮而不憂。』故寡人欲子之胡服以傅王乎。」

周紹曰：「王失論矣，非<u>賤臣</u>所敢任也。」王曰：「選子莫若父，論臣莫若君。君，寡人也。」周紹曰：「立傅之道六。」王曰：「六者何也？」周紹曰：「知慮不躁達於變，身行寬惠達於禮，威嚴不足以易於位，重利不足以變其心，恭於教而不快，和於下而不危。六者，傅之才，而臣無一焉。隱中不竭，臣之罪也。傅命僕官，以煩有司，吏之恥也。王請更論。」王曰：「知此六者，所以使子。」周紹曰：「乃國未通於王胡服。雖然，臣，王之臣也，而王重命之，臣故不聽

---

18 同前註，頁527。

令乎？」再拜，賜胡服。

王曰：「寡人以王子為子任，欲子之厚愛之，無所見醜。御道之以行義，勿令溺苦於學。事君者，順其意，不逆其志。事先者，明其高，不倍其孤。故有臣可命，其國之祿也。子能行是，以事寡人者畢矣。《書》云：『去邪無疑，任賢勿貳。』寡人與子，不用人矣。」遂賜周紹胡服衣冠，具帶黃金師比，以傅王子也。

說明：

本篇內容大略為：趙武靈王任命周紹為王子傅。

本篇的指示語：「寡人<u>始</u>行縣」，「始」在此為時間指示語，表示「當初」；「非<u>賤臣</u>所敢任也」，「賤臣」，為謙稱的第一人稱指示語。

（十六）趙燕後胡服（頁378）

趙燕後胡服，王令讓之曰：「事主之行，竭意盡力，微諫而不嘩，應對而不怨，不逆上以自伐，不立私以為名。子道順而不拂，臣行讓而不爭。子用私道者家必亂，臣用私義者國必危。反親以為行，慈父不子；逆主以自成，惠主不臣也。寡人胡服，子獨弗服，逆主罪莫大焉。以從政為累，以逆主為好，行私莫大焉。故寡人恐親犯刑戮之罪，以明有司之法。」趙燕再拜稽首曰：「前吏命胡服，施及賤臣，臣以失令過期，更不用侵辱教，王之惠也。臣敬循衣服，以待今日。」

說明：

本篇內容大略為：趙武靈王批評趙燕沒有及時穿胡服，趙燕恭敬地接受。

本篇的指示語：「<u>前</u>吏命胡服」，「前」為日前。屬於時間指示語。

（十七）魏使人因平原君請從於趙（頁387）

魏使人因平原君請從於趙。三言之，趙王不聽。出遇虞卿曰：「為入必語從。」虞卿入，王曰：「<u>今者</u>平原君為魏請從，寡人不聽。其於子何如？」虞卿曰：「魏過矣。」王曰：「然，故寡人不聽。」虞卿曰：「王亦過矣。」王曰：「何也？」曰：「凡強弱之舉事，強受其利，弱受其害。今魏求從，而王不聽，是魏求害，而王辭利也。臣故曰，魏過，王亦過矣。」

說明：

本篇內容大略為：魏國透過平原君請求趙國合縱，平原君多次進言，趙王都不聽。虞卿認為魏國提出合縱是錯的，趙王不答應也是錯的。

本篇的指示語：「<u>今者</u>平原君為魏請從」，「今者」表現在，為時間指示語。

（十八）秦攻趙於長平（頁389）

秦攻趙於長平，大破之，引兵而歸。因使人索六城於趙而講。趙計未定。樓緩<u>新</u>從秦來，趙王與樓緩計之曰：「與秦城何如？不與何如？」樓緩辭讓曰：「此非人臣之所能知也。」王曰：「雖然，試言公之私。」樓緩曰：「王亦聞夫公甫文伯母乎？公甫文伯官於魯，病死。婦人為之自殺於福中者二八。其母聞之，不肯哭也。相室曰：「焉有子死而不哭者乎？』其母曰：『孔子，賢人也，逐於魯，是人不隨。今死，而婦人為死者十六人。若事是者，其於長者薄，而於婦人厚？』故從母言之，之為賢母也；從婦言之，必不免為妒婦也。故其言一也，言者異，則人心變矣。今臣新從秦來，而言勿與，則非計也；言與之，則恐王以臣之為秦也。故不敢對。使臣得王計之，不如予之。」王曰：「諾。」

　　虞卿聞之，入見王，王以樓緩言告之。虞卿曰：「此飾說也。」
秦即解邯鄲之圍，而趙王入朝，使趙郝約事於秦，割六縣而講。王
曰：「何謂也？」虞卿曰：「秦之攻趙也，倦而歸乎？王以其力尚能
進，愛王而不攻乎？」王曰：「秦之攻我也，不遺餘力矣，必以倦而
歸也。」虞卿曰：「秦以其力攻其所不能取，倦而歸。王又以其力之
所不能攻以資之，是助秦自攻也。來年秦復攻王，王無以救矣。」

　　王又以虞卿之言告樓緩。樓緩曰：「虞卿能盡知秦力之所至乎？
誠知秦力之不至，此彈丸之地，猶不予也，令秦來年復攻王，得無割
其內而購乎？」王曰：「誠聽子割矣，子能必來年秦之不復攻我
乎？」樓緩對曰：「此非臣之所敢任也。昔者三晉之交於秦，相善
也。今秦釋韓、魏而獨攻王，王之所以事秦必不如韓、魏也。今臣為
足下解負親之攻，啟關通敝，齊交韓、魏。至來年而王獨不取於秦，
王之所以事秦者，必在韓、魏之後也。此非臣之所敢任也。」

　　王以樓緩之言告。虞卿曰：「樓緩言不購來年秦復攻王，得無更
割其內而購。今購，樓緩又不能必秦之不復攻也，雖割何益？來年復
攻，又割其力之所不能取而購也，此自盡之術也。不如無購。秦雖善
攻，不能取六城；趙雖不能守，而不至失六城。秦倦而歸，兵必罷。
我以五城收天下以攻罷秦，是我失之於天下，而取償於秦也。吾國尚
利，孰與坐而割地，自弱以強秦？今樓緩曰：『秦善韓、魏而攻趙
者，必王之事秦不如韓、魏也。』是使王歲以六城事秦也，即坐而地
盡矣。來年秦復求割地，王將予之乎？不與，則是棄前貴而挑秦禍
也；與之則無地而給之。語曰：『強者善攻，而弱者不能自守。』今
坐而聽秦，秦兵不敝而多得地，是強秦而弱趙也。以益愈強之秦，而
割愈弱之趙，其計固不止矣。且秦，虎狼之國也，無禮義之心。其求
無已，而王之地有盡。以有盡之地，給無已之求，其勢必無趙矣。故
曰：此飾說也。王必勿與。」王曰：「諾。」

樓緩聞之，入見於王，王又以虞卿言告之。樓緩曰：「不然，虞卿得其一，未知其二也。夫秦、趙構難，而天下皆說，何也？曰『我將因強而乘弱』。今趙兵困於秦，天下之賀戰者，則必盡在於秦矣。故不若亟割地求和，以不算天下，慰秦心。不然，天下將因秦之怒，秦趙之敝而瓜分之。趙且亡何秦之圖？王以此斷之，勿復計也。」

虞卿聞之，又入見王曰：「危矣，樓子之為秦也！夫趙兵困於秦，又割地為和，是愈疑天下，而何慰秦心哉？是不亦大示天下弱乎？且臣曰勿予者，非固勿予而已也。秦索六城於王，五以五城略齊。齊，秦之深讎也，得王五城，并立而西擊秦也，齊之聽王，不待辭之畢也。是王失於秦而取償於秦，一即著結三國之親，而與秦易道也。」趙王曰：「善。」因發虞卿東見齊王，與之謀秦。虞卿未反，秦之使者已在趙矣。樓緩聞之，逃去。

說明：

本篇內容大略為：秦趙長平之戰，秦國打敗趙國，要求割讓六城，趙孝成王拿不定主意，剛由秦國來到趙國的樓緩主張割地，虞卿反對割地，兩人針對此一問題論辯，最後，趙王接受了虞卿的建議。

本篇的指示語：「樓緩新從秦來」，「新」在此表示時間上「剛剛」的意思，是時間指示語；「來年秦復攻王」，「來年」指明年，屬於時間指示語；「是使王歲以六城事秦也」，「歲」在此表示「年」，屬於時間指示語。

（十九）秦圍趙之邯鄲（頁396）

秦圍趙之邯鄲。魏安釐王使將軍晉鄙救趙。畏秦，止於蕩陰，不進。魏使客將軍新垣衍間入邯鄲，因平原君謂趙王曰：「秦所以急圍趙者，前與齊閔王爭強為帝，已而復歸帝，以齊故。今齊閔王已益弱。方今唯秦雄天下，此非必貪邯鄲，其意欲求為帝。趙誠發使尊秦

昭王為帝，秦必喜，罷兵去。」平原君猶豫未能有所決。

此時魯仲連適又趙，會秦圍趙。聞魏將欲令趙尊秦為帝，乃見平原君曰：「事將奈何矣？」平原君曰：「勝也何敢言事？百萬之眾折於外，今又內圍邯鄲而不能去。魏王使將軍辛垣衍令趙帝秦。今其人在是，勝也何敢言事？」魯連曰：「始吾以君為天下之賢公子也，吾乃今然後知君非天下之賢公子也。梁客信心了垣衍安在？吾請為君責而歸之」平原君曰：「勝請召而見之於先生。」平原君遂見辛垣衍曰：「東國有魯了先生，其人在此，勝請為紹介，而見之於將軍。」辛垣衍曰：「吾聞魯連先生，齊國之高士也。衍，人臣也使事有職。吾不願見魯連先生也。」平原君曰：「勝已泄之矣。」辛垣衍許諾。

魯連見辛垣衍而無言。辛垣衍曰：「吾山居北圍城之中者，皆有求於平原君者也。今吾視先生之玉貌，非有求平原君者，曷為久居此圍城之中而不去也？」路鏈曰：「世以鮑炬無從容而死者，皆非也。今眾人不知，則為一身。彼秦者，棄力役而上首功之國也。權使其士，虜使其民。彼則肆然而為帝，過而遂正於天下，則連有赴東海而死矣。吾不忍為之民也！所為見將軍者，欲以助趙也。」辛垣衍曰：「先生助之奈何？」魯連曰：「吾將使梁及燕助之。齊、楚則固助之矣。」辛垣衍曰：「燕則吾請以從矣。若乃梁，則吾乃梁人也，先生惡能使梁助之耶？」魯連曰：「梁未睹秦稱帝之害故也，使梁睹秦稱帝之害，則必助趙矣。」辛垣衍曰：「秦稱帝之害將奈何？」魯仲連曰：「昔齊威王嘗為仁義矣，率天下諸侯而朝周。周貧且微，諸侯莫朝，而齊獨朝之。居歲餘，周烈王崩，諸侯皆弔，齊後往。周怒，赴於齊曰：『天崩地坼，天子下席，東藩之臣田嬰齊後至，則斮之。』威王勃然怒曰：『叱嗟，而母婢也。』卒為天下笑。故生則朝周，死則叱之，誠不忍其求也。彼天子固然，其無足怪。」辛垣衍曰：「先生獨未見夫僕乎？十人而從一人者，寧力不勝，智不若耶？畏之

也。」魯仲連曰:「然梁必比於秦若仆耶?」辛垣衍曰:「然。」魯仲連曰:「然吾將使秦王彭醢梁王。」辛垣衍怏然不悅曰:「嘻,亦太甚矣,先生之言也!先生又惡能使秦烹醢梁王?」魯仲連曰:「固也,待吾言之。昔者,鬼侯之鄂侯、文王,紂之三公也。鬼侯有子而好,故入之於紂,紂以為惡,醢鬼侯。鄂侯爭之急,辯之疾,故脯鄂侯。文王聞之,喟然而嘆,故拘之於牖里之車,百日而欲舍之死。曷為與愛人俱稱帝王,卒就脯醢之地也?齊閔王將之魯,夷維子執策而從,謂魯人曰:『子將合一待吾君?』魯人曰:『吾將以十太牢待子之君。』維子曰:『子安取禮而來待吾君?彼吾君子,天子也。天子巡狩,諸侯辟舍,納於管鍵,攝衽抱幾,視膳於堂下,天子已食,退而聽朝也。』魯人投其籥,不果納。不得入於魯,將之薛,假途於鄒。當是時,鄒君死,閔王欲入弔。夷維子謂鄒之孤曰:『天子弔,主人必將倍殯柩,設北面於南方,然後天子南面弔也。』鄒之群臣曰:『必若此,吾將伏劍而死。』故不敢入於鄒。鄒、魯之臣,生則不得事養,充當則不得飯含。然且欲行天子之禮於鄒、魯之臣,不果納。今萬乘之國,梁亦萬乘之國。俱據萬乘之國,交有稱王之名,賭其一戰而勝,欲從而帝之,是使三晉之大臣不如鄒、魯之僕妾也。且秦無已而帝,則且變易諸侯之大臣。彼將奪其所謂不肖,而予其所謂賢;奪其所憎,而與其所愛。彼又將使其子女讒妾為諸侯妃既,處梁之宮,梁王安得晏然而已乎?而將軍又何以得故寵乎?」於是,辛垣衍起,再拜謝曰:「始以先生為庸人,吾乃今日而知先生為天下之士。吾請去,不敢復言帝秦。」秦將聞之,為卻軍五十里。適會魏公子無忌奪晉鄙軍,以救趙擊秦,秦軍引而去。

於是平原君欲封魯仲連。魯仲連辭讓者三,終不肯受。平原乃置酒,酒酣,起前以千金為魯連壽。魯連笑曰:「所貴於天下者士者,為人披患、釋難、解紛亂而無所取也。即有所取者,是商賈之人也,

仲連不忍為也。」遂辭平原君而去，重申不復見。

說明：

　　本篇內容大略為：辛垣衍要趙國尊秦昭王為帝，平原君猶豫不決，魯仲連伸張大義，說服辛垣衍不要尊秦昭王為帝。

　　本篇的指示語：「今其人在<u>是</u>」，「是」為「此」，為地點指示語；「其人在<u>此</u>」，「此」屬於地點指示語。

（二十）陳軫為秦使於齊（頁449）

　　陳軫為秦使於齊，過魏，求見犀首。犀首謝陳軫。陳軫曰：「軫之所以東者，事也。公不見軫，軫且行，不得待<u>異日</u>矣。」犀首乃見之。陳軫曰：「公惡事乎？何為飲食而無事？無事必來。」犀首曰：「衍不肖，不能得事焉，何敢惡事？」陳軫曰：「請移天下之事於公。」犀首曰：「奈何？」陳軫曰：「魏使李從以車百乘使於楚，公可以居其中而疑之。公謂魏王曰：『臣與燕、趙故矣，數令人召臣也，曰無事必來。今臣無事，請謁而往。無久，旬、五之期。『王必無辭以止公。公得行，明年自言於廷曰：『臣急使燕、趙，急約車為行具。』」犀首曰：「諾。」謁魏王，王許之，即明言使燕、趙。

　　諸侯客聞之，皆使人告其王曰：「李從以成百乘使楚，犀首又以車三十乘使燕、趙。」齊王聞之，恐後天下得魏，以事屬犀首，犀首受齊事。魏王窒其行使。燕、趙聞之，亦以事屬犀首。楚王聞之，曰李從約寡人，今燕、齊、趙皆以事因犀首，犀首必欲寡人，寡人欲之。「乃倍李從，而以事因犀首。魏王曰：「所以不使犀首者，以為不可。今四國屬以事，寡人亦以事因焉。」犀首遂主天下之事，復相魏。

說明：

　　本篇內容大略為：陳軫為秦國出使齊國，經過魏國時，拜訪沒有

事做的犀首，替他出策，最後犀首得以主持天下大事，並擔任魏國的相。

　　本篇的指示語：「不得待<u>異日</u>矣」，異日指某天，屬於時間指示語。

（二十一）獻書秦王（頁508）

　　獻書秦王曰：「昔竊聞大王之謀出事於梁，謀恐不出於計矣，願大王之熟計之也。梁者，山東之要也。有蛇於此，擊其尾，其受救；擊其首。其尾救；擊其中身首尾皆救。今梁王，天下之中身也。秦攻梁者，是示天下要斷山東之脊也，是山東首尾皆救中身之時也。山東見亡必恐，恐必大合，山東尚強，臣見秦之必大憂可立而待也。臣竊為大王計，不如南出。事於<u>南方</u>，其兵弱，天下必能救，地可廣大，國可富，兵可強，主可尊。王不聞湯之伐桀乎？試之弱密須氏以為武教，得密須氏而湯之服桀矣。今秦國與山東為讎，不先以弱為武教，兵必大挫，國必大憂。」秦果南攻藍田、鄢、郢。

說明：

　　本篇內容大略為：某人上書給秦昭王，勸他不要進攻魏國，應該要進攻楚國。

　　本篇的指示語：「事於<u>南方</u>」，以南方指代楚國，為地點指示語。

（二十二）史疾為韓使楚（頁554）

　　史疾為韓使楚，楚王問曰：「客何方所循？」曰：「治列子圉寇之言。」曰：「何貴？」曰：「貴正。」王曰：「正亦可為國乎？」曰：「可。」王曰：「楚國多盜，正可以圉盜乎？」曰：「可。」曰：「以正圉盜，奈何？」<u>頃間</u>有鵲止於屋上者，曰：「請問楚人謂此鳥何？」王曰：「謂之鵲。」曰：「謂之烏，可乎？」曰：「不可。」

曰：「今王之國有柱國、令尹、司馬、典令，其任官置吏，必曰廉潔勝任。今盜賊公行，而弗能禁也，此烏不為烏，鵲不為鵲也。」

說明：

本篇內容大略為：史疾為韓國出使楚國，張調正名可以治國。

本篇的指示語：「頃間有鵲止於屋上者」，頃間，指短時間，屬於時間指示語。

（二十三）韓傀相韓（頁555）

韓傀相韓，嚴遂重於君，二人相害也。嚴遂政議直指，舉韓傀之過。韓傀以之叱之於朝。嚴遂拔劍趨之，以救解。於是嚴遂懼誅，亡去，游求人可以報韓傀者。

至齊，齊人或言：「軹深井里聶政，勇敢士也，避仇隱於屠者之間。」嚴遂陰交於聶政，以意厚之。聶政問曰：「子欲安用我乎？」嚴遂曰：「吾得為役之日淺，事今薄，奚敢有請？」於是嚴遂乃具酒，觴聶政母前。仲子奉黃金百鎰，前為聶政母壽。聶政驚，愈怪其厚，固謝嚴仲子。仲子固進，而聶政謝曰：「臣有老母，家貧，客游以為狗屠，可旦夕得甘脆以養親。親供養備，義不敢當仲子之賜。」嚴仲子辟人，因為聶政語曰：「臣有讎，而行游諸侯眾矣，然至齊，聞足下義甚高。故進百金者，特以為夫人粗糲之費，以交足下之歡，豈敢有求邪？」聶政曰：「臣所以降志辱身，居市井者，徒幸而養老母。老母在，政身未敢以許人也。」嚴仲子固讓，聶政竟不肯受。然仲子卒備賓主之禮而去。

久之，聶政母死，既葬，除服。聶政曰：「嗟乎！政乃市井之人，鼓刀以屠，而嚴仲子乃諸侯之卿相也，不遠千里，枉車騎而交臣，臣之所以待之至淺鮮矣，未有大功可以稱者，而嚴仲子舉百金為親壽，我雖不受，然是深知政也。夫賢者以感忿睚眥之意，而親信窮

僻之人，而政獨安可嘿然而止乎？且前日要政，政徒以老母。老母今以天年終，政將為知己者用。」

遂西至濮陽，見嚴仲子曰：「前所以不許仲子者，徒以親在。今親不幸，仲子所欲報仇者為誰？」嚴仲子具告曰：「臣之仇韓相傀。傀又韓君之季父也，宗族盛，兵衛設，臣使人刺之，終莫能就。今足下幸而不棄，請益具車騎壯士，以為羽翼。」政曰：「韓與衛，中間不遠，今殺人之相，相又國君之親，此其勢不可以多人。多人不能無生得失，生得失則語洩，語洩則韓舉國而與仲子為讎也，豈不殆哉！」遂謝車騎人徒，辭，獨行仗劍至韓。

韓適有東孟之會，韓王及相皆在焉，持兵戟而衛者甚眾。聶政直入，上階刺韓傀。韓傀走而抱哀侯，聶政刺之，兼中哀侯，左右大亂。聶政大呼，所殺者數十人。因自皮面抉眼，自屠出腸，遂以死。韓取聶政尸於市，縣購之千金。久之莫知誰子。

政姊聞之，曰：「弟至賢不可愛妾之軀，滅吾弟之名，非弟意也。」乃之韓。視之曰：「勇哉！『氣矜之隆。是其軼賁、易而高成荊矣。今死而無名，父母既殁矣，兄弟無有，此為我故也。夫愛身不揚弟之名，吾不忍也。」乃抱尸而哭之曰：「此吾弟，軹深井里聶政也。」亦自殺於尸下。晉、楚、齊、衛聞之曰：「非獨政之能，乃其姊者，以列女也。」聶政之所以名施於後世者，其姊不避菹醢之誅，以揚其名也。

說明：

本篇內容大略為：聶政為嚴遂報仇，刺殺韓相韓傀。

本篇的指示語：「吾不忍也」，使用了「吾」，屬於第一人稱指示語。

（二十四）燕昭王收破燕後即位（頁597）

燕昭王收破燕後即位燕昭王收破燕後即位，卑身厚幣，以招賢者，欲將以報讎。故往見郭隗先生曰：「齊因孤國之亂，而襲破燕。孤極知燕小力少，不足以報。然得賢士與共國，以雪先王之恥，孤之願也。敢問以國報讎者奈何？」

郭隗先生對曰：「帝者與師處，王者與友處，霸者與臣處，亡國與役處。詘指而事者，北面而受學，則百己者至。先趨而後息，先問而後嘿，則什己者至。人趨己趨，則若己者至。馮幾據杖，眄視指使，則廝役之人至。若恣睢奮擊，呴籍叱咄，則徒隸之人至矣。此古服道致士之法也。王誠博選國中之賢者，而朝其門下，天下聞王朝其賢臣，天下之士必趨於燕矣。」

昭王曰：「寡人將誰朝而可？」郭隗先生曰：「臣聞古之君人，有以千金求千里馬者，三年不能得。涓人言於君曰：『請求之。』君遣之。三月得千里馬，馬已死。買其首五百金，反以報君。君大怒曰：『所求者生馬，安事死馬而捐五百金？』涓人對曰：『死馬且買之五百金，況生馬乎？天下必以王為能市馬，馬今至矣。』於是不能期年，千里之馬至者三。今王誠欲致士，先從隗始；隗且見事，況賢於隗者乎？豈遠千里哉？」

於是昭王為隗築宮而師之。樂毅自魏往，鄒衍自齊往，劇辛自趙往，士爭湊燕。燕王弔死問生，與百姓同其甘苦。十二八年，燕國殷富，士卒樂佚輕戰。於是遂以樂毅為上將軍，與秦、楚、三晉合謀以伐齊。齊兵敗，閔王出走於外。燕兵獨追北入至臨淄，盡取齊寶，燒其宮室宗廟。齊城之不下者，唯獨莒、即墨。

說明：

本篇內容大略為：燕昭王築宮招賢，使得燕國富強，伐齊報仇。

本篇的指示語：「孤極知燕小力少」，燕昭王自稱「孤」，屬於第一人稱指示語。

第三節　小結

吾人在使用書面或是口語溝通時，時常會運用到「指示語」，用來指代「人」、「時間」、「地點」等，但是指示語的使用往往和講話時間、方位、立場等因素有很大的關係，應用時若未說明清楚，容易造成溝通上的困難。

《戰國策》所載說客辯士的論辯內容，運用了相當多的「指示語」。經由以上分析，《戰國策》所使用的指示語，大致上可分為五種，分別是：

一　人稱指示語

（一）第一人稱指示語：臣、寡人、我、吾、孤、賤臣、弊邑。

《戰國策》所使用的第一人稱指示語，有屬於王自稱的「寡人」、「孤」；有臣屬自稱的「臣」、「賤臣」；有稱自己國家為「弊邑」；也有一般使用的「我」、「吾」等。

（二）第二人稱指示語：子、公、君、大王、主君、王、足下、女（汝）、大國。

《戰國策》所使用的第二人稱指示語，有尊稱國君使用的「君」、「大王」、「王」；有尊稱對方的「公」、「子」、「足下」；也有一般使用的「女（汝）」；此外，也有指稱對方國家為「大國」，表示尊敬。

（三）第三人稱指示語：王、謀主、南方（指代楚國）。

　　《戰國策》使用的第三人稱指示語，除了直呼對方名字之外，有使用「王」、「謀主」來指稱第三人稱的君王；較特別的例子是，使用了地理位置的「南方」，來指稱楚國。

二　時間指示語

（一）時間單位的時間指示語：今日、今、歲、來年、三十日、三年、五月。

　　《戰國策》使用的時間單位的時間指示語，包括了日、月、年。其中，也有以「歲」來指稱「年」者。

（二）表時間的指示語：今、昔者、昔歲、日者、異日。

　　《戰國策》使用表時間的指示語，如使用「今」，可以表示「現在」、「今日」、「目前」等等；使用「昔」，表示「過去」；使用「日者」，表示「日前」；使用「異日」，表示「將來的某日」等等。

（三）時間指示副詞：向、頃間、新。

　　《戰國策》使用時間指示副詞，如「向」表示「從前」；「頃間」表示「短時間」、「剛才」；「新」用來表示「剛剛」等等。

（四）語用時間指示：六晉之時、孔子、湯、桀

　　《戰國策》使用的語用時間指示，如使用「六晉之時」，用來指稱「晉國六卿」的時代；此外，使用孔子、湯、桀等歷史人物，指稱這些歷史人物所處的時代。

三　地點指示語

　　《戰國策》所使用的地點指示語，如以「陰」來指稱為北方，以「陽」來指稱南方；使用「在彼」，表示那個地方，「彼」為地點指示語；使用「河西」，黃河的西方來指稱特地的地點；使用「其人在是」，「是」為「此」，為地點指示語。此外，上述使用「南方」來指稱楚國，南方亦為地點指示詞。

四　語篇指示語

　　《戰國策》所使用的語篇指示語，僅有「秦武王謂甘茂（頁81）」一篇，「息壤」二字，本為地名，因為甘茂與秦武王在此立下盟誓，所以甘茂對秦武王說「息壤」時，就成了篇章（話語）指示語，指稱息壤的盟誓。

五　社交指示語

　　《戰國策》所使用的社交指示語，常見的是用來表示身分地位的語詞，如稱對方「大王」、「王」，自稱為「臣」、「賤臣」等等。

第四章
《戰國策》語境

第一節　語境

一　什麼叫做語境

　　冉永平先生指出：「語用學考察的是特定語境中特定話語的意義」[1]，因為語言的使用在於溝通，溝通的意圖往往會在一定的「語境」中進行，始能表現出其特別的意義，離開「語境」，就只剩下語言的「形式」，溝通的意圖無法彰顯，甚至於造成誤解或是無法溝通。

　　語用學所討論的主要內容，就是在於特定「語境」之中話語的意義。「語境」的環境，主要由「語言語境」與「非語言語境」所組成[2]。所謂的「語言語境」，是指「語言的上下文」，[3]所謂的「語言的上下文」，通常指的是一句話的上下句、一段話的上下段等等。

　　而所謂的「非語言語境」，是指「語言以外的因素，包括情景、背景知識等」[4]。溝通時，溝通雙方所處的情景，溝通雙方的背景、身分地位等等，也足以影響溝通的進行。

1　詳見冉永平：《語用學：現象與分析》，頁 12。
2　同前註。
3　同前註。
4　同前註。

二　語境的四個特點

　　葛本儀先生指出，語境有四個特點，分別是「主觀性」、「整合性」、「可變性」與「差異性」。[5]

　　所謂的「主觀性」，是指語境的構成，是主觀心理，是溝通者當下最直接的感受，不同的個體，對於溝通進行的理解當然會有所不同；所謂的「整合性」，是指語境的構成，非雜亂無章，而是一個整體，由主觀的感受，整合而成的具體意義；所謂的「可變性」，是指語境隨著溝通的進行，因為時間、空間環境、角色的變動等等不斷產生變化，語境也會有所不同；所謂「差異性」，是指不同的個體，雖然在同處在一個交際的語境中，但是理解是有所不同的。

三　語境的作用

　　葛本儀先生以為，語境有兩種主要的作用，一是「語境的解釋作用」，一是「語境的過濾作用」。[6]

　　葛本儀先生指出，所謂「語境的解釋作用」，是指「（1）語境可以幫助語言應用者從較一般、較籠統的字面意義中推斷出相對具體的意義；（2）語境可以幫助語言應用者辨別歧義，從而獲得具體而明的意義；（3）語境可以幫助語言應用者，推斷出表面看來與字面意義無關的言外之意」[7]；至於「語境的過濾作用」，則是「在一些言語交際活動中，特定的語境可能限制某種語言應用形式的出現或某種言語意義的產生」[8]。

5　詳見葛本儀：《語言學概論》（臺北市：五南圖書出版公司，2008 年），頁 333。

6　同前註，頁 334-338。

7　同前註，頁 335-336。

8　同前註，頁 336。

第二節　《戰國策》語境研究

　　前文曾提及，語言的使用在於溝通，而溝通的意圖往往會在一定的「語境」中進行，始能表現出其特別的意義。

　　根據考察，《戰國策》交際的語境，除了原來在上下文就已明顯說明清楚的內容之外，在對話溝通時，說客謀士常會使用歷史典故，用以加強自己的立論，此時，歷史典故在這些對話之中，就形成特殊的語境，茲說明如下：

（一）秦攻宜陽（頁17）

　　秦攻宜陽，周君謂趙累曰：「子以為何如？」對曰：「宜陽必拔也。」君曰：「宜陽城方八里，材士十萬，粟支數年，公仲之軍二十萬，景翠以楚之眾，臨山而救之，秦必無功。」對曰：「甘茂，羈旅也，攻宜陽而有功，<u>則周公旦也</u>；無功，則削跡於秦。秦王不聽群臣父兄之義而攻宜陽，宜陽不拔，秦王恥之。臣故曰拔。」君曰：「子為寡人謀，且奈何？」對曰：「君謂景翠曰：『公爵為執圭，官為柱國，戰而勝，則無加焉矣；不勝，則死，不如背秦援宜陽，公進兵。秦恐公之乘其弊也，必以寶事公；公中慕公之為己乘秦也，亦必盡其寶。』」秦拔宜陽，景翠果進兵。秦懼，遽效煮棗；韓氏果亦效重寶。景翠得城於秦，受寶於韓，而德東周。

說明：

　　本篇內容大略為：秦國攻打韓國的宜陽，危及周國，周國趙累建議周國國君，告訴前來救援的楚將景翠，希望他在秦國拿下宜陽之後，再行進兵。

　　本篇：「甘茂，羈旅也，攻宜陽而有功，<u>則周公旦也</u>」，其中「周

「公旦」原為人名，在此成為對話中的形容詞，用以指「像周公旦一樣的人物」，此時，若不暸解「周公旦」的歷史背景，則無法溝通。

（二）蘇秦始將連橫（頁46）

蘇秦始將連橫，說秦惠王曰：「大王之國，西有巴、蜀、漢中之利，北有胡貉、代馬之用，南有巫山、黔中之限，東有餚、函之固。田肥美，民殷富，戰車萬乘，奮擊百萬，沃野千里，蓄積饒多，地勢形便，此所以天府之，天下之雄國也。以大王之賢，士民之眾，車騎之用，兵法之教，可以并諸侯，吞天下，稱帝而治，願大王少留意，臣請奏其效。」

秦王曰：「寡人聞之，毛羽不豐滿者不可以高飛，文章不成者不可以誅罰，道德不厚者不可以使民，政教不順者不可以煩大臣。今先生儼然不遠千里而庭教之，願以異日。」

蘇秦曰：「臣固疑大王不能用也。昔者神農伐補遂，黃帝伐涿鹿而禽蚩尤，堯伐驩兜，舜伐三苗，禹伐共工，湯伐有夏，文王伐崇，武王伐紂，齊桓任戰而伯天下。由此觀之，惡有不戰者乎？古者使車轂擊馳，言語相結，天下為一；約中連橫，兵革不藏；文士並飭，諸侯亂惑；萬端俱起，不可勝理；科條既備，民多偽態；書策稠注，百姓不足，上下相愁，民無所聊；明言章理，兵甲愈起；辯言偉服，戰攻不息；繁稱文辭，天下不治；舌弊耳聾，不見成功；行義約信，天下不親。於是，乃廢文任武，厚養死士，綴甲厲兵，效勝於戰場。夫徒處而致利，安坐而廣地，雖古五帝、三王、五伯，明主賢君，常欲佐而致之，其勢不能，故以戰續之。寬則兩軍相攻，迫則杖戟相橦，然後可建大功。是故兵勝於外，義強於內；武立於上，民服於下。今欲并天下，凌萬乘，詘敵國，制海內，子元元，臣諸侯，非兵不可！今之嗣主，忽於至道，皆惛於教，亂於治，迷於言，惑於語，沈於

辯，溺於辭。以此論之，王國不能行也。」

說秦王書十上而說不行。黑貂之裘弊，黃金百斤盡，資用乏絕，去秦而歸。贏縢履蹻，負書擔橐，形容枯槁，面目犁黑，狀有歸色。歸至家，妻不下紝，嫂不為炊，父母不與言。蘇秦喟歎曰：「妻不以為為夫，嫂不以我為叔，父母不以我為子，是皆秦之罪也。」乃夜發書，陳篋書事，得《太公陰符》之謀，伏而誦之，簡練以為揣摩。讀書欲睡，引錐自刺其股，血流至足。曰：「安有說人主不能出其金市錦繡，取卿相之尊者乎？」期年揣摩成，曰：「此真可以說當世之君矣！」使用乃摩燕烏集闕，見說趙王於華屋之下，抵掌而談。趙王大悅，封為武安君。受相印，革車百乘，綿繡千純，白璧百雙，黃金萬溢，以隨其後，約從散橫，以抑強秦。

故蘇秦相於趙而關不通。當此之時，天下之大，萬民之眾，王侯之威，謀臣之權，皆欲決蘇秦之策。不費斗糧，未煩一兵，未張一士，未絕一弦，未折一矢，諸侯相親，賢於兄弟。夫賢人在而天下服，一人用而天下從。故曰：式於政，不式於勇；式於廊廟，不式於四境之外。當秦之隆，黃金萬溢為用，轉轂連騎，炫熿於道，山東之國，從風而服，使趙大重。且夫蘇秦特窮巷掘門、桑戶棬樞之士耳，伏軾撙銜，橫歷天下，廷說諸侯之王，杜左右之口，天下莫之能伉。

將說楚王路過洛陽，父母聞之，清宮除道，張樂設飲，郊迎三十里。妻側目而視，傾耳而聽；嫂蛇行匍伏，四拜自跪謝。蘇秦曰：「嫂，何前倨而後卑也？」嫂曰：「以季子之位尊而多金。」蘇秦曰：「嗟乎！貧窮則父母不子，富貴則親戚畏懼。人生世上，勢位富貴，盍可忽乎哉！」

說明：

本篇內容大略為：蘇秦以連橫遊說秦國，未被秦惠王所用，後來

轉以遊說趙王，被封為武安君，約請六國合縱，壓抑強秦。

本篇所載，當蘇秦遊說秦惠王時，列舉以武力兼併天下的例子：「昔者神農伐補遂，黃帝伐涿鹿而禽蚩尤，堯伐驩兜，舜伐三苗，禹伐共工，湯伐有夏，文王伐崇，武王伐紂，齊桓任戰而伯天下。由此觀之，惡有不戰者乎？」其中，神農、黃帝、堯、舜、湯、文王、齊桓公，都屬於歷史人物。

（三）秦客卿造謂穰侯（頁93）

秦客卿造謂穰侯曰：「秦封君以陶，藉君天下數年矣。攻齊之事成，陶為萬乘，長小國，率以朝天子，天下比聽，<u>五伯</u>之事也；攻齊不成，陶為鄰恤，而莫之據也。故攻齊之於陶也，存亡之機也。君欲成之，何不使人謂燕相國曰：『聖人不能為時，時至而弗失。舜雖賢不遇<u>堯</u>也，不得為天子；<u>湯</u>、<u>武</u>雖賢，不當<u>桀</u>、<u>紂</u>不王。故以<u>舜</u>、<u>湯</u>、<u>武</u>之賢，不遭時不得帝王。今攻齊，此君之大時也已。因天下之力，伐讎國之齊，報<u>惠王之恥</u>，成<u>昭王之功</u>，除萬世之害，此燕之長利，而君之大名也。《書》云：「樹德莫若滋，除害莫如盡。」吳不亡越，越故亡吳；齊不亡燕，燕故亡齊。齊亡於燕，吳亡於越，此除疾不盡也。以非此時也，成君之功，除君之害，秦卒有他事而從齊，齊、趙合，其讎君必深矣。挾君之讎以誅於燕，後雖悔之，不可得也已。君悉燕兵而疾僭之，天下之從君也，若報父子之仇。誠能亡齊，封君於河南，為萬乘，達途於中國，南與陶為鄰，世世無患。願君之專志於攻齊，而無他慮也。』」

說明：

本篇內容大略為：秦國客卿造遊說穰侯，攻齊之事，為陶的存亡之機，要他利用燕、齊的世仇，聯合燕國進攻齊國。

本篇先提「<u>五伯</u>之事也」，「五伯」即春秋五霸；其次則是時機的

問題：「聖人不能為時，時至而弗失。舜雖賢不遇堯也，不得為天子；湯、武雖賢，不當桀、紂不王。故以舜、湯、武之賢，不遭時不得帝王。」列舉堯、舜、湯、武等歷史人物，乘時而興；其次，引出燕、齊的歷史恩怨，「報惠王之恥，成昭王之功」，「惠王之恥」，指燕惠王被齊國田單所敗的恥辱[9]；「昭王之功」，為燕昭王聯合秦楚韓趙魏等國攻齊的事功[10]。

（四）范子因王稽入秦（頁97）

范子因王稽入秦，獻書昭王曰：「臣聞明主蒞正，有功不得不賞，有能者不得不官；勞大者其祿厚，功多者其爵尊，能治眾者其官大。故不能者不敢當其職焉，能者亦不得蔽隱。使以臣之言為可，則行而益利其道；若將弗行，則久留臣無謂也。語曰：『人主賞所愛，而罰所惡。明主則不然，賞必加於有功，刑比斷於有罪。』今臣之胸不足以當椹質，要不足以待斧鉞，豈敢以疑事嘗語於王乎？雖以臣為賤而輕辱臣，獨不重任臣者後無反覆於王前耶？臣聞周有砥厄，宋有結綠，梁有懸黎，楚有和璞。此四寶者，工之所失也，而為天下名器。然則聖王之所棄者，獨不足以厚國家乎？臣聞善厚家者，取之於國；善厚國者，取之於諸侯。天下有明主，則諸侯不得擅厚矣。是何故也？為其凋榮也。良醫知病人之死生，聖主明於成敗之事，利則行之，害則捨之，疑則少嘗之，雖堯、舜、禹、湯復生，弗能攻已！語之至者，臣不敢載之於書；其淺者又不足聽也。意者，臣愚而不闔於王心耶！已其言臣者，將賤而不足聽耶！非若是也，則臣之志，願少賜遊觀之間，望見足下而入之。」

書上，秦王說之，因謝王稽說，使人持車召之。

---

9 詳見溫洪隆注譯，陳滿銘校閱：《新譯戰國策》，頁130。
10 同前註，頁130。

說明：

本篇內容大略為：范雎透過王稽來到了秦國，上了一封書信，希望秦昭王接見他。

范雎在文中列舉了四國的寶物「<u>聞周有砥厄，宋有結綠，梁有懸黎，楚有和璞。此四寶者</u>」，包括周的砥厄、宋的結綠、梁的懸黎、楚的和氏璧，這些都是被玉工錯看了的寶物。

（五）范雎至秦（頁99）

范雎至秦，王庭迎，謂范雎曰：「寡人宜以身受令久矣。今者義渠之事急，寡人日自請太后。今義渠之事已，寡人乃得以身受命。躬竊閔然不敏，敬執賓主之禮。」范雎辭讓。

是日見范雎，見者無不變色易容者。秦王屏左右，宮中虛無人，秦王跪而請曰：「先生何以幸教寡人？」范雎曰：「唯唯。」有間，秦王復請，范雎曰：「唯唯。」若是者三。

秦王跽曰：「先生不幸教寡人乎？」

范雎謝曰：「非敢然也。臣聞始時呂尚之遇文王也，身為漁父而釣於渭陽之濱耳。若是者，交疏也。已一說而立為太師，載與俱歸者，其言深也。故文王果收功於呂尚，卒擅天下而砷立為帝王。即使文王疏呂望而弗與深言，是周無天子之德，而文、武無與成其王也。今臣，羈旅之臣也，交疏於王，而所願陳者，皆匡君之事，處人骨肉之間，願以陳臣之陋忠，而未知王之心也，所以王三問而不對者是也。臣非有所畏而不敢言也，知今日言之於前，而明日伏誅於後，然臣弗敢畏也。大王信行臣之言，死不足以為臣患，亡不足以為臣憂，漆身而為厲，被髮而為狂，不足以為臣恥。<u>五帝之聖而死，三王之仁而死，五伯之賢而死，烏獲之力而死，奔、育之勇而死。</u>死者，人之所必不免也。處必然之事，可以少有補於秦，此臣之所大願也。臣何

患乎？伍子胥橐載而出昭關，夜行而晝伏，至於菱水，無以餌其口，坐行蒲服，乞食於吳市，卒興吳國，闔閭為霸。使臣得進辯如伍子胥，加之以幽囚，重申不復見，是臣說之行也，臣何憂乎？箕子、接輿，漆身而為厲，被髮而為狂，無益於殷、楚。使臣得同行於箕子、接輿，漆身可以補所賢之主，是臣之大榮也，臣又何恥乎？臣之所恐者，獨恐臣死之後，天下見臣盡忠而身蹶也，是以讀口裹足，莫肯即秦耳。足下上畏太后之嚴，下惑奸臣之態；居深宮之中，不離保傳之手；終身闇惑，無與照奸；大者宗廟滅覆，小者身以孤危。此臣之所恐耳！若夫窮辱之事，死亡之患，臣弗敢畏也。臣死而秦者，賢於生也。」

秦王跽曰：「先生是何言也！夫秦國僻遠，寡人愚不肖，先生乃幸至此，此天以寡人溷先生，而存先王之廟也。寡人得受命於先生，此天所以幸先王而不棄其孤也。先生奈何而言若此！事無大小，上及太后，下至大臣，願先生悉以教寡人。無疑寡人也。」范睢再拜，秦王亦再拜。

范睢曰：「大王之國，北有甘泉、谷口，南帶涇、渭，右隴、蜀，左關、阪；戰車千乘，奮擊際百萬。以秦卒之勇，車騎之多，以當諸侯，譬若馳韓盧而逐蹇兔也，霸王之業可致。今反閉而不敢窺兵於山東者，是穰侯為國謀不忠，而大王之計有所失也。」

王曰：「願聞所失計。」

睢曰：「大王越韓、魏而攻強齊，非計也。少出師則不足以傷齊；多之則害於秦。臣意王之計，欲少出師，而悉韓、魏之兵則不義矣。今見與國之不可親，越人之國而攻，可乎？疏於計矣！昔者，齊人伐楚，戰勝，破軍殺將，再闢地千里，矔寸之地無得者，豈齊之欲地哉，形弗能有也。諸侯見齊之罷露，君臣之不親，舉兵而伐之，主辱軍破，為天下笑。所以然者，以其伐楚而肥韓、魏也。此所謂藉賊

兵而繼盜食也。王不如遠交而近攻，得寸則王之寸，得尺亦王之尺也。今捨此而遠攻，不亦繆乎？且昔者，中山之地，方五百里，趙獨擅之，功成、名立、利附，則天下莫能害。今韓、魏，中國之處，而天下之樞也。王若欲霸，必親中國而以為天下樞，以威楚、趙。趙強則楚附，楚強則趙附。楚、趙附則齊必懼，懼必卑辭重幣以事秦，齊附而韓、魏可虜也。」

王曰：「寡人欲親魏，魏所變之國也，寡人不能秦。請問親魏奈何？」范雎曰：「卑辭重幣以事之。不可，削地而賂之。不可，舉兵而伐之。」於是舉兵而攻邢丘，邢丘拔而魏請附。

曰：「秦、韓之地形，相錯如繡。秦之有韓，若木之有蠹，人之病心腹。天下有變，為秦害者莫大於韓。王不如收韓。」王曰：「寡人欲收韓，不聽，為之奈何？」范雎曰：「舉兵而攻滎陽，則成皋之路不通；北斬太行之到，則上黨之兵不下；一即著而攻滎陽，則其國斷而為三。魏、韓見必亡，焉得不聽？韓聽而霸事可成也。」王曰：「善。」

范雎曰：「臣居山東，聞齊之內有田單，不聞其王。聞秦之有太后、穰侯、涇陽、華陽，不聞其有王。夫擅國之謂王，能專利害之謂王制殺生之威之謂王。今太后擅行不顧，穰侯出處不報，涇陽、華陽擊斷無諱，四貴備而國不危者，未之有也。為此四者，下乃所謂無王已。然則權焉得不傾，而令焉得從王出乎？臣聞：『善為國者，內固其威，而外重其權。』穰侯使者操王之重，決裂諸侯，剖符於天下，征敵伐國，莫敢不聽。戰勝攻取，則利歸於陶；國弊，御於諸侯；戰敗，則怨結於百姓，而禍歸社稷。《詩》曰：『木實繁者披其枝，披其枝者傷其心。大其都者危其國，尊其臣者卑其主。』淖齒管齊之權，縮閔王之筋，縣之廟梁，宿昔而死。李兌用趙，滅食主父，百日而餓死。今秦，太后、穰侯用事，高陵、涇陽佐之，卒無秦王，此亦淖

齒、李兌之類已。臣今見王獨立於廟朝矣，且臣將恐後世之有秦國者，非王之子孫也。」

　　秦王懼，於是乃廢太后，逐穰侯，出高陵，走涇陽於關外。

　　昭王謂范雎曰：「昔者，<u>齊公得管仲</u>，時以為仲父。今吾得子，亦以為父。」

說明：

　　本篇內容大略為：范雎到秦國，進見秦昭王，在秦昭王再三要求之下，分析了秦國國內的形勢，並指出「四貴」對秦昭王的傷害。

　　范雎說服秦昭王，先舉出了姜太公為文王所重用的例證，其後，表明他不死的決心，表示「<u>五帝之聖而死，三王之仁而死，五伯之賢而死，烏獲之力而死，奔、育之勇而死。</u>」列舉了五帝、三王、五伯、烏獲、孟奔、夏育等歷史人物都已逝去；「<u>伍子胥橐載而出昭關</u>」，則是舉伍子胥出亡而後報仇的歷史；最後，「<u>昔者，齊公得管仲</u>」，秦昭王以齊桓公得管仲之力，得以稱霸天下。綜觀本篇，語境大多屬於用典，若不熟悉這些歷史典故，恐怕無法明白文意。

（六）蔡澤見逐於趙（頁115）

　　蔡澤見逐於趙，而入韓、魏，遇奪釜鬲於途。聞應侯任鄭安平、王稽，皆負重罪，應侯乃慚，乃西入秦。將見昭王，使人宣言以感怒應侯曰：「燕客蔡澤，天下駿雄弘辯之士也。彼一見秦王，秦王必相之而奪君位。」

　　應侯聞之，使人召蔡澤。蔡澤入，則揖應侯，應侯固不快，及見之，又倨。應侯因讓之曰：「子嘗宣言代我相秦，豈有此乎？」對曰：「然。」應侯曰：「請聞其說。」蔡澤曰：「吁！何君見之晚也。夫四時之序，成功者去。夫人生手足堅強，耳目聰明聖知，豈非士之所願與？」應侯曰：「然。」蔡澤套：「質仁秉義，硼道施德於天下，

天下懷樂敬愛，願以為君王，豈不辯智之期與？」應侯曰：「然。」
蔡澤復曰：「富貴顯榮，成理萬物萬物各得其所；生命壽長，終其年
而不夭傷；天下繼其統，守其業，傳之無窮，名實純粹，澤流千世，
稱之而毋絕，與天下終。豈非道之符，而聖人所謂吉祥善事與？」應
侯曰：「然。」澤曰：「若秦之商君，楚之吳起，越之大夫種，其卒亦
可願矣。」應侯知蔡澤之欲困己以說，復曰：「何為不可？夫公孫鞅
事孝公，極身毋二，盡公不還死，信賞罰以致治，竭智能，示請素，
蒙怨咎，欺舊交，虜魏公子卬，卒為秦禽將，破敵軍，攘地千里。吳
起事悼王，使死不害公，讒不蔽忠，言不取苟合，行不取苟容，行義
不圖毀譽，必有伯主強國，不辭禍凶。大夫種事越王，主離困辱，悉
忠而不解，主雖亡絕，盡能而不離，多功而不矜，貴富不驕怠。若此
三子者，義之至，忠之節也。故君子殺身以成名，義之所在，身雖
死，無憾悔，何為不可哉？」蔡澤曰：「主聖臣賢，天下之福也；君
明臣忠，國之福也；父慈子孝，夫信婦貞，家之福也。故比干忠，不
能存殷。子胥知，不能存吳；申生孝，而晉惑亂。是有忠臣孝子，國
家滅亂，何也？無明君賢父以聽之。故天下一起君父為戮辱，憐其臣
子。夫待死之後可以立忠成名，是微左不足仁，孔子不足聖，管仲不
足大也。」於是應侯稱善。

　　蔡澤得少間，因曰：「商君、吳起、大夫種，其為人臣，盡忠致
功，則可願矣。閎夭事文王，周公輔成王也，豈不亦忠乎？以君臣論
之，商君、吳起、大夫種，其可願孰與閎夭、周公哉？」應侯曰：
「商君、吳起、大夫種不若也。」蔡澤曰：「然則君之主，慈仁任
忠，不欺舊故，孰與秦孝公、楚悼王、越王乎？」應侯曰：「未知何
如也。」蔡澤曰：「主固親忠臣，不過秦孝、越王、楚悼。君者為
主，正亂、披患、折難，廣地制穀，痼國足家、強主，威蓋海內，功
章萬里之外，不過商君、吳起、大夫種。而君之祿位貴盛，死家之富

過於三子，而身不退，竊為君危之。語曰：『日中則移，月滿則
虧。』物盛則衰，天之常數也；進退、盈縮、變化，勝任之常道也。
昔者，齊桓公九合諸侯，一匡天下，至葵丘之會，有驕矜之色，畔者
九國。吳王夫差無適於天下，輕諸侯，凌齊、晉，遂以殺身亡國。夏
育、太史啟叱呼駭三軍，然而身死於庸夫。此皆乘至盛不及道理也。
夫商君為孝公平權衡、正度量、調輕重，決裂阡陌，教年耕戰，是以
兵動而地廣，兵休而國富，故秦武帝於天下，立魏諸侯。功已成，遂
以車裂。楚地持戟百萬，白起率數萬之師，以與楚戰，一戰舉鄢、
郢，再戰燒夷陵，南并蜀、漢，又越韓、魏攻強趙，北坑馬服，誅屠
四十餘萬之眾，流血成川，沸聲若雷，使秦業帝。自是之後，趙、楚
慴服，不敢攻秦者，白起之勢也。身所服者，七十餘城。功已成矣，
賜死於杜郵。吳起為楚悼罷無能，廢無用，損不急之官。塞私門之
請，壹楚國之俗，南攻楊越，北並陳、蔡，破橫散從，使馳說之士無
所開其口。功已成矣，卒支解。大夫種為越王墾草耕邑，必地殖谷，
率四方士，上下之力，以禽近吳，成霸功。勾踐終棓而殺之。此四子
者，成功而不去，禍至於此。此所謂信而不能詘，往而不能反者也。
范蠡知之，超然避世，長為陶朱。君獨不觀博者乎？或欲分大投，或
欲分功。此皆君之所明制也。今君相秦，計不下席，某不出廊廟，坐
制諸侯，利施三川，以實宜陽，決羊腸之險，塞太行之口，又斬范、
中行之途，棧道千里於蜀、漢使天下皆畏秦。秦之欲得矣，君之功極
矣。此亦秦之分功之時也！如是不退，則商君、白公、吳起、大夫種
是也。君何不以此時歸相印，讓賢者授之，必有伯夷之廉；長為應
侯，世世稱孤，而有喬、松之壽。孰與以禍終哉！此則君何居焉？」
應侯曰善。」乃延入坐為上客。

　　後數日，入朝，言於秦昭王曰：「客新有從山東來者蔡澤，其人
辯士。臣之見人甚眾，莫有及者，臣不如也。」秦昭王召見，與語，

大說之，拜為客卿。應侯因謝病，請歸相印。昭王強起應侯，應侯遂稱篤，因免相。昭王新說蔡澤計畫，遂拜為秦相，東收周室。

蔡澤相秦王數月，人或惡之，懼誅，乃謝病歸相印，號為剛成君。秦十餘年，昭王、孝文王、莊襄王。卒事始皇帝。為秦使於燕，三年而燕使太子丹入質於秦。

說明：

本篇內容大略為：蔡澤被趙國驅逐，後來西向到了秦國，勸說范雎讓賢，范雎稱病讓出相後給蔡澤，蔡澤任相，數月後，因害怕被殺，也稱病讓位。

蔡澤勸范雎應「功成身退」，列舉了許多歷史人物「若秦之商君，楚之吳起，越之大夫種」，以歷史人物商鞅、吳起、大夫種為例，說明「功成身退」的重要性；其次，「故比干忠，不能存殷。子胥知，不能存吳；申生孝，而晉惑亂。」舉例說明有忠心、有智慧、孝順的人，若沒有遇到英明的君主、賢能的國君，國家反而滅亡、大亂；「微左不足仁，孔子不足聖，管仲不足大也。」則說明如果真的要等到死後，才能得好的名聲的話，那麼微子不算是仁人、孔子不算是聖人、管仲不算是偉人。

（七）秦王與中期爭論（頁146）

秦王與中期爭論，不勝。秦王大怒，中期徐行而去。或為中期說秦王曰：「悍人也，中期！適遇明君故也。向者遇桀、紂，必殺之矣。」秦王因不罪。

說明：

本篇內容大略為：秦王因爭論不過中期而大怒，有說客對秦王說，如果中期遇到的是像桀、紂一樣的國君，一定會被殺。

　　本篇的內容很簡單，除了文中已說明的「秦王與中期爭論，不勝，秦王大怒」之外，較特別的語境就在於使用歷史典故「桀、紂」，「桀紂」是夏桀與商紂的合稱，二人皆因無道，為商湯與周武王所滅。

（八）文信侯欲攻趙以廣河間（頁152）

　　文信侯欲攻趙以廣河間，使剛成君蔡澤事燕三年，而燕太子質於秦。文信侯因請張唐相燕，欲與燕共伐趙，以廣河間之地。張唐辭曰：「燕者必徑於趙，趙人得唐者，受百里之地。」文信侯去而不快。少庶子甘羅曰：「君侯何不快甚也？」文信侯曰：「吾令剛成君蔡澤事燕三年。而燕太子已入質矣。今吾自請張卿相燕，而不肯行。」甘羅曰：「臣行之。」文信君叱去，曰：「我自行之而不肯，汝安能行之也？」甘羅曰：「夫項橐生七歲而為孔子師，今臣生十二歲於茲矣！君其試臣，奚以遽言叱也？」

　　甘羅見張唐曰：「卿之功，孰與武安君？」唐曰：「武安君戰勝攻取，不知其數，攻城墮邑，不知其數。臣之功不如武安君也。」甘羅曰：「卿明知功之不如武安君歟？」曰：「知之。」「應侯之用秦也，孰與文信侯專？」曰：「應侯不如文信侯專。」曰：「卿明知為不如文信侯專歟？」曰：「知之。」甘羅曰：「應侯欲伐趙，武安君難之，去咸陽七里，絞而殺之。今文信侯自請卿相燕，而卿不肯行，臣不知卿所死之處矣。」唐曰：「請因孺子而行！」令庫具車，廄具馬，府具幣，行有日矣。

　　甘羅謂文信侯曰：「借臣車五乘，請為張唐先報趙。」見趙王，趙王郊迎。謂趙王曰：「聞燕太子單之入秦與？」曰：「聞之。」「聞張唐之相燕與？」曰：「聞之。」「燕太子入秦者，燕不欺秦也，張唐相燕者，秦不欺燕也。秦、燕不相欺，則伐趙，危矣。燕、秦所以不

相欺者，無異故，欲攻趙而廣河間也。今王齎臣五城以廣河間，請歸
燕太子，與彊趙攻弱燕。」趙王立割五城以廣河間，歸燕太子。趙攻
燕，得上谷三十六縣，與秦什一。

說明：

　　本篇內容大略為：呂不韋為了擴大河間的土地，想聯合燕國攻打
趙國，派張唐去做燕國的相，張唐不去，年僅十二歲的甘羅說服了張
唐，又在張唐成行前先遊說趙王，要趙王送五城給秦國。

　　本篇甘羅談話中：「夫項橐生七歲而為孔子師」，相傳項橐七歲時
便難倒了孔子，成為孔子的老師[11]。

（九）四國為一將以攻秦（頁158）

　　四國為一，將以攻秦。秦王召群臣賓客六十人而問焉，曰：「四
國為一，將以圖秦，寡人屈於內，而百姓靡於外，為之奈何？」群臣
莫對。姚賈對曰：「賈願出使四國，必絕其謀，而安其兵。」乃資車
百乘，金千斤，衣以其衣冠，舞以其劍。姚賈辭行，絕其謀，止其
兵，與之為交以報秦。秦王大悅。賈封千戶，以為上卿。

　　韓非知之，曰：「賈以珍珠重寶，南使荊、吳，北使燕、代之間
三年，四國之交未必合也，而珍珠重寶盡於內。是賈以王之權、國之
寶，外自交於諸侯，願王察之。且梁監門子，嘗盜於梁，臣於趙而
逐。取世監門子，梁之大盜，趙之逐臣，與同知社稷之計，非所以屬
群臣也。」

　　王召姚賈而問曰：「吾聞子以寡人財交於諸侯，有諸？」對曰：
「有。」王曰：「有何面目復見寡人？」對曰：「曾參孝其親，天下願
以為子；子胥忠其君，天下願以為臣；貞女工巧，天下願以為妃。今

---

11 同前註，頁216。

賈忠王而王不知也。賈不歸四國，尚焉之？使賈不忠於君，四國之王尚焉用賈之身？桀聽讒而誅其良將，紂聞讒而殺其忠臣，至身死國亡。今王聽讒，則無忠臣矣。」

　　王曰：「子監門子、梁之大盜、趙之逐臣。」姚賈曰：「太公望，齊之逐夫、朝歌之廢屠、子良之逐臣、棘津之讎不庸，文王用之王王。管仲，其鄙人之賈人也，南陽之弊幽、魯之免囚，桓公用之而怕。百里奚，虞之乞人，傳賣以五羊之皮，穆公相之而朝西戎。文公用中山盜，而勝於城濮。此四士者，皆有詬醜，大誹天下，明主用之，知其可與立功。使若卞隨、務光、申屠狄，人主豈得其用哉！故明主不取其汙，不聽其非，察其為己用。故可以存社稷者，雖有外誹者不聽，雖有高世之名，無咫尺之功者不賞。是以群臣莫敢以虛願望於上。」秦王曰：「然。」乃可復使姚賈而誅韓非。

說明：

　　本篇內容大略為：燕、趙、吳、楚四國聯合攻打秦國，姚賈出使四國，使他們停止攻秦，後來姚賈遭到韓非的非議，經由姚賈一一辯解，秦王最後再次任用姚賈而殺了韓非。

　　本篇除了已說明的內容之外，還運用了歷史典故：「太公望，齊之逐夫、朝歌之廢屠、子良之逐臣、棘津之讎不庸，文王用之王王。管仲，其鄙人之賈人也，南陽之弊幽、魯之免囚，桓公用之而怕。百里奚，虞之乞人，傳賣以五羊之皮，穆公相之而朝西戎。文公用中山盜，而勝於城濮。」提到了周文王、齊桓公、秦穆公、晉文公等四人，用人不問出身而成功。

（十）孟嘗君讌坐（頁203）

　　孟嘗君讌坐，謂三先生曰：「願聞先生有以補之闕者。」一人曰：「訾天下之主，有侵君者，臣請以臣之血湔其衽。」田瞀曰：「車

軼之所能至，請掩足下之短者，誦足下之長；千乘之君與萬乘之相，其欲有君也，如使而弗及也。」勝（上股下目）曰：「臣願以足下之府庫財物，收天下之士，能為君決疑應卒，若魏文侯之有田子方、段干木也。此臣之所為君取矣。」

說明：

　　本篇內容大略為：孟嘗君和三位先生閒談，問三位先生有什麼辦法補救他的缺陷，一個人願意為他賣命；一個人願意為他遊說他國；一個人願意為他收天下之士。

　　其中「若魏文侯之有田子方、段干木也」，特別提及魏文侯有兩位師友，田子方與段干木，也是運用歷史典故。

（十一）孟嘗君有舍人而弗悅（頁205）

　　孟嘗君有舍人而弗悅，欲逐之。魯連謂孟嘗君曰：「猿獼猴錯木據水，則不若魚鱉；歷險乘危，則騏驥不如狐狸。曹沫之奮三尺之劍，一軍不能當；使曹沫釋其三尺之劍，而操銚鎒與農夫居壟畝之中，則不若農夫。故物舍其所長，之其所短，堯亦有所不及矣。今使人而不能，則謂之不肖；教人而不能，則謂之拙。拙則罷之，不肖則棄之，使人有棄逐，不相與處，而來害相報者，豈非世之立教首也哉！」孟嘗君曰：「善。」乃弗逐。

說明：

　　本篇內容大略為：孟嘗君有個不喜歡的食客，孟嘗君想趕走他。魯仲連對孟嘗君說，用人應該要舍其所短、用其所長。

　　本篇除了原文說明的「孟嘗君有舍人而弗悅，欲逐之」之外，還運用了歷史典故：「曹沫之奮三尺之劍，一軍不能當」，曹沫，春秋時魯人。

（十二）孟嘗君為從（頁217）

孟嘗君為從。公孫弘謂孟嘗君曰：「君不以使人先觀秦王？意者秦王帝王之主也，君恐不得為臣，奚暇從以難之？意者秦王不肖之主也，君從以難之，未晚。」孟嘗君曰：「善，願因請公往矣。」公孫弘敬諾，以車十乘之秦。昭王聞之，而欲愧之以辭。公孫弘見，昭王曰：「薛公之地，大小幾何？」公孫弘對曰：「百里。」昭王笑而曰：「寡人地數千里，猶未敢以有難也。今孟嘗君之地方百里，而因欲難寡人，猶可乎？」公孫弘對曰：「孟嘗君好人，大王不好人。」昭王曰：「孟嘗君之好人也，奚如？」公孫弘曰：「義不臣乎天子，不友乎諸侯，得志不慚為人主，不得志不肯為人臣，如此者三人；而治可為管、商之師，說義聽行，能致其如此者五人；萬乘之嚴主也；辱其使者，退而自刎，必以其血洿其衣，如臣者十人。」昭王笑而謝之，曰：「客胡為若此，寡人直與客論耳！寡人善孟嘗君，欲客之必諭寡人之志也！」公孫弘曰：「敬諾。」公孫弘可謂不侵矣。昭王，大國也。孟嘗，千乘也。立千乘之義而不可陵，可謂足使矣。

說明：

本篇內容大略為：孟嘗君想要合縱，公孫弘建議他先派人去觀察秦王是個什麼樣的君主再說，孟嘗君派公孫弘出使秦國，秦昭王想要羞辱公孫弘，但是公孫弘不卑不亢，一一回應秦昭王。

公孫弘與秦昭王的對話中，特別提到了「而治可為管、商之師」，論治理國家而言，可以成為管仲、商鞅的老師，以歷史人物管仲與商鞅作為特別的語境。

（十三）魯仲連謂孟嘗（頁218）

魯仲連謂孟嘗：「君好士也！雍門養椒亦，陽得子養，飲食、衣裳與之同之，皆得其死。今君之家富於二公，而士未有為君盡游者

也。」君曰：「文不得是二人故也。使文得二人者，豈獨不得盡？」
對曰：「君之廄馬百乘，無不被繡衣而食菽粟者，豈有騏麟騄耳哉？
後宮十妃，皆衣縞紵，食粱肉，豈有<u>毛廧</u>、<u>西施</u>哉？色與馬取於今之
世，士何必待古哉？故曰君之好士未也。」

說明：

　　本篇內容大略為：魯仲連批評孟嘗君並不是真正喜愛士。

　　魯仲連與孟嘗君的對話中，使用了許多歷史典故，「雍門養椒
亦，陽得子養」，此處所使用的典故，為「雍門」與「陽得子」也都
養食客，你孟嘗君比不上他們；第二段則使用了「豈有<u>毛廧</u>、<u>西施</u>
哉」，以「古代美女」與「今世的士」來對比。

（十四）先生王斗造門而欲見齊宣王（頁224）

　　先生王斗造門而欲見齊宣王，宣王使謁者延入。王斗曰：「斗趨
見王為好勢，王趨見斗為好士，於王何如？」使者復還報。王曰：
「先生徐之，寡人請從。」宣王因趨而迎之於門，與入，曰：「寡人
奉先君之宗廟，守社稷，聞先生直言正諫不諱。」王斗對曰：「王聞
之過。斗生於亂世，事亂君，焉敢直言正諫。」宣王忿然作色，不
說。有間，王斗曰：「<u>昔先君桓公所好者</u>，九合諸侯，一匡天下，天
子受籍，立為大伯。今王有四焉。」宣王說，曰：「寡人愚陋，守齊
國，唯恐失抎之，焉能有四焉？」王斗曰：「否。先君好馬，王亦好
馬。先君好狗，王亦好狗。先君好酒，王亦好酒。先君好色，王亦好
色。先君好士，是王不好士」。宣王曰：「當今之世無士，寡人何
好？」王斗曰：「世無騏驎騄耳，王駟已備矣。世無<u>東郭俊</u>、<u>盧氏之
狗</u>，王之走狗已具矣。世無<u>毛嬙</u>、<u>西施</u>，王宮已充矣。王亦不好士
也，何患無士？」王曰：「寡人憂國愛民，固願得士以治之。」王斗
曰：「王之憂國愛民，不若王愛尺縠也。」王曰：「何謂也？」王斗

曰：「王使人為冠，不使左右便辟而使工者何也？為能之也。今王治齊，非左右便辟無使也，臣故曰不如愛尺縠也。」宣王謝曰：「寡人有罪國家。」於是舉士五人任官，齊國大治。

說明：

本篇內容大略為：齊宣王接見王斗，王斗指責宣王有「四好」，好馬、好狗、好酒、好色，卻不好士。齊宣王後來改正，齊國大治。

王斗與齊宣王的對話之中，「昔先君桓公所好者」，特別以往日先君桓公九合諸侯、一匡天下，作為論述的背景；此外，「東郭俊、盧氏之狗」，是良狗名；「毛嬙、西施」，為美女名，也運用了歷史的典故。

（十五）貂勃常惡田單（頁250）

貂勃常惡田單，曰：「安平君，小人也。」安平君聞之，故為酒而召貂勃，曰：「單何以得罪於先生，故常見譽於朝？」貂勃曰：「跖之狗吠堯，非貴跖而賤堯也，狗固吠非其主也。且今使公孫子賢，而徐子不肖。然而使公孫子與徐子鬥，徐子之狗，猶時攫公孫子之腓而噬之也。若乃得去不肖者，而為賢者狗，豈特攫其腓而噬之耳哉？」安平君曰：「敬聞命。」明日，任之於王。

王有所幸臣九人之屬，欲傷安平君，相與語於王曰：「燕之伐齊之時，楚王使將軍將萬人而佐齊。今國已定，而社稷已安矣，何不使使者謝於楚王？」王曰：「左右孰可？」九人之屬曰：「貂勃可。」貂勃使楚。楚王受而觴之，數日不反。九人之屬相與語於王曰：「夫一人身，而牽留萬乘者，豈不以據勢也哉？且安平君之與王也，君臣無禮，而上下無別。且其志欲為不善。內牧百姓，循撫其心，振窮補不足，布德於民；外懷戎翟、天下之賢士，陰結諸侯之雄俊豪英。其志欲有為也。願王之察之。」異日，而王曰：「召相單來。」田單免冠

徒跣肉袒而進，退而請死罪。五日，而王曰：「子無罪於寡人，子為子之臣禮，吾為吾之王禮而已矣。」

貂勃從楚來，王賜諸前，酒酣，王曰：「召相田單而來。」貂勃避席稽首曰：「王惡得此亡國之言乎？王上者孰與周文王？」王曰：「吾不若也。」貂勃曰；「然，臣固知王不若也。下者孰與齊桓公？」王曰：「吾不若也。」貂勃曰：「然，臣固知王不若也。然則周文王得呂尚以為太公，齊桓公得管夷吾以為仲父，今王得安平君而獨曰『單』。且自天地之闢，民人之治，為人臣之功者，誰有厚於安平君者哉？而王曰『單，單』。惡得此亡國之言乎？且王不能守先王之社稷，燕人興師而襲齊墟，王走而之城陽之山中。安平君以惴惴之即墨，三里之城，五里之郭，敝卒七千，禽其司馬，而反千里之齊，安平君之功也。當是時也，闔城陽而王，城陽、天下莫之能止。然而計之於道，歸之於義，以為不可，故為棧道木閣，而迎王與后於城陽山中，王乃得反，子臨百姓。今國已定，民已安矣，王乃曰『單』。且嬰兒之計不為此。王不亟殺此九子者以謝安平君，不然，國危矣！」王乃殺九子而逐其家，益封安平君以夜邑萬戶。

說明：

本篇內容大略為：貂勃常說田單壞話，田單向齊襄王請求任用貂勃，結果貂勃反過來要求齊襄王殺掉九個誣陷田單的寵臣。

第一段在貂勃與田單的對話之中，貂勃的回答使用了「跖之狗吠堯」，盜跖的狗對堯吠；第二段「王上者孰與周文王？」王曰：「吾不若也。」貂勃曰；「然，臣固知王不若也。下者孰與齊桓公？」王曰：「吾不若也。」貂勃曰：「然，臣固知王不若也。然則周文王得呂尚以為太公，齊桓公得管夷吾以為仲父」，則是貂勃與齊襄王的對話，使用了周文王重用姜太公、齊桓公重用管仲的歷史故事。

（十六）楚懷王拘張儀（頁289）

楚懷王拘張儀，將欲殺之。靳尚為儀謂楚王曰：「拘張儀，秦王必怒。天下見楚之無秦也，楚必輕矣。」又謂王之幸夫人鄭袖曰：「子亦自知且賤於王乎？」鄭袖曰：「何也？」尚曰：「張儀者，秦王之忠信有功臣也。今楚拘之，秦王欲出之。秦王有愛女而美，又簡擇宮中佳麗麗好麗習音者，以懽從之；資之金玉寶器，奉以上庸六縣為湯沐邑，欲因張儀內之楚王。楚王必愛，秦女依強秦以為重，挾寶地以為資，勢為王妻以臨於楚。王惑於虞樂，必厚尊敬親愛之而忘子，子益賤而日疏矣。」鄭袖曰：「願委之於公，為之奈何？」曰：「子何不急言王，出張子。張子得出，德子無已時，秦女必不來，而秦必重子。子內擅楚之貴，外結秦之交，畜張子以為用，子之子孫必為楚太子矣，此非布衣之利也。」鄭袖遽說楚王出張子。

說明：

本篇內容大略為：張儀出使楚國，楚懷王因曾被張儀欺騙而欲殺之，張儀透過靳尚向楚懷王及懷王的寵姬鄭袖勸說，使得楚懷王再次受騙，後來，張儀平安的回到秦國。

本篇的首段「楚懷王拘張儀，將欲殺之」，是因為張儀曾答應將商於之地六百里獻給楚國，破壞了齊、楚聯盟，達成目的後，卻自食其言，以致引起秦、楚大戰。過了一年，秦國又想與楚國講和，張儀再次來到楚國。[12]所以首段，楚懷王因為張儀曾騙他，餘怒未消，才會趁著張儀出使楚國的機會扣捕他，並打算殺了他。

（十七）唐且見春申君（頁304）

唐且見春申君曰：「齊人飾身修行得為益，然臣羞而不學也。不

---

12 同前註，頁425。

避絕江河，行千餘里來，竊慕大君之義，而善君之業。臣聞之，<u>賁、</u><u>諸懷錐刃而天下為勇，西施衣褐而天下稱美。</u>今君相萬乘之楚，禦中國之難，所欲者不成，所求者不得，臣等少也。夫梟棋之所以能為者，以散棋佐之也。夫一梟之不如不勝五散，亦明矣。今君何不為天下梟，而令臣等為散乎？」

說明：

本篇內容大略為：唐且見春申君，勸他領導群臣。

唐且與春申君的對話：「<u>賁、諸懷錐刃而天下為勇，西施衣褐而</u><u>天下稱美</u>」，以歷史人物孟賁、專諸、西施為例。

（十八）或謂黃齊（頁312）

或謂黃齊曰：「人皆以謂公不善於富摯。<u>公不聞老萊子之教孔子</u><u>事君乎</u>？示之其齒之堅也，六十而盡相靡也。今富摯能，而公重不相善也，是兩盡也。諺曰：『見君之乘，下之；見杖，起之。』今也，王愛富摯，而公不善也，是不臣也。」

說明：

本篇內容大略為：有說客對黃齊說，大家都說你與富摯關係不好，而大王喜歡富摯，所以黃齊你該改善你與富摯的關係。

說客勸說黃齊的話：「<u>公不聞老萊子之教孔子事君乎</u>」，使用了歷史典故老萊子教孔子侍奉君主的辦法，勸說黃齊。

（十九）客說春申君（頁314）

客說春申君曰：「<u>湯以亳，武王以鄗</u>，皆不過百里以有天下。今孫子，天下賢人也，君籍之以百里勢，臣竊以為不便於君。何如？」春申君曰：「善。」於是使人謝孫子。孫子去之趙，趙以為上卿。客又說春申君曰：「<u>昔伊尹去夏入殷，殷王而夏亡</u>。管仲去魯入齊，魯弱而

齊強。夫賢者之所在，其君未嘗不尊，國未嘗不榮也。今孫子，天下賢人也。君何辭之？」春申君又曰：「善。」於是使人請孫子於趙。

孫子為書謝曰：「癘人憐王，此不恭之語也。雖然，不可不審察也。此為劫弒死亡之主言也。夫人主年少而矜材，無法術以知奸，則大臣主斷國私以禁誅於己也，故弒賢長而立幼弱，廢正適而立不義。春秋戒之曰：『楚王子圍聘於鄭，未出竟，聞王病，反問疾，遂以冠纓絞王，殺之，因自立也。齊崔杼之妻美，莊公通之。崔杼帥其君黨而攻。莊公請與分國，崔杼不許；欲自刃於廟，崔杼不許。莊公走出，踰於外牆，射中其股，遂殺之，而立其弟景公。』近代所見：李兌用趙，餓主父於沙丘，百日而殺之；淖齒用齊，擢閔王之筋，縣於其廟梁，宿夕而死。夫癘雖癰腫胞疾，上比前世，未至絞纓射股；下比近代，未至擢筋而餓死也。夫劫弒死亡之主也，心之憂勞，形之困苦，必甚於癘矣。由此觀之，癘雖憐王可也。」因為賦曰：「寶珍隋珠，不知佩兮。襑布與絲，不知異兮。閭姝子奢，莫知媒兮。媒母求之，又甚喜之兮。以瞽為明，以聾為聰，以是為非，以吉為凶。嗚呼上天，曷惟其同！」詩曰：「上天甚神，無自瘵也。」

說明：

本篇內容大略為：說客勸說春申君，讓荀子離開楚國去趙國、讓荀子由趙國回到楚國，春申君完全沒有主見，所以荀子寫了一封信給春申君，謝絕了回他回到楚國的請求。

第一段，第一位說客在勸說春申君時，「湯以亳，武王以鄗，皆不過百里以有天下」，以歷史人物商湯、武王，作為說話的背景；第一段，第二位說客在勸說春申君時，「昔伊尹去夏入殷，殷王而夏亡。管仲去魯入齊，魯弱而齊強。」則是以歷史人物伊尹、管仲作為背景。

（二十）汗明見春申君（頁317）

汗明見春申君，候問三月，而後得見。談卒，春申君大說之。汗明欲復談，春申君曰：「僕已知先生，先生大息矣。」汗明憱焉曰：「明願有問君而恐固。<u>不審君之聖，孰與堯也？</u>」春申君曰：「先生過矣，臣何足以當堯？」汗明曰：「<u>然則君料臣孰與舜？</u>」春申君曰：「先生即舜也。」汗明曰：「不然，臣請為君終言之。君之賢實不如堯，臣之能不及舜。夫以賢舜事聖堯，三年而後乃相知也。今君一時而知臣，是君聖於堯而臣賢於舜也。」春申君曰：「善。」召門吏為汗先生著客籍，五日一見。

汗明曰：「君亦聞驥乎？夫驥之齒至矣，服鹽車而上太行。蹄申膝折，尾湛胕潰，漉汁灑地，白汗交流，中阪遷延，負轅不能上。伯樂遭之，下車攀而哭之，解紵衣以冪之。驥於是俛而噴，仰而鳴，聲達於天，若出金石聲者，何也？彼見伯樂之知己也。今僕之不肖，阨於州部，堀穴窮巷，沈洿鄙俗之日久矣，君獨無意渲拔僕也，使得為君高鳴屈於梁乎？」

說明：

本篇內容大略為：汗明見春申君，等候了三個月，而後得見，希望春申君可以進一步了解自己。

本篇對話之中，汗明為了能讓春申君進一步的了解自己，所以提出「<u>不審君之聖，孰與堯也？</u>」、「<u>然則君料臣孰與舜？</u>」，以歷史人物「堯」、「舜」來比喻，使得春申君重視他，後來五日一見。

（二十一）趙收天下且以伐齊（頁341）

趙收天下，且以伐齊。蘇秦為齊上書說趙王曰：「臣聞古之賢君，德行非施於海內也，教順慈愛，非布於萬民也，祭祀時享非當於鬼神也。甘露降，風雨時至，農夫登，年穀豐盈，眾人喜之，而賢主

惡之。今足下功力，非數痛加於秦國，而怨毒積惡，非曾深凌於韓
也。臣竊外聞大臣及下吏之議，皆言主前專據，以秦為愛趙而憎韓。
臣竊以事觀之，秦豈得愛趙而憎韓哉？欲亡韓吞兩周之地，故以韓為
餌，先出聲於天下，欲鄰國聞而觀之也。恐其事不成，故出兵以佯示
趙、魏。恐天下之驚覺，故微韓以貳之。恐天下疑己，故出質以為
信。聲德於與國，而實伐鄭韓。臣竊觀其圖之也，意秦之謀計，必出
於是。

　　「且夫說士之計，皆曰韓亡三川，魏亡晉國，市朝未罷，而禍及
於趙。且勿固有勢異而患同者，又有勢同而患異者。昔者，楚人久伐
而中山亡。今燕盡齊之北地，距沙丘，而至鉅鹿之界三百里；距於捍
關，至於榆中千五百里。秦盡韓、魏之上黨，則地與國都邦屬而壤界
者七百里。秦以三軍強弩坐羊唐之上，即地去邯鄲百二十里。且秦以
三軍攻王之上黨而包其北，則句注之西非王之有也。今逾句注、禁常
山而守，三百里通於燕之唐、曲逆，此代馬、胡駒不東，而昆山之玉
不出也。此三寶者，又非王之有也。今從於強秦久伐齊，臣恐其禍出
於是矣。昔者，五國之王，嘗合橫而謀伐趙，參分趙國壤地，著之盤
盂，屬之讎柞。五國之兵出有日矣，齊乃西師以禁秦國，使秦廢令素
服而聽，反溫、枳、高平於魏，反三公、什清於趙，此王之明知也。
夫齊事趙宜為上交；今乃以抵罪取伐，臣恐其後事王者之不敢自必
也。今王收齊，天下必以王為義。齊抱社稷以事王，天下必重王。然
則齊義，王以天下就之，下至齊暴，王以天下禁之，是一世之命，制
於王已。臣願大王深與左右群臣卒計而重謀，先事成慮而熟圖之也。」

說明：

　　本篇內容大略為：蘇秦寫信給趙惠文王，勸趙國停止聯合諸侯進
攻齊國。

　　本篇的背景，趙惠文王十四年開始，趙國聯合諸侯國一起多次攻
齊國，趙惠文王十六年，趙國又夥同秦國進攻齊國，[13]蘇秦便寫這封
信給趙惠文王，表明秦國的野心是進攻韓國，所以跟隨秦國攻齊會招
來禍害，而停止攻齊會得好處。

（二十二）鄭同北見趙王（頁403）

　　鄭同北見趙王。趙王曰。「子南方之傳士也，何以教之？」鄭同
曰：「臣南方草鄙之人也，何足問？雖然，王致之於前，安敢不對
乎？臣少之時，親嘗教以兵。」趙王曰：「寡人不好兵。」鄭同因撫
手仰天而笑之曰：「兵固天下之狙喜也，臣故意大王不好也。臣亦嘗
以兵說魏昭王，昭亦曰：『寡人不喜。』臣曰：『王之行能如許由乎？
許由無天下之累，故不受也。今王既受先王之傳，欲宗廟之安，壤地
不削，社稷之血食乎？』王曰：「然。」今有人操隨侯之珠，持丘之
環，萬金之財，時宿於野，內無孟賁之威，荊慶之斷，外無弓弩之
御，不出宿夕，人必危之矣。今有強貪之國，臨王之境，索王之地，
告以理則不可，說義義則不聽。王非戰國守圍之具，其將何以當之？
王若無兵，鄰國得志矣。「趙王曰：『寡人請奉教』。」

說明：

　　本篇內容大略為：鄭同見趙王，說明軍隊的重要性。

　　鄭同在勸說趙王時，先說明「王之行能如許由乎」、再說明「有
人操隨侯之珠，持丘之環，萬金之財，時宿於野」，先說明許由的清
高，婉拒了堯的讓位，但是已身為國君，是無法如同許由一樣的清
高，其次，以歷史典故「隋侯之珠」等物來比喻珍貴，若沒有軍隊保
護，如何能長治久安。

---

13 同前註，頁504。

（二十三）魏惠王死（頁464）

魏惠王死，葬有日矣。天大雨雪，至於牛目，壞城郭，且為棧道而葬。群臣多諫太子者，曰：「雪甚如此而喪行，民必甚病之。官費又恐不給，請弛期更日。」太子曰：「為人子，而以民勞與官費用之故，而不行先生之喪，不義也。子勿復言。」群臣皆不敢言，而以告犀首。犀首曰：「吾未有以言之也，是其唯惠公乎！請告惠公。」惠公曰：「諾。」駕而見太子曰：「葬有日矣。」太子曰：「然。」惠公曰：「昔王季歷葬於楚山之尾，灤水嚙其墓，見棺之前和。文王曰：『嘻！先君必欲一見群臣百姓也夫，故使灤水見之。』於是出而為之張於朝，百姓皆見之，三日而後更葬。此文王之義也。今葬有日矣，而雪甚，及牛目，難以行，太子為及日之故，得毋嫌於欲亟葬乎？願太子更日。先王必欲少留而扶社稷、安黔首也，故使雪甚。因弛期而更為日，此文王之義也。若此而弗為，意者羞法文王乎？」太子曰：「甚善。敬弛期，更擇日。」惠子非徒行其說也，又令魏太子未葬其先王而因又說文王之義。說文王之義以示天下，豈小功也哉！

說明：

本篇內容大略為：魏惠王死，因下大雪，所以無法如期安葬，魏太子想毀壞城牆、修築棧道來如期安葬，而不聽從群臣勸阻。後來惠施以周文王的例子，勸說魏太子改期。

本篇惠施運用歷史故：「昔王季歷葬於楚山之尾，灤水嚙其墓，見棺之前和。文王曰：『嘻！先君必欲一見群臣百姓也夫，故使灤水見之。』以周文王改葬周王季歷的歷史故事為背景，勸說魏太子。

（二十四）梁王魏嬰觴諸侯於范臺（頁478）

梁王魏嬰觴諸侯於范臺。酒酣，請魯君舉觴。魯君興，必席擇言曰：「昔者帝女令儀狄作酒而美，進之禹，禹飲而甘之，遂疏儀狄，

絕旨酒，曰：『後世必有以酒亡其國者。』<u>齊桓公</u>夜半不嗛，易牙乃
肩敦燔炙，和調五味而進之，桓公食之而飽，至旦不覺，曰：『後世
必有以味亡其國者。』<u>晉文公</u>得南之威，三日不聽朝，遂推南之威而
遠之，曰：「後世必有以色亡完成國者。『<u>楚王</u>登強臺而望崩樣，左江
而右湖，以彷徨，其樂忘死，遂盟強臺而弗登，曰：『後世必有以高臺
陂池亡其國者。』今主君之尊，儀狄之酒也；主君之味，易牙之調也；
左白臺而右閭須，南威之美也；前夾林而後蘭臺，強臺之樂也。有一
於此，足以亡其國。今主君兼此四者，可無戒與！」梁王稱善相屬。

說明：

　　本篇內容大略為：梁王魏嬰在范臺宴請諸侯，魯共公勸諫，酒、
味、色、遊樂等四者，足以亡國。

　　魯共公以禹、齊桓公、晉文公、楚王的對於酒、味、色、遊樂等
四者的看法，

　　勸說梁王魏嬰。

（二十五）秦使趙攻魏（頁498）

　　秦使趙攻魏，魏謂趙王曰：「攻魏者，亡趙之始也。昔者，晉人
欲亡虞而伐虢，伐虢者，亡虞之始也。故荀息以馬與璧假道於虞，<u>宮
之奇諫而不聽</u>，卒假晉道。晉人伐虢，反而取虞。故《春秋》書之，
以罪虞公。今國莫強於趙，而并請勿、秦，王賢而有聲者相之，所以
為腹心之疾者，趙也。魏者，趙之虢也；趙者，魏之虞也。聽秦而攻
魏者，虞之為也。願王之熟計之也。」

說明：

　　本篇內容大略為：秦國要趙國攻打魏國，魏國告訴趙王，攻打魏
國，就是滅亡趙國的開始，並舉春秋時虞公不聽從宮之奇的進諫，借

路給晉國攻打虢國，後來導致虞國滅亡，以虞國與虢國相比於趙國與魏國。

魏國用歷史故來以勸說趙王，「宮之奇諫而不聽」，以虞公不聽從宮之奇勸阻一事，說明趙魏兩國關係，勸趙國不要進攻魏國。

（二十六）秦王使人謂安陵君（頁520）

秦王使人謂安陵君曰：「寡人欲以五百里之地易安陵，安陵君其許寡人？」安陵君曰：「大王加惠，以大易小，甚善。雖然，受地於王，願終受之，弗敢易。」秦王不說。安陵君因使唐且使於秦。秦王謂唐且曰：「寡人以五百里之地易安陵，安陵君不聽寡人，何也？且秦滅亡魏，而君以五十里之地存者，以君為長者，故不錯意也。今吾以十倍之地，請廣於君，而君逆寡人者，輕寡人與？」唐且對曰：「否，非若是也。安陵君受地於先王而守之，雖千里不敢易也，豈直五百里哉？」秦王怫然怒，謂唐且曰：「公亦嘗聞天子之怒乎？」唐且對曰：「臣未嘗聞也。」秦王曰：「天子之怒，伏尸百萬，流血千里。」唐且曰：「大王嘗聞布衣之怒乎？」秦王曰：「布衣之怒，亦免冠徒跣，以頭搶地爾。」唐且曰：「此庸夫之怒也，非士之怒也。夫專諸之刺王僚也，彗星襲月；聶政之刺韓傀也，白虹貫日；要離之刺慶忌也，倉鷹擊於殿上。此三子者，皆布衣之士也，懷怒未發，休祲降於天，與臣而將四矣。若士必怒，伏尸二人，流血五步，天下縞素，今日是也。」挺劍而起，秦王色撓，長跪而謝之曰：「先生坐何至於此，寡人諭矣。夫韓、魏滅亡，而安陵以五十里之地存者，徒以有先生也。」

說明：

本篇內容大略為：秦王政想以五百里之地交換安陵，安陵君不肯答應，派唐且出使秦國，唐且無懼秦王，完成使命。

本篇唐且以歷史典故勸說秦王，完全無懼秦王，唐且以「專諸之刺王僚也」、「聶政之刺韓傀」及「要離之刺慶忌也」等三人為例，說明自己也可以成為發怒的士，誓死完成使命。

（二十七）宣王謂摎留（頁529）

宣王謂摎留曰：「吾欲兩用公仲、公叔，其可乎？」對曰：「不可。晉用六卿而國分，簡公用田成、監止而簡公弒，魏兩用犀受、張儀而西河之外亡。今王兩用之，其多力者內樹其黨，其寡力者籍外權。群臣或內樹其黨以擅其主，或外為交以裂其地，則王之國必危矣。」

說明：

本篇內容大略為：摎留勸韓宣王，不能同時重用兩位大臣，否則國家會有危險。

摎留列舉三則歷史典故，勸說韓宣王，「晉用六卿而國分，簡公用田成、監止而簡公弒，魏兩用犀受、張儀而西河之外亡。」以「晉國用了六卿」、「齊簡公用了田成、監止」、「魏國用了犀首、張儀」的例子，說明若韓宣王同時重用兩位大臣，會使得國家有危險。

（二十八）公仲數不信於諸侯（頁542）

公仲數不信於諸侯，諸侯錮之。南委國於楚，楚王弗聽。蘇代為楚王曰：「不若聽而備於其反也。明之反也，常仗趙而畔楚，仗齊而畔秦。今四國錮之，而無所入矣，亦臣患之。此方其為尾生之時也。」

說明：

本篇內容大略為：公仲多次失信於諸侯，諸侯都謹防他，公仲要把國家委託給南方的楚國，楚王不聽他的話，蘇代為公仲而勸說楚王，蘇代對楚王說，可以聽從公仲的話而防備他反覆無常。目前公仲沒有國家信任他，公仲只好如同尾生一樣，取信於他人。「尾生」，人

名，傳說為古代的守信之士，和女子約定在橋梁相會，久候女子不到，水漲，乃抱橋柱而死。以「為尾生之時」，用來表示守信。

（二十九）或謂韓王（頁565）

　　或謂韓王曰：「秦王欲出事於梁，而於攻絳、安邑，韓計將安出矣？秦之欲伐韓，以東窺周室，甚唯寐忘之。今韓不察，因欲與秦，必為山東大禍矣。秦之欲攻梁也，於得梁以臨韓，恐梁之不聽也，故欲病之以國交也。王不察，因欲中立，梁必怒於韓之不與己，必折為秦用，韓必舉矣。願王熟慮之也。不如急發重使之趙、梁，約復為兄弟，使山東皆以銳師戍韓、梁之西邊，非為此也，山東無以救亡，此萬世之計也。秦之欲并天下而王之也，不與古同。事之雖如子之事父，猶將亡之也。<u>行雖如伯夷</u>，欲將亡之也。<u>行雖如桀、紂</u>，猶將亡之也。雖善事之無益也。不可以為存，適足以自令亟亡也。然則山東非能從親，合而相堅如一者，必皆亡矣。」

說明：

　　本篇內容大略為：說客勸韓王，秦國進攻魏國時，韓國應聯合其他諸國合縱，否則將被秦國滅亡。

　　說客以「<u>行雖如伯夷</u>」、「<u>行雖如桀、紂</u>」為喻，說明秦國想併吞天下稱王，無論是誰，都會被滅亡。

（三十）或謂韓相國（頁571）

　　或謂韓相國曰：「人之所以善<u>扁鵲</u>者，為有臃腫也；使善扁鵲而無臃腫也，則人莫之為之也。今君以所事善平原君者，為惡於秦也；而善平原君乃所以惡於秦也。願君之熟計之也。」

說明：

　　本篇內容大略為：有說客勸韓相國不要和趙國平原君親善。

說客說「人之所以善扁鵲者」，以名醫扁鵲為例，勸說韓相國。

（三十）燕饑趙將伐之（頁621）

燕饑，趙將伐之。楚使將軍之燕，過魏，見趙恢。趙恢曰：「使除患無至，易於救患。伍子胥、宮之奇不用，燭之武、張孟談受大賞。是故謀這皆從事於除患之道，而先使除患無至者。今予以百金送公也，不如以言。公聽吾言而說趙王曰：『昔者吳伐齊，為其饑也，伐齊未必勝也，而弱越乘其弊以霸。今王之伐燕也，亦為其饑也，伐之未必勝，而強秦將以兵承王之西，是使弱趙居強吳之處，而使強秦處弱越之所以霸也。願王之熟計之也。』」

說明：

本篇內容大略為：燕國鬧饑荒，趙國想趁機攻打燕，楚國派一名將軍到燕國去，經過魏國，見到了趙恢，趙恢勸楚國的使者去勸說趙王，要求趙國不要進攻燕國，以免強秦乘機稱霸。

趙恢以歷史典故「伍子胥、宮之奇不用，燭之武、張孟談受大賞」，列舉伍子胥、宮之奇防患未然的建議不被採用，燭之武、張孟談消除禍患卻受大賞。

第三節　小結

本章論述《戰國策》語境。經由考察發現，《戰國策》的語境，除了在文章中直接說明之外，還有一些特別的運用手法，用以呈現對話溝通的語境。

首先，最常使用的是用典，在對話之中，使用了歷史事件、人物，表達所想勸說的內容，形成勸說的背景。根據考察發現，《戰國策》文中較常使用的歷史人物，如：神農、黃帝、堯、舜、許由、伯

夷、湯、文王、齊桓公、姜太公、孔子等人，都屬於正面敘述的歷史人物；也使用了「桀、紂」等人，「桀、紂」則為負面敘述的人物。

使用典故來勸說，最大的好處是言簡意賅，可以省去背景的說明，而且往往還可以達成意在言外的效果。當然用典也有缺點，如果所使用的典故過於深奧，會使得文句艱深，反而無法達到勸說的效果，因此，文中大多使用常用見的歷史故事及人物。

除了使用歷史人物、事件，做為勸說的背景之外，還有深知當事人的利害關係，利用人性弱點來達成勸說目的，如〈楚懷王拘張儀〉（頁289）之中，因為張儀曾欺騙楚王，所以楚王欲殺他，但是張儀透過運作，使用手段，形成對他有利的局勢，終於平安的離開楚國。張儀所營造的「語境」是：先是利用「楚國怕失去秦國的支持而被輕視」，使得楚國國君要殺他時，有所顧忌；其次，則是透過楚王的寵幸夫人鄭袖，張儀利用鄭袖害怕失寵的心，威脅秦國將贈送寶物及美女給楚王，如此一來，鄭袖將會失寵，使得鄭袖在楚王前要求釋放張儀，最後張儀達到離開楚國的目的，這也是善用「語境」的效果。

第五章
《戰國策》言語行為

第一節　言語行為理論

一　言語行為概說

　　所謂的「言語行為（speech act）」，也稱為「語言行為」[1]，是指「以說話為工具來做的行為」[2]。語用學的研究以為，言語溝通交際是一種行為，亦即言語的溝通行為，是在完成一定的言語交際，如此便是完成一定的「言語行為」。

二　言語行為種類

　　一般將言語行為分成三種：「表述行為」[3]、「施為行為」[4]、「成事行為」[5]，用以表示整個言語過程的三個不同階段。[6]

1　如謝國平：《語言學概論》，頁 270；鍾榮富：《當代語言學概論》，頁 227。

2　詳見謝國平：《語言學概論》（臺北市：三民書局，2008 年），頁 270。

3　表述行為，張先亮、聶志平稱為「述事行為」；詳見張先亮、聶志平：《語言學概論》，頁 203。邵敬敏稱為「言內行為」；詳見《現代漢語通論》（上海市：上海教育出版社，2009 年），頁 262。

4　施為行為，張先亮、聶志平稱為「行事行為」。詳見張先亮、聶志平：《語言學概論》，頁 203。邵敬敏稱為「言外行為」；詳見《現代漢語通論》，頁 262。

5　成事行為，邵敬敏稱為「言後行為」；詳見《現代漢語通論》，頁 263。

6　詳見葛本儀：《語言學概論》，頁 340。

（一）表述行為

葛本儀先生指出，所謂的表述行為：[7]

> 就是將打算說的話說出來。在運用有聲語言的交際中，把準備
> 說的話語用一定的語音形式表達出來；不論說出的是什麼語
> 句，都是進行表述，都屬於言語行為的表述行為。

因此，表述行為，就是簡單的「把打算說的話說出來」，說出來的
話，即是言語行為的表述行為。

（二）施為行為

表述行為與施為行為不同，何自然先生說，表述行為的目的在於
「以言指事」，而施為行為的目的在於「以言行事」。[8]葛本儀先生指
出，所謂的「施為行為」：[9]

> 在進行表述行為的同時，不僅傳達出一定的訊息內容，而且也
> 是在實施某一種行為。……即言語交際者說出一個句子時，句
> 子能起到什麼作用，相應地就實施了一個什麼行為。

施為行為，是指說了一句話，而且這一句話同時也實施了一個行為。
施為行為的語句，通常會包括「陳述、請求、命令、許諾、祝賀、感
謝、道歉」[10]等表示施為功能的語詞。

7　同前註，頁 341。
8　詳見何自然：《語用學概論》，頁 137。
9　詳見葛本儀：《語言學概論》，頁 341。
10　詳見熊學亮：《簡明語用學教程》（上海市：復旦大學出版社，2008 年），頁 38。

（三）成事行為

　　葛本儀先生指出，所謂的「成事行為」：[11]

> 即施為行為在聽話人那裡發生了作用，如聽話人因受到表彰心情愉快、按照說話人的命令而做某事、遭到恫嚇而改變當前的做事方法等等，總之都是聽話人接受到表述行為或施為行為的結果。

成事行為，是言語行為的最後一個階段，是整個言語活動的最後結果。

三　直接言語行為、間接言語行為

（一）直接言語行為

　　所謂的「直接言語行為」，是指「說話人直接說出施為行為要達到的目的」[12]。冉永平先生指出：[13]

> 直接言語行為，包含了明顯的、直接表示以言行事用意的動詞。……話語中「警告」、「保證」、「建議」、「請求」、「宣布」等被稱為「施為動詞」。它們所起的作用在於直接表示特定的言語行為，含有類似動詞的言語行為被稱為「直接言語行為」。

所以，「直接言語行為」，在語句中帶有明顯的「施為動詞」，施為動詞在語句中可以直接表示特定目的的言語行為。

11　詳見葛本儀：《語言學概論》，頁 342。

12　同前註。

13　詳見冉永平：《語用學：現象與分析》，頁 78。

（二）間接言語行為

　　所謂的「間接言語行為」，是指「說話人並未直接說出施為行為
想要達到的目的，而是用一類施為行為的形式，傳達另一類施為行為
的意義」[14]。冉永平先生指出：[15]

> 有些話語所傳遞的語用用意或施為用意是間接性的，是通過某
> 一話語在一定語境中隱含的。這樣的言語行為被稱為「間接言
> 語行為」，屬於隱性的以言行事行為。

間接言語行為，在語句中，不像「直接言語行為」帶有明顯的「施為
動詞」，間接言語行為要在一定的語境中，才能明白言語行為。

　　間接言語行為，又可以細分為兩種，一是「規約性間接言語行
為」，一是「非規約性言語行為」。[16]所謂的「規約性間接言語行為」，
是指「通過固定的語言形式表現的，且為人們普遍接受」[17]；而「非
規約性間接言語行為」，則「更複雜、更不明確性，因為它們受制於
所在話語的語境條件」[18]。

第二節　《戰國策》的言語行為研究

（一）為周最謂秦王（頁25）

　　為周最謂魏王曰：「秦知趙之難與齊戰也，將恐齊、趙之合也，

---

14 詳見葛本儀：《語言學概論》，頁342。

15 詳見冉永平：《語用學：現象與分析》，頁82。

16 同前註，頁82。

17 同前註。

18 同前註。

必陰勁之。趙不敢戰,恐秦不己收也,先合於齊。秦、趙爭齊,而王無人焉,不可。<u>王不去周最,合與收齊,而以兵之急則伐齊,無因事也。</u>」

說明:

本篇內容大略為:有說客替周最勸說魏王,秦國、趙國都在爭取與齊國聯盟,所以魏王應派周最到齊國,與齊國結盟。

本篇「<u>王不去周最,合與收齊,而以兵之急則伐齊,無因事也。</u>」屬於施為行為,建議魏王放周最離開魏國去齊國。

(二)甘茂攻宜陽(頁83)

甘茂攻宜陽,三鼓之而卒不上。<u>秦之右將有尉對曰:「公不論兵,必大困。」</u>甘茂曰:「我羈旅而得相秦者,我以宜陽餌王。今攻宜陽而不拔,公孫衍、樗里疾挫我於內,而公中以韓窮我遇外,是無伐之日已!請明日鼓之而不可下,因以宜陽之郭為墓。」於是出私金以益公賞。明日鼓之,宜陽拔。

說明:

本篇內容大略為:甘茂進攻宜陽,深知若不拿下宜陽,內外處境都會很險惡,所以拿出私人財產為賞金,終於拿下了宜陽。

本篇「<u>秦之右將有尉對曰:「公不論兵,必大困。」</u>屬於施為行為,表示你不講究兵法,不重視獎賞,一定會陷入困境。

最後,甘茂「於是出私金以益公賞。明日鼓之,宜陽拔。」甘茂拿出私人財產為賞金,屬於成事行為。

(三)秦宣太后愛魏醜夫(頁91)

秦宣太后愛魏醜夫。太后病將死,出令曰:「<u>為我葬,必以魏子為殉。</u>」魏子患之。庸芮為魏子說太后曰:「以死者為有知乎?」太

后曰：「無知也。」曰：「若太后之神靈，明知死者之無知矣，何為空以生所愛，葬於無知之死人哉！若死者有知，先王積怒之日久矣，太后救過不贍，何暇乃私魏醜夫乎？」太后曰：「善。」乃止。

說明：

本篇內容大略為：秦宣太后臨死前，下令死後要用情人魏醜夫殉葬，庸芮勸說宣太后取消了用魏醜夫殉葬的命令。

本篇「為我葬，必以魏子為殉。」屬於施為行為，表示為我安葬時，必要用魏子殉葬。

最後，秦宣太后「太后曰：『善。』乃止。」屬於成事行為。

（四）秦攻邯鄲（頁113）

秦攻邯鄲，十七月不下。莊謂王稽曰：「君何不賜軍吏乎？」王稽曰：「吾與王也，不用人言。」莊曰：「不然。父之於子也，令有必行者，必不行者。曰『去貴妻，賣愛妾』，此令必行者也；因曰『毋敢思也』，此令必不行者也。守閭嫗曰，『其夕，某孺子內某士』。貴妻已去，愛妾已賣，而心不有。欲教之者，人心固有。今君雖幸於王，不過父子之親；君吏雖賤，不卑於守閭嫗。且君擅主輕下之日救矣。聞『三人成虎，十夫楺椎。眾抽所移，毋翼而飛』。故曰，不如賜軍吏而禮之。」王稽不聽。軍吏窮，果惡王稽、杜摯以反。

秦王大怒，而欲兼誅范睢。范睢曰：「臣，東鄙之賤人也，開罪於楚、魏，遁逃來奔。臣無諸侯之援，秦習之故，王舉臣於羈旅之中，使職事，天下皆聞臣之深與王之舉也。今遇惑或與罪人同心，而王明誅之，是王過舉顯於天下，而為諸侯所議也。臣願請藥賜死，而恩以相葬臣，王必不失臣之罪，而無過舉之名。」王曰：「有之。」遂弗殺而善遇之。

說明：

　　本篇內容大略為：秦攻邯鄲，十七個月攻不下，王稽不聽勸諫，不願賞賜軍吏，下級軍官由於窮困，詆毀王稽謀反，秦昭王因此大怒，想要誅連范雎，經范雎辯解，秦昭王不殺范雎，反而善待他。

　　本篇「君何不賜軍吏乎」，屬於施為行為，建議王稽賞賜下級軍官。

（五）楚魏戰於陘山（頁128）

　　楚魏戰於陘山。魏需秦以上洛，以絕秦於楚。魏戰勝，楚敗於南陽。秦責賂於魏，魏不與。營淺謂秦王曰：「王何不謂楚王曰，魏許寡人以地，今戰勝，魏王倍寡人也。王何不與寡人遇。魏畏秦、楚之合，必與秦地矣。是魏勝楚而亡地於秦也；是王以魏地德寡人，秦之楚者多資矣。魏弱，若不出地，則王攻其南，寡人絕其西，魏必危。」秦王曰：「善。」以是告楚。楚王揚言與秦遇，魏王聞之恐，效上洛於秦。

說明：

　　本篇內容大略為：楚魏戰於陘山，為了讓秦國與楚國絕交，魏國答應割讓上洛給秦國，可是魏國戰勝楚國後，卻食言不把上洛給秦國。營淺建議秦惠王，與楚國聯合對付魏國，魏惠王聽了之後害怕，便將上洛割讓給秦國。

　　本篇「營淺謂秦王曰：「王何不謂楚王曰，魏許寡人以地」，屬於施為行為，營淺建議秦惠王與楚聯合，對付魏國。

　　文中「秦王曰：『善。』以是告楚。」屬於成事行為。

（六）楚王使景鯉如秦（頁129）

　　楚王使景鯉如秦。客謂秦王曰：「景鯉，楚王使景所甚愛，王不

如留之以市地。楚王聽，則不用兵而得地；楚王不聽，則殺景鯉，更不與不如景鯉留，是便計也。」秦王乃留景鯉。景鯉使人說秦王曰：「臣見王之權輕天下，而地不可得也。臣之來使也，聞齊、魏皆且割地以事秦。所以然者，以秦與楚為昆弟國。今大王留臣，是示天下無楚也，齊、魏有何重於孤國也。楚知秦之孤，不與地，而外結交諸侯以圖，則社稷必危，不如出臣。」秦王乃出之。

說明：

　　本篇內容大略為：楚懷王派景鯉出使秦國，有說客建議秦惠王將景鯉扣留，以便得到楚國的土地，所以秦惠王扣留了景鯉；景鯉派人遊說秦惠王，扣留他對秦國並沒有好處，最後秦惠王釋放了他。

　　本篇「楚王使景所甚愛，<u>王不如留之以市地。</u>」屬於施為行為，是說客建議秦惠王扣留景鯉。

　　「秦王乃留景鯉。」秦惠王扣留景鯉，屬於成事行為。

（七）獻則謂公孫消（頁147）

　　獻則謂公孫消曰：「公，大臣之尊者也，數伐有功，所以不為相者，太后不善公也。辛戎者，太后之所親也，今亡於楚，在東周。<u>公何不以秦、楚之重，資而相之於周乎？</u>楚必便之矣。是辛戎有秦、楚之重，太后必悅公，公相必矣。」

說明：

　　本篇內容大略為：獻則勸公孫消，要他協助辛戎在東周為相，使得太后高興，公孫消也就可以成為秦國的相。

　　本篇「<u>公何不以秦、楚之重，資而相之於周乎？</u>」屬於施為行為，獻則建議公孫消以在秦國、楚國的威望，協助辛戎擔任東周的相。

（八）靖郭君謂齊王（頁165）

靖郭君謂齊王曰：「<u>五官之計，不可不日聽也而數覽。</u>」王曰：「<u>說。</u>」五而厭之，今與靖郭君。

說明．

本篇內容大略為：靖郭君建議齊威王，應該要天天審閱五官送來的公文書，不久後齊威王便厭倦了，所以下令把這些事交給靖郭君處理。

本篇「<u>五官之計，不可不日聽也而數覽。</u>」屬於施為行為，靖郭君建議齊威王應該天天審閱五官送來的公文書。

「王曰：『<u>說。</u>』」齊王回答「是的」，屬於成事行為。

（九）田忌亡齊而之楚（頁172）

田忌亡齊而之楚，鄒忌代之相。齊恐田忌欲以楚權復於齊，杜赫曰：「臣請為留楚。」謂楚王曰：「鄒忌所以不善楚者，恐田忌之以楚權復於齊也。<u>王不如封田忌於江南，以示田忌之不返齊也</u>，鄒忌以齊厚事楚。田忌亡人也，而得封，必德王。若復於齊，必以齊事楚。此用二忌之道也。」<u>楚果封之於江南。</u>

說明：

本篇內容大略為：田忌由齊國逃亡到楚國，鄒忌任齊相，害怕田忌藉由楚國的力量回到齊國；杜赫遊說楚宣王將田忌封到江南。

本篇「<u>王不如封田忌於江南，以示田忌之不返齊也</u>」，屬於施為行為，杜赫建議楚王封田忌於江南，以表示田忌不會回到齊國。

最後「<u>楚果封之於江南。</u>」楚宣王將田忌於江南，屬於成事行為。

（十）楚王死（頁195）

楚王死，太子在齊質。蘇秦謂薛公曰：「<u>君何不留楚太子</u>，以市其下東國。」薛公曰：「不可。我留太子，郢中立王，然則是我抱空質而行不義於天下也。」蘇秦曰：「不然。郢中立王，君因謂其新王曰：『與我下東國，吾為王殺太子。不然，吾將與三國共立之。』然則下東國必可得也。」

蘇秦之事，可以請行；可以令楚王亟入下東國；可以益割於楚；可以忠太子而使楚益入地；可以為楚王走太子；可以忠太子使之亟去；可以惡蘇秦於薛公；可以為蘇秦請封於楚；可以使人說薛公以善蘇子；可以使蘇子自解於薛公。

蘇秦謂薛公曰：「臣聞謀泄者事無功，計不決者名不成。今君留太子者，以市下東國也。非亟得下東國者，則楚之計變，變則是君抱空質而負名於天下也。」薛公曰：「善。為之奈何？」對曰：「臣請為君之楚，使亟入下東國之地。楚得成，則君無敗矣。」薛公曰：「善。」因遣之。

謂楚王曰：「齊欲奉太子而立之。臣觀薛公之留太子者，以市下東國也。今王不亟入下東國，則太子且倍王之割而使齊奉己」。楚王曰：「謹受命。」因獻下東國。故曰可以使楚亟入地也。

謂薛公曰：「楚之勢可多割也。」薛公曰：「奈何？」「請告太子其故，使太子謁之君，以忠太子，使楚王聞之，可以益入地。」故曰「可以益割於楚」。

謂太子曰：「齊奉太子而立之，楚王請割地以留太子，齊少其地。太子何不倍楚之割地而資齊，齊必奉太子。」太子曰：「善。」倍楚之割而延齊。楚王聞之恐，益割地而獻之，尚恐事不成。故曰「可以使楚益入地」也。

謂楚王曰：「齊之所以敢多割地者，挾太子也。今已得地而求不

止者，以太子權王也。故臣能去太子。太子去，齊無辭，必不倍於王也。王因馳強齊而為交，齊辭，必聽王。然則是王去讎而得齊交也。」楚王大悅，曰：「請以國因。」故曰「可以為楚王使太子亟去」也。

謂太子曰：「夫剬楚者王也，以空名市者太子也，齊未必信太子之言也，而楚功見矣。楚交成，太子必危矣。太子其圖之。」太子曰：「謹受命。」乃約車而暮去。故曰「可以使太子急去」也。

蘇秦使人請薛公曰：「夫勸留太子者蘇秦也。蘇秦非誠以為君也，且以便楚也。蘇秦恐君之知之，故多割楚以滅跡也。今勸太子者又蘇秦也，而君弗知，臣竊為君疑之。」薛公大怒於蘇秦。故曰「可使人惡蘇秦於薛公」也。

又使人謂楚王曰：「夫使薛公留太子者蘇秦也，奉王而代立楚太子者又蘇秦也，割地固約者又蘇秦也，忠王而走太子者又蘇秦也。今人惡蘇秦於薛公，以其為齊薄而為楚厚也。願王之知之。」楚王曰：「謹受命。」因封蘇秦為武貞君。故曰「可以為蘇秦請封於楚」也。

又使景鯉請薛公曰：「君之所以重於天下者，以能得天下之士而有齊權也。今蘇秦天下之辯士也，世與少有。君因不善蘇秦，則是圍塞天下士而不利說途也。夫不善君者且奉蘇秦，而於君之事殆矣。今蘇秦善於楚王，而君不蚤親，則是身與楚為讎也。故君不如因而親之，貴而重之，是君有楚也。」薛公因善蘇秦。故曰「可以為蘇秦說薛公以善蘇秦」。

說明：

本篇內容大略為：第一段，楚懷王死，蘇秦建議薛公，利用在齊國的楚太子，要求交換下東國。第二段開始，則是一一分析這件事的十種可能。

其中，「君何不留楚太子，以市其下東國。」蘇秦建議薛公，利用在齊國的楚太子，要求交換下東國，屬於施為行為。

（十一）孟嘗君奉夏侯章（頁203）

孟嘗君奉夏侯章以四馬百人之食，遇之甚懽。夏侯章每言未嘗不毀孟嘗君也。或以告孟嘗君，孟嘗君曰：「文有以事夏侯公矣，<u>勿言</u>！」董之繁菁以問夏侯公，夏侯公曰：「孟嘗君重非諸侯也，而奉我四馬百人之食。我無分寸之功而得此，然吾毀之以為之也。君所以得為長者，以吾毀之者也。吾以身為孟嘗君，豈得持言也。」

說明：

本篇內容大略為：孟嘗君待夏侯章，以「四馬」、「百人之食」奉養他。夏侯章故意用毀謗他來立功。

本篇「文有以事夏侯公矣，<u>勿言</u>！」屬於施為行為，「勿言」表示不要再說了。

（十二）管燕得罪齊王（頁227）

管燕得罪齊王，謂其左右曰：「<u>子孰而與我赴諸侯乎？</u>」左右嘿然莫對。管燕連然流涕曰：「悲夫！士何其易得而難用也！」田需對曰：「士三食不得饜，而君鵝鶩有餘食；下宮糅羅紈，曳綺縠，而士不得以為緣。且財者君之所輕，死者士之所重，君不肯以所輕與士，而責士以所重事君，非士易得而難用也。」

說明：

本篇內容大略為：管燕得罪了齊王，希望他的左右陪著他出亡至其他諸侯國，結果左右默不作聲，管燕埋怨士易得而難用，田需反而指出這是管燕平日對士不好的緣故。

本篇「謂其左右曰：『<u>子孰而與我赴諸侯乎？</u>』」屬施為行為，管

燕提出請求「你們誰能和我一出亡至其他諸侯國」。

（十三）楚王后死（頁308）

楚王后死，未立后也。謂昭魚曰：「公何以不請立后也？」昭魚曰：「王不聽，是知困而交絕於后也。」「然則不買五雙珥，令其一善而獻之王，明日視善珥所在，因請立之。」

說明：

本篇內容大略為：楚王后死了，有人告訴昭魚，利用獻珥的方法，探知楚王欲立誰當新的王后。

本篇說客對昭魚說：「公何以不請立后也」與「然則不買五雙珥」兩句，屬於施為行為；第一句是「你何不請求立王后」，第二句是「為什麼不買五副耳飾」。而「王不聽，是知困而交絕於后也。」則是第一句話的成事行為。

（十四）長沙之難（頁313）

長沙之難，楚太子橫為質於齊。楚王死，薛公歸太子橫，因與韓、魏之兵，隨而攻東國。太子懼。昭蓋曰：「不若令屈署以新東國為和於齊以動秦。秦恐齊之敗東國，而令行於天下也，必將救我。」太子曰：「善。」遂令屈署以東國為和於齊。秦王聞之懼，令辛戎告楚曰：「毋與齊東國，吾與子出兵矣。」

說明：

本篇內容大略為：楚王死，孟嘗君送回太子橫，齊國與韓、魏國的軍隊，攻打楚國東部；昭蓋建議，指出若以東部土地與齊國講和的條件，用以驚動秦國，讓秦國來救楚國。

本篇「不若令屈署以新東國為和於齊以動秦。」屬於施為行為，昭蓋建議，不如派屈署以東部地區與齊國講和，用以驚動秦國。

（十五）知伯帥趙韓魏而伐范中行氏（頁328）

知伯帥趙、韓、魏、而伐范、中行氏，滅之。休數年，使人請地於韓。韓康子欲勿與，段規諫曰：「不可。夫知伯之為人也，好利而驁復，來請地不與，必加兵於韓矣。<u>君其與之</u>。與之，彼狃，又將請地於他國，他國不聽，必鄉之以兵；然則韓可以免於患難，而待事之變。」康子曰：<u>「善。」</u>使使者致萬家之邑一於知伯。知伯說，又使人請地於魏，魏宣子欲勿與。趙葭諫曰：「彼請地於韓，韓與之。請地於魏，魏弗與，則是魏內自強，而外怒知伯也。然則其錯兵於魏必矣！<u>不如與之。</u>」宣子曰：<u>「諾。」</u>因使人致萬家之邑一於知伯。知伯說，又使人之趙，請蔡、皋狼之地，趙襄子弗與。知伯因陰結韓、魏，將以伐趙。

趙襄子召張孟談而告之曰：「夫知伯之為人，陽親而陰疏，三使韓、魏，而寡人弗與焉，其移兵寡人必矣。今吾安居而可？」張孟談曰：「夫董安於，簡主之才臣也，世治晉陽，而尹鐸循之，其餘政教猶存，君其定居晉陽。」君曰：「諾。」乃使延陵生將車騎先之晉陽，君因從之。至，行城郭，案府庫，視倉廩，召張孟談曰：「吾城郭已完，府庫足用，倉廩實矣，無矢奈何？」張孟談曰：「臣聞董子之治晉陽也，公宮之垣，皆以狄蒿苦楚廧之，其高至丈餘，君發而用之。」於是發而試之，其堅則箘簵之勁不能過也。君曰：「足矣。吾銅是若何？」張孟談曰：「臣聞董子之治晉陽也，公宮之室，皆以煉銅為柱質，請發而用之，則有餘銅矣。」君曰：「善。」號令以定，備守以具。

三國之兵乘晉陽城，遂戰。三月不能拔，因舒軍而圍之，決晉水而灌之。圍晉陽三年，城中巢居而處，懸釜而炊，財食將盡，士卒病羸。襄子謂張孟談曰：「糧食匱，城力盡，士大夫病，吾不能守矣，欲以城下，何如？」張孟談曰：「臣聞之，『亡不能存，危不能安，則

無為貴知士也』。君釋此計，勿復言也。臣請見韓、魏之君。」襄子曰：「諾。」

　　張孟談於是陰見韓、魏之君曰：「臣聞脣亡則齒寒，今知伯帥二國之君伐趙，趙將亡矣，亡則二君為之次矣。」二君曰：「我知其然。夫知伯為人也，粗中而少親，我謀未遂而知，則其禍必至，為之奈何？」張孟談曰：「謀出二君之口，入臣之耳，人莫之知也。」二君即與張孟談陰約三軍，與之期日，夜，遣入晉陽。張孟談以報襄子，襄子再拜之。張孟談因朝知伯而出，遇知過轅門之外。知過入見知伯曰：「二主殆將有變。」君曰：「何若？」對曰：「臣遇張孟談於轅門之外，其志矜，其行高。」知伯曰：「不然。吾與二主約謹矣，破趙三分其地，寡人所親之，必不欺也，子釋之勿出於口。」知過出，見二主，入說知伯曰：「二主色動而意變，必背君，不如今殺之。」知伯曰：「兵著晉陽三年矣，旦暮當拔之而饗其利，乃有他心？必不然，子慎勿復言。」知過曰：「不殺則遂親之。」知伯曰：「親之奈何？」知過曰：「魏宣子之謀臣曰趙葭，康子之謀臣曰段規，是皆能移其君之計。君其與二君約，破趙則封二子者各萬家之縣一，如是則二主之心可不變，而君得其所欲矣。」知伯曰：「破趙而三分其地，又封二子者各萬家之縣一，則吾所得者少，不可。」知過見君之不用也，言之不聽，出，更其姓為輔氏，遂去不見。

　　張孟談聞之，入見襄子曰：「臣遇知過於轅門之外，其視有疑臣之心，入見知伯，出更其姓。今暮不擊，必後之矣。」襄子曰：「諾。」使張孟談見韓、魏之君，以夜期，殺守堤之吏而決水灌知伯軍。知伯軍救水而亂，韓魏翼而擊之，襄子將卒犯其前，大敗知伯軍而禽知伯。知伯身死、國亡、地分，為天下笑，此貪欲無厭也。夫不聽知過，亦所以亡也。知氏盡滅，唯輔氏存焉。

說明：

　　本篇內容大略為：智伯率領趙、韓、魏進攻范、中行氏，消滅了范、中行氏。隔了幾年，又分別向韓、趙、魏家索取土地，趙襄子不答應，智伯便脅迫韓康子、魏宣子一起攻打趙襄子，圍困晉陽城三年之久，後來，張孟談密謀韓、趙、魏聯合反對智伯，終於殺了智伯。

　　本篇「君其與之」、「不如與之」屬施為行為，第一句，段規勸諫韓康子，「你還是把土地給他吧」；第二句，為趙葭勸諫魏宣子，「不如把土地給他吧」。

　　而「康子曰：『善。』」、「宣子曰：『諾。』」韓康子與趙宣子回答「好」，屬於前二句的成事行為。

（十六）張孟談既固趙宗（頁333）

　　張孟談既固趙宗，廣封疆，發五百，乃稱簡之途以告襄子曰：「昔者，前國地君之御有之曰：『五百之所以致天下者約，兩主勢能制臣，無令臣能制主。故貴為列侯者，不令在相位，自將軍以上，不為近大夫。』今臣之名顯而身尊，權重而眾服，臣願捐功名去權勢以離眾。」襄子恨然曰：「何哉？吾聞輔主者名顯，功大者身尊，任國者權重，信忠在己而眾服焉。此先聖之所以集國家，安社稷乎！子何為然？」張孟談對曰：「君之所言，成功之美也。臣之所謂，持國之道也。臣觀成事，聞往古，天下之美同，臣主之權均之能美，未之有也。前事不忘，後事之師。君若弗圖，則臣力不足。」愴然有決色。襄子去之。臥三日，使人謂之曰：「晉陽之政，臣下不使者何如？」對曰：「死僇。」張孟談曰：「左司馬見使於國家，安社稷，不避其死，以成其忠，君其行之。」君曰：「子從事。」乃許之。張孟談便厚以便名，納地、釋事以去權尊，而耕於負親之丘。故曰，賢人之行，明主之政也。

耕三年，韓、魏、齊、燕負親以謀趙，襄子往見張孟談而告之曰：「昔者知氏之地，趙氏分則多十城，復來，而今諸侯執謀我，為之奈何？」張孟談曰：「君其負劍而御臣以之國，舍臣於廟，授吏大夫，臣試計之。」君曰：「諾。」張孟談乃行，其妻之楚，長子之韓，次子之魏，少子之齊。四國疑而謀敗。

說明：

本篇內容大略為：張孟談在鞏固趙氏宗族政權之後，功成身退，自願在負親之丘躬耕；三年後，韓、魏、齊、燕四國打算進攻趙國，張孟談復出，派他的老婆到楚國、長子到韓國、次子到魏國、小兒子到齊國，使得四國互相猜疑，聯手進攻趙國的事於失敗。

本篇「君其負劍而御臣以之國，舍臣於廟，授吏大夫，臣試計之。」屬於施為行為，張孟談對趙襄子說「你還是背著劍，替我駕車，把我安置在廟堂之上，授與我大夫的職務，我替你謀計。」

本篇「君曰：『諾。』」趙襄子回答「好」，屬於成事行為。

（十七）魏文侯借道於趙攻中山（頁338）

魏文侯借道於趙攻中山。趙侯將不許。趙利曰：「過矣。魏攻中山而不能取，則魏必罷，罷則趙重。魏拔中山，必不能越趙而有中山矣。是用兵者，魏也；而得地者，趙也。君不如許之，許之大勸，彼將知趙利之也，必輟。君不如借之道，而示之不得已。」

說明：

本篇內容大略為：魏文侯向趙國借道攻打中山國，趙烈侯打算不答應，趙利勸諫趙烈侯答應，對趙國有利。

本篇「君不如許之」，趙利勸說趙烈侯答應，屬於施為行為。

（十八）秦王謂公子他（頁344）

秦王謂公子他曰：「昔歲殽下之事，韓為中軍，以與諸侯攻秦。韓與秦接境壤界，其地不能千里，展轉不可約。日者秦、楚戰於藍田，韓出銳師以佐秦，秦戰不利，因轉遇楚，不固信盟，唯便是從。韓之在我，心腹之疾。吾將伐之，何如？」公子他曰：「<u>王出兵韓，韓必懼，懼則可以不戰而深取割。</u>」王曰：「<u>善。</u>」乃起兵，一軍臨滎陽，一軍臨太行。

韓恐，使陽城君入謝於秦，請效和黨之地以為和。令韓陽告上黨之守靳黈曰：「秦起二軍以臨韓，韓不能有。今王令韓興兵以上黨入和於秦，使陽言之太守，太守其效之。」靳黈曰：「人有言：挈瓶之知，不失守器。王則有令，而臣太守，雖王與子，亦其猜焉。臣請悉發守以應秦，若不能卒，則死之。」韓陽趨以報王，王曰：「吾始已諾於應侯矣，今不與，是欺之也。」乃使馮亭代靳黈。

馮亭守三十日，陰使人謂趙王曰：「韓不能守上黨，且以與秦，其民皆不欲為秦，而願為趙。今有城市之邑十七，願拜內之於王，唯王才之。」趙王喜，召平陽君而告之曰：「韓不能守上黨，且以與秦，其吏民不欲為秦，而皆願為趙。今馮亭令使者以與寡人，何若？」趙豹對曰：「臣聞聖人甚禍無故之利。」王曰：「人懷吾義，何謂無故乎？」對曰：「秦蠶食韓氏之地，中絕不令相通，故自以為坐受上黨也。且夫韓之所以內趙者，欲嫁其禍也。秦被其勞，而趙受其利，雖強大不能得之於小弱，而小弱顧能得之強大乎？今王取之，可謂有故乎？且秦以牛田，水通糧，其死士皆列之於上地，令嚴政行，不可與戰。王其圖之！」王大怒曰：「夫用百萬之眾，攻戰逾年歷歲，未得一城也。今不用兵而得城十七，何故不為？」趙豹出。

王召趙勝、趙禹而告之曰：「韓不能守上黨，今其守以與寡人，有城市之邑十七。」二人對曰：「用兵逾年，未得一城，今坐而得

城，此大利也。」乃使趙勝往受地。趙聖至曰：「敝邑之王，使使者臣勝，太守有詔，使臣勝謂曰：『請以三萬戶之都封太守，千戶封縣令，諸吏皆益爵三級，民能相集者，賜家六金。』」馮亭垂涕而勉曰：「是吾處三不義也：為主守地而不能死，而以與人，不義一也；主內之秦，不順主命，不義二也；賣主之地而食之，不義三也。」辭封而入韓，謂韓王曰：「趙聞韓不能守上黨，今發兵已取之矣。」韓告秦曰：「趙起兵取上黨。」秦王怒，令公孫起、王齮以兵遇趙於長平。

說明：

　　本篇內容大略為：秦國攻打韓國，韓國害怕，欲割讓上黨之地求和，上黨太守靳黈不同意，韓王便派馮亭取代靳黈；馮亭又將上黨獻給趙國，最後引發秦國進攻趙國長平。

　　本篇「王出兵韓，韓必懼，懼則可以不戰而深取割。」公子他建議秦昭王對韓國出兵，韓國必定害怕，如此一來就可以不戰而深入割取土地，屬於施為行為。

　　「王曰：「善。」乃起兵」秦昭王聽了公子他的建議後，於是起兵，屬成事行為。

（十九）甘茂為秦約魏以攻韓宜陽（頁349）

　　甘茂為秦約魏以攻韓宜陽，又北之趙，冷向謂強國曰：「不如令趙拘甘茂，勿出，以與齊、韓、秦市。齊王欲求救宜陽，必下縣狐氏。韓欲有宜陽，必以路涉、端氏賂趙。秦王欲得宜陽，不愛名寶，且拘茂也，且以置公孫赫、樗里疾。」

說明：

　　本篇內容大略為：甘茂為了秦國聯合魏國去進攻韓國的宜陽，又

北上到了趙國，冷向對強國說，讓趙國拘捕甘茂，以此來和齊國、韓國、秦國交易。

「不如令趙拘甘茂」，屬於施為行為，冷向對強國建議，讓趙國拘捕甘茂。

（二十）齊破燕趙欲存之（頁383）

齊破燕，趙欲存之。樂毅謂趙王曰：「今無約而攻齊，齊必讎趙。不如請以河東易燕地於齊。趙有河北，齊有河東，燕、趙必不爭矣。是二國親也。以河東之地強齊，以燕以趙輔之，天下憎之，必皆事王以伐齊。是因天下以破齊也。」王曰：「善。」乃以河東易齊，楚、魏憎之，令淖滑、惠施之趙，請伐齊而存燕。

說明：

本篇內容大略為：齊國打敗燕國，趙想要存燕，樂毅建議趙武靈王，勸他不要攻齊，而以交換土地的方法，使得其他諸侯攻打齊國。

本篇「不如請以河東易燕地於齊」，屬於施為行為，樂毅建議趙武靈王，向齊國提出請求，以河東之地與齊國交換燕地。

（二十一）富丁欲以趙合齊魏（頁385）

富丁欲以趙合齊、魏，樓緩欲以趙合秦、楚。富丁恐主父之聽樓緩而合秦、楚也。司馬淺為富丁謂主父曰：「不如以順齊。今我不順齊伐秦，秦、楚必合而攻韓、魏。韓魏告急於齊，齊不欲伐秦，必以趙為辭，則伐秦者趙也，韓、魏必怨趙。齊之兵不西，韓必聽秦違齊。違齊而秦，兵必歸於趙矣。今我順順而齊不西，韓、魏必絕齊，絕齊則皆事我。且我說齊，齊無而西。日者，樓緩坐魏三月，不能散齊、魏之交。今我順而齊、魏果西，是罷齊敝秦也，趙必為天下重國。」主父曰：「我於三國攻秦，是俱敝也。」曰：「不然。我約三國

而告之秦，以未構中山也。三國欲伐秦之果也，必聽我，欲合我。中山聽之，是我以王因饒中山而取地也。中山不聽，三國必絕之，是中山孤也。三國不能和我雖少出兵可也。我分兵而孤樂中山，中山必亡。我已亡中山，而以餘兵與三國攻秦，是我一距離而兩取地於秦、中山也。」

說明：

　　本篇內容大略為：富丁打算讓趙國與齊國、魏國聯盟，樓緩想要讓趙國與秦國、楚國聯盟，富丁怕趙武靈王聽從樓緩的建議而與秦國、楚國聯盟，司馬淺為富丁對趙武靈王說，讓趙國歸順齊國，可以一舉而兩得。

　　本篇「<u>不如</u>以順齊。」屬施為行為，司馬淺對趙武靈王說，讓趙國歸順齊國。

（二十二）魏因富丁且合於秦（頁386）

　　魏因富丁且合於秦，趙恐，請效地於魏而聽薛公。教子歂謂李兌曰：「趙畏橫之合也，故欲效地於魏而聽薛公。公<u>不如</u>令主父以地資周最，而請相之於魏。周最以天下辱秦者也，今相魏，魏秦必虛矣。齊、魏雖勁，無秦不能傷趙。魏王聽，是輕齊也。秦、魏雖勁，無齊不能得趙。此利於趙而便於周最也。」

說明：

　　本篇內容大略為：魏國透過富丁將與秦國聯盟，趙國害怕，請求送土地給魏國而聽從薛公的話，教子歂對李兌說，讓趙武靈王拿土地資助周最，並且擔任魏國的相，魏國與秦國就不會聯盟了。

　　本篇「公<u>不如</u>令主父以地資周最」，屬於施為行為，教子歂對李兌說，讓趙武靈王拿土地去資助周最。

（二十三）秦攻趙平原君使人請救於魏（頁394）

　　秦攻趙，平原君使人請救於魏。信陵君發兵至邯鄲城下，秦兵罷。虞卿為平原君請益地，謂趙王曰：「夫不漏一卒，不頓一戟，而解二國患者，平原君之力也。用人之力，而忘人之功，不可。」趙王曰：「善。」將益之地。公孫龍聞之，見平原君曰：「君無覆軍殺將之功，而封以東武城。趙國豪杰之士，多在君之右，而君為相國者以親故。夫君封以東武城不讓無功，佩趙國相印不辭無能，一解國患，欲求益地，是親戚受封，而國人計功也。為君計者，<u>不如勿受</u>，便。」平原君曰：「謹受令。」乃不受封。

說明：

　　本篇內容大略為：秦國攻打趙國，平原君派人到魏國請求救援，信陵君發兵至邯鄲城下，秦軍撤走。虞卿建議趙孝成王封賞平原君，公孫龍建議平原君不要接受封地。

　　本篇「為君計者，<u>不如勿受</u>」屬施為行為，公孫龍建議平原君，不要接受封地。

　　「君曰：「謹受令。」乃不受封。」，屬成事行為，平原君接受公孫龍的建議，不接受封地。

（二十四）三國攻秦趙攻中山（頁424）

　　三國攻秦，趙攻中山，取扶柳，五年以擅呼沲。齊人戎郭、宋突謂仇郝曰：「<u>不如盡歸中山之新坐。</u>中山案此言於齊曰，四國將假道於衛，以過章子之路。齊聞此，必效鼓。」

說明：

　　本篇內容大略為：三國攻秦，趙國攻打中山國，奪取了扶柳，經過五年佔領了呼沲，戎郭、宋突建議仇郝，將從中山國奪來的土地歸

還給中山國，中山國會告訴齊國，四國向衛國借路，以阻斷章子的路，齊國聽到這些，必定會獻出鼓地。

本篇「不如盡歸中山之新坒」，屬施為行為，戎郭、宋突建議仇郝，將從中山國奪來的十地歸還給中山國。

（二十五）秦攻魏取寧邑（頁428）

秦攻魏，取寧邑，諸侯皆賀。趙王使往賀，三反不得通。趙王憂之，謂左右曰：「以秦之強，得寧邑，以制齊、趙。諸侯皆賀，吾往賀而獨不得通，此必加兵我，為之奈何？」左右曰：「使者三往不得通者，必所使者非其人也。曰諒毅者，辯士也，大王可試使之。」

諒毅親受命而往。至秦，獻書秦王曰：「大王廣地寧邑，諸侯皆賀，敝邑寡君亦竊嘉之，不敢寧居，使下臣奉其幣物三至王廷，而使不得通。使若無罪，願大王無絕其歡；若使有罪，願得請之。」秦王使使者報曰：「吾所使趙國者，小大皆聽吾言，則受書幣。若不從吾言，則使者歸矣。」諒毅對曰：「下臣之來，固願承大國之意也，豈敢有難？大王若有以令之，請奉而西行之，無所敢疑。」

於是秦王乃見使者，曰：「趙豹、平原君，數欺弄寡人。趙能殺此二人，則可。若不能殺，請今率諸侯受命邯鄲城下。」諒毅曰：「趙豹、平原君，親，寡君之母弟也，猶大王之有葉陽、涇陽君也。大王以孝治聞於天下，衣服使之便處體，膳啖使之嗛於口，未嘗不分於葉陽、涇陽君。葉陽君、涇陽君之車馬衣服，無非大王之服御者。臣聞之：「有覆巢毀卵，而鳳皇不翔；刳胎焚夭，而騏驎不至。『今使臣受大王之。元以還報，敝邑之君，畏懼不敢不行，無乃傷葉陽君、涇陽君之心乎？」秦王曰：「諾勿使從政。」梁毅曰：「敝邑之君，有母弟不能教誨，以惡大國，請黜之，勿使與政事，以稱大國。」秦王乃喜，受其幣而厚遇之。

說明：

本篇內容大略為：秦國攻打魏國，奪取了寧邑，諸侯都前往祝賀，趙王的使者前往祝賀，三次都不得通報。趙王覺得憂慮，左右建議派諒毅出使秦國，秦王接見諒毅，諒毅很有技巧的婉拒了秦王的無理要求。

本篇「<u>大王可試使之</u>」，屬施為行為，左右建議趙王派諒毅出使秦國。

（二十六）秦召春平侯（頁431）

秦召春平侯，因留之。世鈞為之謂文信侯曰：「春平侯者，趙王之所甚愛也，而郎中甚妒之，故向與謀曰：『春平侯入秦，秦必留之。』故謀而入之秦。今君留之，是空絕趙，而郎中之計中也。故君<u>不如遣春平侯而留平都侯</u>。春平侯者言行遇趙王，必厚割趙以事君，而贖平都侯。」文信侯曰：「善。」因與接意而遣之。

說明：

本篇內容大略為：秦國召見春平侯，而扣留了他，世鈞為了春平侯勸說呂不韋，若扣留春平侯會使得秦國與趙國絕交，所以應該釋放春平侯，而扣留平都侯。

本篇「」，屬施為行為，世鈞勸說呂不韋釋放春平侯，而扣留平都侯。

「文信侯曰：『善。』因與接意而遣之。」屬於成事行為，呂不韋接受了世鈞的勸說。

（二十七）知伯索地於魏桓子（頁437）

知伯索地於魏桓子，魏桓子弗予。任章曰：「何故弗予？」桓子曰：「無故索地，故弗予。」任章曰：「無故索地，鄰國必恐；重欲無

厭，天下必懼。君予之地，知伯必驕。驕而輕敵，鄰國懼而相親。以相親之兵，待輕敵之國，知氏之命不長矣！《周書》曰：『將欲敗之，必姑輔之；將欲取之，必姑與之。』君不如與之，以驕知伯。君何釋以天下圖知氏而獨以吾國為知氏質乎？」君曰：「善。」乃與之萬家之邑一。知伯大說。因索蔡、皋梁於趙，趙弗與，因圍晉陽。韓、魏反於外，趙氏應之於內，知氏遂亡。

說明：

本篇內容大略為：智伯向魏桓子索地，魏桓子不給，任章建議魏桓子將土地給智伯，使得鄰國害怕、天下畏懼，使得智伯驕傲。

本篇「君不如與之」，屬施為行為，任章建議魏桓子，將土地給智伯，讓智伯驕傲。

「君曰：『善。』乃與之萬家之邑一。」魏桓子聽從任章的建議，將土地給智伯，屬於成事行為。

（二十八）齊魏約而伐楚（頁448）

齊魏約而伐楚，魏以董慶為質於齊。楚攻齊，大敗之，而魏弗救。田嬰怒，將殺董慶。盱夷為董慶謂田嬰曰：「楚攻齊，大敗之，而不敢深入者，以魏為將內之於齊，而疑之其後。今殺董慶，是示楚無魏也。魏怒合於楚，齊必危矣。不如貴董慶以善魏，而疑之於楚也。」

說明：

本篇內容大略為：齊國、魏國約定攻打楚國，魏國送董慶去齊國當人質，楚國進攻齊國，大敗齊國，而魏國不去救援，田嬰生氣，將要殺董慶，盱夷對田嬰建議，重視董慶，以便和魏國拉好關係。

本篇「不如貴董慶以善魏，」屬施為行為，盱夷對田嬰建議，重

視董慶，以便和魏國拉好關係。

（二十九）蘇秦拘於魏（頁449）

蘇秦拘於魏，欲走而之韓，魏氏閉關而不通。齊使蘇厲為之謂魏王曰：「齊請以宋地封涇陽君，而秦不必也。夫秦非不利有齊而得宋地也，然其所以不受者，不信齊王與蘇秦也。今秦見齊、魏之不合也如此其甚也，則齊必不欺秦，而秦信齊矣。齊、秦合而涇陽君有宋地，則非魏之利也。<u>故王不如復東蘇秦</u>，秦必疑齊而不聽也。夫齊、秦不合，天下無憂，伐齊成，則地廣矣。」

說明：

本篇內容大略為：蘇秦在魏國被拘捕，想逃到齊國去，但是魏國閉關而無法通行，齊國派蘇厲對魏王說，讓蘇秦再到東邊去，使得秦國、齊國不能聯盟，攻打齊國成功，魏國的土地就增加了。

本篇「<u>故王不如復東蘇秦</u>」，屬施為行為，蘇厲對魏王建議，讓蘇秦再到東邊去，使得秦國、齊國不能聯盟，攻打齊國成功，魏國的土地就增加了。

（三十）張儀惡陳軫於魏王（頁451）

張儀惡陳軫於魏王曰：「軫善事楚，為求壤地也，甚出之。」左華謂陳軫曰：「儀善於魏王，魏王甚愛之。公雖百說之，猶不聽也。<u>公不如儀之言為資而反於楚王</u>。」陳軫曰：「善。」因使人先言於楚王。

說明：

本篇內容大略為：張儀在魏王面前說陳軫壞話，左華建議陳軫回到楚國。

本篇「<u>公不如儀之言為資而反於楚王</u>。」屬施為行為，左華建議

陳軫回到楚國。

「陳軫曰：『善。』因使人先言於楚王」，陳軫聽從左華的建議，派人告訴楚王，屬於成事行為。

（三十一）張儀欲并相秦魏（頁454）

張儀欲并相秦、魏。故謂魏王曰：「儀請以秦攻三傳，王以其間約南陽，韓氏亡。」史厭謂趙獻曰：「<u>公何不以楚佐儀求相之於魏</u>，韓恐亡，必南走楚。儀兼相秦、魏，則公亦必并相楚、韓也。」

說明：

本篇內容大略為：張儀想要同時在秦國、魏國為相，史厭建議趙獻，用楚國幫助張儀實現在魏國當相的要求，趁機同時擔任楚國、韓國的相。

本篇「<u>公何不以楚佐儀求相之於魏</u>」，屬施為行為，史厭建議趙獻，用楚國幫助張儀實現在魏國為相的要求，趁機同時擔任楚國、韓國的相。

（三十二）徐州之役（頁456）

徐州之役，犀首謂梁王曰：「<u>何不陽與齊而陰結於楚</u>？二國恃王，齊、楚必戰。齊戰勝楚，而與乘之，必取方城之外；楚掌聲齊敗，而與乘之，是太子之讎報矣。」

說明：

本篇內容大略為：徐州之戰前，犀首對梁惠王說，明裡幫助齊國而暗地裡與楚國結盟，趁著楚、齊兩國的衝突，報太子的仇。

本篇「<u>何不陽與齊而陰結於楚</u>？」屬施為行為，犀首建議梁惠王，明裡幫助齊國而暗地裡與楚國結盟。

（三十三）秦敗東周（頁456）

秦敗東周，與魏戰於伊闕，殺犀武。魏令公孫衍乘勝而留於境，請卑辭割地，以講於秦。為竇屢謂魏王曰：「臣不知衍之所以聽於秦之少多，然而臣能半衍之割，而令秦講於王。」王曰：「奈何？」對曰：「王不若與竇屢關內侯，而令趙。王重其行而厚奉之。因揚言曰：『聞周、魏令竇屢以哥魏於奉陽君，而聽秦矣。』夫周君、竇屢、奉陽君之與穰侯，貿首之仇也。今行和者，竇屢也；制割者，奉陽君也。太后恐其不因穰侯也，而欲敗之，必以少割請合於王，而和於東周與魏也。」

說明：

本篇內容大略為：秦國打敗東周，在伊闕與魏作戰，殺了犀武，魏國派公孫衍求和割地。有說客對說客對魏王建議，可以讓竇屢當關內侯，利用周君、竇屢、秦陽君與穰侯之間矛盾，可以少割讓一半的土地給秦國。

本篇「王不若與竇屢關內侯」，屬施為行為，說客對魏王建議，可以讓竇屢當關內侯。

（三十四）蘇代為田需說魏王（頁462）

蘇代為田需說魏王，曰：「臣請問文之為魏，孰與其為齊也？」王曰：「不如其為齊也。」「衍之為魏，孰與其為韓也？」王曰：「不如其為韓也。」而蘇代曰：「衍將右韓而左魏，文將右齊而左魏。二人者，將用王之國，舉事欲世，中道而不可，王且無所聞之矣。王之國雖滲樂而從之可也。王不如舍需於側，以稽二人者之所為。二人者曰：『需非吾人也，吾舉事而不利於魏，需必挫我於王。』二人者必不敢有外心矣。二人者之所為之，利於魏與不利於魏，王厝於側以稽之，臣以為身利而便於事。」王曰：「善。」果厝需於側。

說明：

　　本篇內容大略為：蘇代為田需遊說魏王，為了考察田文與公孫衍兩人，應把田需安置在身旁。

　　本篇「<u>王不如舍需於側</u>」，屬施為行為，蘇代建議魏王將田需安置在身旁，可以考察田文與公孫衍兩人。

　　「王曰：『善。』果厝需於側。」屬成事行為，魏王聽從蘇代的建議，將田需安置在身旁。

（三十五）楚王攻梁南（頁464）

　　楚王攻梁南，韓氏因圍薔。成恢為犀首謂韓王曰：「疾攻薔，楚師必進矣。魏不能支，交臂而聽楚，韓氏必危，<u>故王不如釋薔</u>。魏無韓患，必與楚戰，戰而不勝，大梁不能守，而又況存薔乎？若戰而勝，兵罷敝，大王之攻薔易矣。

說明：

　　本篇內容大略為：楚國進攻魏國，韓國圍困薔地，成恢為了犀首見韓王，建議韓王，解除對薔地的圍攻。

　　本篇「<u>故王不如釋薔</u>」，屬施為行為，成恢建議韓王，解除對薔地的圍攻。

（三十六）魏文子田需周宵相善（頁470）

　　魏文子、田需、周宵相善，欲罪犀首。犀首患之，謂魏王曰：「今所患者，齊也。嬰子言行於齊王，王欲得齊，則<u>胡不召文子而相之</u>？彼必務以齊事王。」王曰：「善。」因召文子而相者。犀首以倍田需、周宵。

說明：

　　本篇內容大略為：孟嘗君、田需、周宵關係良好，想要加害犀

首，犀首覺得憂處，建議魏王，召孟嘗君為相，魏王接受犀首的意見，找孟嘗君為相，孟嘗君因此背離了田需、周宵。

本篇「則胡不召文子而相之」，屬施為行為，犀首建議魏王，召孟嘗君為相。

「王曰：「善。」因召文子而相者」，屬於成事行為，魏王聽從犀首的意見，任用孟嘗君為相。

（三十七）魏惠王起境內眾（頁470）

魏惠王起境內眾，將太子申而攻齊。客謂公子理之傅曰：「何不令公子泣王太后，止太子之行？事成則樹德，不成則為王矣。太子年少，不習於兵。田盼宿將也，而孫子善用兵，戰必不過，不勝必禽。公子爭之於王，王聽公子，公子不封；不聽公子，太子必敗；敗，公子必立；立必為王也。」

說明：

本篇內容大略為：魏惠王動用境內民眾，要太子申當上將軍去攻打齊國，說客對公子理的傅說，讓公子在太后面前哭泣，勸止太子攻打齊國。

本篇「何不令公子泣王太后」，屬施為行為，說客建議公子理的傅，讓公子在太后面前哭泣，勸止太子攻打齊國。

（三十八）齊魏戰於馬陵（頁471）

齊、魏戰於馬陵，齊大勝魏，殺太子申，覆十萬之軍。魏王召惠施而告之曰：「夫齊，寡人之讎也，怨之至死不忘。國雖小，吾常欲悉騎兵而攻之，何如？」對曰：「不可。臣聞之，王者得度，而霸者知計。今王所以告臣者，疏於度而遠於計。王固先屬怨於趙，而後與齊戰。今戰不勝，國無守戰之備王又欲血起而攻齊，此非臣之所謂

也。王若欲報齊乎，<u>則不如因變服折節而朝齊</u>，楚王必怒矣。王游人而合其闘，則楚必伐齊。以休楚而伐罷齊，則必為楚禽矣。是王以楚毀齊也。」魏王曰：「善。」乃使人報於齊，願臣畜而朝。田嬰許諾。戰醜曰：「不可。戰不勝魏，而得朝禮，與魏和而下楚，此可以大勝也。今戰勝魏，覆十萬之軍，而禽太子申；臣萬乘之魏，而卑秦、楚，此其暴於戾定矣。且楚王之為人也，好用兵而甚務名，終為齊患者，比楚也。」田嬰不聽，遂內魏王，而與之並朝齊侯再三。趙氏醜之。楚王怒，自將而伐齊，趙應之，大敗齊於徐州。

說明：

　　本篇內容大略為：齊國、魏國在馬陵交戰，齊國大勝，殺了魏太子申，消滅了魏國十萬軍隊。魏王想起兵報仇，惠施建議魏王，若要進攻齊國報仇，應該要改變服裝，屈己下人去朝拜齊國，後來引起楚王生氣，自己率領軍隊進攻齊國，在徐州大敗齊國。

　　本篇「<u>則不如因變服折節而朝齊，</u>」屬施為行為，惠施建議魏王，若要進攻齊國報仇，應該要改變服裝，屈己下人去朝拜齊國。

　　「<u>魏王曰：「『善。』乃使人報於齊，願臣畜而朝。</u>」屬成事行為，魏王接受了惠施的建議，稱臣當牛馬去朝拜齊。

（三十九）惠施為韓魏交（頁472）

　　惠施為韓、魏交，令太子鳴為質於齊。王欲見之，朱倉謂王曰：「<u>何不稱病？</u>臣請說嬰子曰：『魏王之年長矣，今有疾，公不如歸太子以德之。不然，公子高在楚，楚將內而立之，是齊抱空質行不義也。』」

說明：

　　本篇內容大略為：惠施為了韓國、魏國聯合，要太子鳴到齊國當

人質，魏王想見太子鳴，朱倉建議魏王，聲稱自己生病，希望齊國將太子送回魏國。

本篇「何不稱病」，屬施為行為，朱倉建議魏王，聲稱自己生病。

（四十）田需死（頁473）

田需死。昭魚謂蘇代曰：「田需死，吾恐張儀、薛公、犀首之有一人相魏者。」代曰：「然則相者以誰而君便之也？」昭魚曰：「吾欲太子之自相也。」代曰：「請為君北見梁王，必相之矣。」昭魚曰：「奈何？」代曰：「君其為梁王，代請說君。」昭魚曰：「奈何？」對曰：「代也從楚來，昭魚甚憂。代曰：『君何憂？』曰：「田需死，吾恐張儀薛公、犀首有一人相魏者。』代曰：『勿憂也。梁王長主也，必不相張儀。張儀相魏，必右秦而左魏。薛公相魏，必右齊而左魏。犀首相魏，必右韓而左魏。梁王，長主也，必不使相也。』代曰：『<u>莫如太子之自相</u>。是三人皆以太子為非固相也，皆將務以其國事魏，而欲丞相之璽。以魏之強，而持三萬乘之國輔之，魏必安矣。故曰，<u>不如太子之自相也</u>。』」遂北見梁王，以此語告之，太子果自相。

說明：

本篇內容大略為：田需死，昭魚對蘇代說，他擔心張儀、薛公、犀首三人有任何一人為相，因此希望魏國用他的太子為相，蘇代遊說魏王，魏王果真用太子為相。

本篇「莫如太子之自相」、「不如太子之自相也。」屬施為行為，蘇代對昭魚說，他將建議魏王用太子為相。

「<u>遂北見梁王，以此語告之，太子果自相。</u>」屬成事行為，蘇代建議魏王用太子為相，而魏王接受了，果真任用太子為相。

（四十一）秦召魏相信安君（頁474）

　　秦召魏相信安君，信安君不欲往。蘇代為說秦王曰：「臣聞之，忠不必當，當必不忠。今臣願大王陳臣之愚意，恐其不忠於下吏，自使有要領之罪。願大王察之。今大王令人執事於魏，以完其交，臣恐魏交之益疑也。將以塞趙也，臣又恐趙之益勁也。夫魏王之愛習魏信也，甚矣。其智能而任用之也，厚矣；其畏惡嚴尊秦也，明矣。今王之使人入魏而不用，則王之使人入魏無益也。若用，魏必舍所愛習而用所畏惡，此魏之所以不安也。夫舍萬乘之事而退，此魏信之所難行也。夫令人之君處所不安，令人之相行所不能，以此為親，則難久矣。臣故恐魏交之益疑也。且魏信舍事，則趙之謀者必曰：『舍於秦，秦必令其所愛信者用趙。』是趙存而我亡也，是趙安而我危也。則上有野戰之氣，下有堅守之心，臣故恐趙之益勁也。

　　「大王欲完魏之交，而使趙小心乎？<u>不如用魏信而尊之以名</u>。魏信事王，國安而名尊；離王，國危而權輕。然則魏信之事主也，上所以為其主者忠矣，下所以自為者厚矣，彼其事王必完矣。趙之用事者必曰：『魏氏名族不高於我，土地之實不厚於我。魏信以韓、魏事秦，秦甚善之，國得安焉，身取尊焉。今我講難於秦兵為招質，國處削危之形，非得計也。結怨於外，主患於中，身處死亡之地，非完事也。』彼將傷其前事，而悔其過行，冀其利，必多割地以深下王。則是大王垂拱者割地以為利重，堯、舜之所求而不能得也。臣願大王察之。」

說明：

　　本篇內容大略為：秦王召見魏相信安君，信安君不想去。蘇代因此遊說秦王，勸秦王不要召見信安君，反而對秦國有利。

　　本篇「<u>不如用魏信而尊之以名</u>」，屬施為行為，蘇代勸說秦王，建議秦王信任信安君而提高他的名聲。

（四十二）秦楚攻魏圍皮氏（頁477）

秦、楚攻魏圍皮氏。為魏謂楚王曰：「秦、楚勝魏，魏王之恐也見亡飴，必舍於秦，<u>王何不倍秦而與魏王</u>？魏王喜，必內太子。秦恐失楚，避邪此外城地於王，王雖復與之攻魏可也。」楚王曰：<u>「善。」乃倍秦而與魏</u>。魏內太子於楚。

秦恐，許楚城地，欲與之復攻魏。樗里疾怒，欲與魏攻楚，恐魏之以太子在楚不肯也，為疾謂楚王曰：「外臣疾使臣謁之，曰：『敝邑之王欲效城地，而為魏太子之尚在楚也，是以未敢。王出魏質，臣請效之，而復固秦、楚之交，以疾攻魏。』」楚王曰：「諾。」<u>乃出魏太子</u>。秦因合魏以攻楚。

說明：

本篇內容大略為：秦國、楚國聯合攻打魏國，有說客勸楚王，背棄秦國，幫助魏國，魏國將太子送到楚國當人質；樗里疾生氣，派人遊說楚王，將魏太子歸還魏國，最後，秦國與魏國聯合攻打楚國。

本篇「<u>王何不倍秦而與魏王</u>」，屬施為行為，說客勸說楚王，應背棄秦國，助楚國。

「<u>楚王曰：「善。」乃倍秦而與魏</u>」，屬成事行為，楚王背棄秦王，幫助魏國。

（四十三）魏太子在楚（頁498）

魏太子在楚。謂樓子於鄢陵曰：「公必且待齊、楚之合也，以救皮氏。今齊、楚之理，必不合矣。彼瞿子之所惡於國者，無公矣。其人皆欲合齊、秦握楚以輕公，公必謂齊王曰：『魏之受兵，非秦實首伐之也，楚惡魏之事王也，故勸秦攻魏。』齊王故欲伐處，而又怒其不己善也，必令魏以地聽秦而委。以張子之強，有秦、韓之重，齊王惡之，而魏王不敢據也。今以齊秦之重，外楚以輕公，臣為公患之。

鈞之出地，以為和於秦也，豈若由楚乎？秦疾攻楚，楚還兵，魏王必
懼，公因寄汾北以予秦而為和，合親以孤齊，秦、楚重公，公必為相
矣。臣意秦王與樗里疾之欲之也，<u>臣請為公說之</u>。」

乃請樗里子曰：「攻皮氏，此王之首事也，而不能拔，天下且以
此輕秦。且有皮氏，於以攻韓、魏，利也。」樗里子曰：「吾已合魏
矣，無所用之。」對曰：「臣願以鄙心意公，公無以為罪。有皮氏，
國之大利也，而以與魏，公終自以為不能守也，故以與魏。今公之力
有餘守之，何故而弗有也？」樗里子曰：「奈何？」曰：「魏王之所恃
者，齊、楚也；所用者，樓廙、翟強也。今齊王謂魏王曰：『欲誕攻
於齊王兵之辭也，是弗救矣。』楚王怒於魏之不用樓子，而使翟強為
和也，怨顏已絕之矣。魏王之懼也見亡，翟強欲合齊、秦外楚，以輕
樓廙；樓廙欲合秦、楚外齊，以輕翟強。公不如按魏之和，使人謂
樓子也：『子能以汾北與我乎？請合於楚外齊，以重共也，此吾事
也。』樓子與楚王必疾矣。又謂翟子：『子能以汾北與我乎？必為合
於齊外於楚，以重公也。』翟強與齊王必疾矣。是公外得齊、楚以為
用，內得樓廙、翟強以為佐，何故不能有地於河東乎？」

說明：

本篇內容大略為：魏太子在楚國，有說客對樓廙說，割讓汾北的
土地給秦國求和，再對樗里子說，利用當前的情勢，可以要求魏國割
讓汾北之地給秦國。

本篇「<u>臣請為公說之</u>」，屬施為行為，有說客對樓廙說，請讓我
為你去遊說樗里子。

（四十四）魏秦伐楚（頁506）

魏、秦伐楚，魏王不欲。樓緩謂魏王曰：「王不與秦攻楚，楚且

與秦攻王。王不如令秦、楚戰，王交制之也。」

說明：

本篇內容大略為：魏國、秦國攻打楚國，魏王不想參加，樓緩勸說魏王，如果魏王不協助秦國攻打楚國，楚國就會協助秦國攻打魏國；先讓秦、楚交戰，然後魏王才交相制服他們。

本篇「王不如令秦、楚戰」，屬施為行為，樓緩建議魏王，先讓秦、楚交戰，然後魏王才交相制服他們。

（四十五）秦攻韓之管（頁507）

秦攻韓之管，魏王發兵救之。昭忌曰：「夫秦強國也，而韓、魏壤梁，不出攻則已，若出攻，非於韓也必魏也。今幸而遇韓，此魏之福也。王若救之，夫解攻者，必韓之管也；致攻者，必魏之梁也。」魏王不聽，曰：「若不因救韓，韓怨魏，西合於黔，秦、韓為宜，則魏危。」遂救之。

秦果釋管而攻魏。魏王大恐，謂昭忌曰：「不用子之計禍至，為之奈何？」昭忌乃為之見秦王曰：「臣聞明主之聽也，不以挾私為政，是參行也。願大王無攻魏，聽臣也。」秦王曰：「何也？」昭忌曰：「山東之從，時合時離，何也哉？」秦王曰：「不識也。」曰：「天下之合也，以王之不必也；其離也，以王之必也。今攻韓之管，國危矣，未卒而移兵於梁，合天下之從，無精於此者矣。以為秦之求索，必不可支也。故為王計者，不如齊、趙。秦已制趙，則燕不敢不事秦，荊、齊不能獨從。天下爭敵於秦，則弱矣。」秦王乃止。

說明：

本篇內容大略為：秦國攻打韓國的管城，魏王發兵救之，結果招來秦國的進攻，魏王恐慌，派昭忌去見秦王，勸止了秦國進攻魏國。

　　本篇「不如齊、趙」，屬施為行為，昭忌勸秦王，先制服趙國，制服趙國後，燕國就會事奉秦國，楚國、齊國就不敢與秦國對抗。

　　「秦王乃止」，屬成事行為，秦王聽從昭忌的建議，停止攻魏。

（四十六）秦趙構難而戰（頁508）

　　秦、趙構難而戰。謂魏王曰：「不如齊、趙而構之秦。王不構趙，趙不以毀構矣；而構之秦，趙必復鬪，必重魏；是并制秦、趙之事也。王欲焉而收齊、趙攻荊，欲焉而收荊、趙攻齊，欲王之東長之待之也。」

說明：

　　本篇內容大略為：秦國與趙國結仇而發生戰爭，有說客對魏王說，應與趙國聯盟，而使趙國與秦國結仇，促使秦國趙國再次發生戰爭；此時，兩國會更加重視魏國，這是同時制服秦國、趙國的方法，之後，再拉攏齊國、趙國而攻打楚國。

　　本篇「不如齊、趙而構之秦」，屬施為行為，說客建議魏王，應與趙國聯盟，而使趙國與秦國結仇。

（四十七）樓梧約秦魏（頁509）

　　樓梧約秦魏，將令秦王遇於境。謂魏王曰：「遇而無相，秦必置相。不聽之，則交惡於秦；聽之，則後王之臣，將皆務事諸侯之能令於王之上者。且遇於秦而相秦者，是無齊也，秦必輕王之強矣。有齊者，不若相之，齊必喜，是以有雍者與秦遇，秦必重王矣。」

說明：

　　本篇內容大略為：樓梧約秦國、魏國，讓秦王在邊境見面，樓梧對魏王說，用心目中有齊國的人為相，齊國必定高興，用心目中有齊國的人去和秦國會面，秦國必定重視大王。

本篇「不若相之」，屬施為行為，樓梧建議魏王，用心目中有齊國的人為相，齊國必定高興。

（四十八）成陽君欲以韓魏聽秦（頁511）

成陽君欲以韓、魏聽秦，魏王弗利。白圭謂魏王曰：「王不如陰侯人說成陽君曰：『君入秦，秦必留君，而以多割於韓矣。韓不聽，秦必留君，而伐韓矣。故君不如安行求質於秦。』成陽君必不入秦，秦、韓不敢合，則王重矣。」

說明：

本篇內容大略為：成陽君打算讓韓、魏兩國聽從秦國，魏王覺得這對國家不利，白圭勸魏王遊說成陽君，阻止成陽君入秦。

本篇「王不如陰侯人說成陽君曰」，屬施為行為，白圭建議魏王，可以暗中派人遊說成陽君。

（四十九）周肖謂宮他（頁513）

周肖謂宮他曰：「子為肖謂齊王曰，肖願為外臣。令齊資我於魏。」宮他曰：「不可，是示齊輕也。夫齊不以無魏者以害有魏者，故公不如示有魏。共曰：『王之所求於魏者，臣請以魏聽。』齊必資公矣，是公有齊，以齊有魏也。」

說明：

本篇內容大略為：周肖想要宮他幫他請求齊國幫忙在魏國掌權，宮他對周肖建議，應該向齊國展現在魏國有權，齊國就會幫助你了。

本篇「故公不如示有魏」，屬施為行為，宮他對周肖建議，應該向齊國展現在魏國有權。

（五十）張儀為秦連橫說韓王（頁526）

張儀為秦連橫說韓王曰：「韓地險惡，山居，五穀所生，非麥而豆；民之所食，大抵豆飯藿羹；一歲不收，民不厭糟糠；不滿九百里，無二歲之所食。料大王之卒，悉之不過三十萬，而廝徒負養，在其中矣，為除守徼亭障塞，見卒不過二十萬而已矣。秦帶甲百餘萬，車千乘，騎萬匹，虎摯之士，跿跔科頭，貫頤奮戟者，至不可勝計也。秦馬之良，戎兵之眾，探前趹後，蹄間三尋者，不可稱數也。山東之卒，被甲冒冑以會戰，秦人捐甲徒裎以趨敵，左挈人頭，右挾生虜。夫秦卒之與山東之卒也，猶孟賁之與怯夫也，以重力相胡，猶烏獲之與嬰兒也。夫戰孟賁、烏獲之士，以攻不服之弱國，無以異於墮千鈞之重，集於鳥卵之上，必無幸用處。諸侯不料兵之弱，食之寡，而聽從人之甘言好辭，比周以相飾也，皆言曰：『聽吾計則可以強霸天下。』夫不顧社稷之長利，而聽須臾之說，詿誤人主者，無過於此者矣。大王不事秦，秦下甲據宜陽，斷絕韓之上地；東取成皋、宜陽，則鴻臺之宮，桑林之苑，非王之有已。夫塞成皋，絕上地，則王之國分矣。先事秦則安矣，不事秦則危矣。夫造禍而求福，計淺而願深，逆秦而順楚，雖欲無亡，不可得也。<u>故為大王計，莫如事秦。秦之所欲，莫如弱楚。而能弱楚者莫如韓。非以韓能強於楚也，其地勢然也。僅王西面而事秦以攻楚，為敝邑，秦王必喜。夫攻楚而私其地，轉禍而說秦，計無便於此者也。是故秦王使使臣獻書大王御史，須以決事。」韓王曰：「客幸而教之，請比郡縣，築帝宮，祠春秋，稱東藩，效宜陽。」</u>

說明：

本篇內容大略為：張儀為秦以連橫說韓王，認為韓國事奉秦國，就得安全，不事奉秦國就有危險。

　　本篇「故為大王計，莫如事秦」，屬施為行為，張儀勸說魏王，應該事奉秦國。

　　本篇韓王曰：「客幸而教之，請比郡縣，築帝宮，祠春秋，稱東藩，效宜陽。」屬成事行為，韓王同意事奉秦國。

（五十一）張儀謂齊王（頁529）

　　（謂）張儀：「（臣）謂齊王曰：『王不如資韓朋，與之逐張儀於魏。』魏因相犀首，因以齊、魏廢韓朋，而相公叔以伐秦。公仲聞之，必不入於齊。據公於魏，是公無患。」

說明：

　　本篇內容大略為：有說客替張儀謀略，利用齊、秦、魏等國複雜的關係，使得張儀沒有禍患。

　　本篇「王不如資韓朋」，屬施為行為，說客建議齊王資助韓朋，與他合力驅逐在魏國的張儀。

（五十二）楚昭獻相韓（頁529）

　　楚昭獻相韓。秦且攻韓，韓廢昭獻。昭獻令人謂公叔曰：「不如貴昭獻以固楚，秦必曰楚、韓合矣。」

說明：

　　本篇內容大略為：楚人昭獻在韓國為相，秦國將進攻韓國，韓國廢止了昭獻的相位，昭獻派人告訴公叔，建議公叔重用昭獻以鞏固與楚國的關係。

　　本篇「不如貴昭獻以固楚」，屬施為行為，昭獻派人告訴公叔，建議公叔重用昭獻以鞏固與楚國的關係。

（五十三）五國約而攻秦（頁530）

五國約而攻秦，楚王為從長，不能傷秦，兵不算而留於成皋。魏順謂市丘君曰：「五國罷，必攻市丘，以償兵費。君資臣，臣要求為君止天下之攻市丘。」市丘君曰：「善。」因遣之。魏順南見王曰：「王約五國而西伐秦，不能傷秦，天下且以是輕王而重秦，<u>故王胡不卜交乎</u>？」楚王曰：「奈何？」魏順曰：「天下罷，必攻市丘以償兵費。王令之勿攻市丘。五國重王，且聽王之言而不攻市丘；不重王，且反王之言而攻市丘。然則王之輕重必明矣。」<u>故楚王卜交而市丘存。</u>

說明：

本篇內容大略為：韓、趙、魏、楚、燕五國約定攻打秦國，由楚王帶領合縱，無法傷害秦國，軍隊疲憊而留在成皋，魏順擔心五國會趁機攻打市丘，所以利用楚王測驗交情的方式，保存了市丘。

本篇「<u>故王胡不卜交乎</u>」，屬施為行為，魏順建議楚王測試其他諸侯對楚王的交情。

「<u>故楚王卜交而市丘存。</u>」屬成事行為，楚王最後測試出了交情，而市丘也得以保存下來。

（五十四）鄭彊載八百金入秦（頁531）

鄭彊載八百金入秦，請以伐韓。冷向謂鄭彊曰：「公以八百金請伐人之與國，秦必不聽公。<u>公不如令秦王疑公叔。</u>」鄭彊曰：「何如？」曰：「公叔之攻楚也，以幾瑟之存焉，故言先楚也。今已令楚王奉幾瑟以車百乘居陽翟，令昭獻轉而與之處，旬有餘，彼已決。而幾瑟，公叔之讎也；而昭獻，公叔之人也。秦王聞之，必疑公叔為楚也。」

說明：

本篇內容大略為：鄭彊以八百金入秦，希望秦國攻打韓國，泠向建議鄭彊，與其以八百金請求進攻別人的同盟國家，不如利用八百金來使秦王懷疑韓公叔。

本篇「公不如令秦王疑公叔」，屬施為行為，泠向建議鄭彊，以八百金請求進攻別人的同盟國家，不如利用八百金來使秦王懷疑韓公叔。

（五十五）秦圍宜陽（頁532）

秦圍宜陽，游騰謂公仲曰：「公何不與趙藺、離石、祁，以質許地，則樓緩必敗矣。收韓、趙之兵以臨魏，樓鼻必敗矣。韓為一，魏必倍秦，甘茂必敗矣。以成陽資翟強於齊，楚必敗之。須秦必敗，秦失魏，宜陽必不拔矣。」

說明：

本篇內容大略為：秦國圍攻宜陽，游騰建議公仲，可以聯合趙國，最後使秦國失去魏國的聯盟，宜陽就不會被攻下來了。

本篇「公何不與趙藺、離石、祁，以質許地」，屬施為行為，游騰建議公仲，把趙藺、離石、祁等地還給趙國，用人質作為答應還地的條件，如此一來，樓緩就不能促成趙國與韓國聯盟。

（五十六）秦韓戰於濁澤（頁533）

秦、韓戰於濁澤，韓氏急。公仲明謂韓王曰：「與國不可恃。今秦之心欲伐楚，王不如因張儀為和於秦，賂之以一名都，與之伐楚。此以一易二之計也。」韓王曰：「善。」乃儆公仲之行，將西講於秦。

楚王聞之大恐，召陳軫而告之。陳軫曰：「秦欲伐我久矣，今又

得韓之名都一而具甲，秦、韓并兵南鄉，此秦所以廟祠而求也。今已得之矣，楚國必伐用處。王聽臣，為之徹四境之內選師，言救韓，令戰車滿道路；發信臣，多其車，重其幣，使信王之救己也。縱韓為不能聽我，韓必德王也，必不為雁行以來。是秦、韓不和，兵雖至，楚國不大病矣。為能聽我絕和於秦，秦必大怒，以厚怨於韓。韓得楚救，必輕秦。輕秦，其應秦必不敬。是我困秦、韓之兵，而免楚國之患也。」

楚王大說，乃徹四境之內選士，言救韓，發信臣，多其車，重其幣。謂韓王曰：「弊邑雖小，已悉起之矣。願大國遂肆意於秦，弊邑將以楚殉韓。」

韓王大說，乃止公仲。公仲曰：「不可，夫以實告我者，秦也；以虛名救我者，楚也。恃適之虛名，輕絕強秦之敵，必為天下笑義務。且楚、韓非兄弟之國也，又非素約而謀伐秦矣。秦欲伐楚，楚因以起師言救韓，此必陳軫之謀也。且王以使人報於秦矣，今弗行，是欺秦也。夫輕強秦之禍，而信諸之謀臣，王必悔之矣。」韓王弗聽，遂絕和於秦。秦果大怒，興師與韓氏戰於那門，楚救不至，韓氏大敗。

韓氏之兵非削弱也，民非蒙愚也，兵為秦禽，智為楚笑，過聽於陳軫，失計於韓明也。

說明：

本篇內容大略為：秦國、韓國戰於濁澤，韓國情勢緊急，公仲明建議韓王割地求和，而與秦國盟進攻楚國，楚王知道之後大怒，用陳軫的計謀，以出兵救韓為名，離間秦國與韓國的關係，最後使得秦國大敗韓國。

本篇「王不如因張儀為和於秦」，屬施為行為，公仲明建議韓

王，通過張儀來與秦國講和，用一名都去賄賂秦國，與秦國一同進攻楚國。

「『韓王曰：「善。」乃儆公仲之行，將西講於秦。』」屬成事行為，韓王接受公仲明的建議，要公仲明謹慎行事，西行與秦國講和。

（五十七）韓公仲謂向壽（頁536）

韓公仲謂向壽曰：「禽困覆車。公破韓，辱共仲，公仲收國復事秦，自以為必可以封。今公與楚解，中封小令尹以桂陽。秦、楚合，復攻韓，韓必亡。公仲躬率其私徒以鬭於秦，願公之熟計之也。」

向壽曰：「吾合秦、楚，非以當韓也，子為我謁之。」公仲曰：「秦、韓之交可合也。」對曰：「願有復於公。諺曰：『貴其所以貴者貴。』今王之愛習公也，不如公孫郝；其知能公也，不如甘茂。今二人者，皆不得親於事矣，而公獨與王主斷於國者，彼有以失之也。公孫郝黨於韓，而甘茂黨於魏，故王不信也。今秦、楚爭強，而公黨於楚，是與公孫郝、甘茂同道也。公何以異之？人皆言楚之多變也，而公必之，是自為貴也。公不如與王謀其變也，善韓以備之，若此，則無禍矣。韓氏先以國從公孫郝，而後委國於甘茂，是韓，公之讎也。今公言善韓以備楚，是外舉不辟讎也。

向壽曰：「吾甚欲韓合。」對曰：「甘茂許公仲以武遂，反宜陽之民，今公徒令收之，甚難。」向子曰：「然則奈何？武遂終不可得已。」對曰：「公何不以秦為韓求潁川於楚，此乃韓之寄地也。公求而得之，是令行於楚而以其地德韓也。公求而弗得，是韓、楚之怨不解，而交走秦也。秦、楚爭強，而公過楚以攻韓，此利於秦。」向子曰：「奈何？」對曰：「此善事也。甘茂欲以魏取齊，公孫郝於以韓取齊，今公取宜陽以為功，收楚、韓以安之，而誅齊、魏之罪，是以公孫郝、甘茂之無事也。」

說明：

　　本篇內容大略為：蘇代告訴向壽，禽困覆車，公仲戰敗後侍奉秦國，自以為可以受封，結果秦國與楚國結盟，再次進攻韓國，公仲一定會與他的私徒與秦國對抗；蘇代又對向壽說，應親善韓國，防備楚國；最後，蘇代對向壽表示，秦國要與韓國親善，應用秦國名義，替韓國向楚國要求歸還潁川，這是韓國寄放在楚國的土地。

　　本篇「公何<u>不</u>以秦為韓求潁川於楚，此乃韓之寄地也」，屬施為行為，蘇代建議向壽用秦國名義，替韓國向楚國要求歸還潁川，這是韓國寄放在楚國的土地。

（五十八）或謂公仲曰聽者聽國（頁538）

　　或謂公仲曰：「聽者聽國，非必聽首也。故先生聽諺言於市，願公之聽臣言也。公求中立於秦，而弗能得也，善公孫郝以難甘茂，勸齊兵以勸止魏，楚、趙皆公之讎也。臣恐國之以此為患也，願公之復求中立於秦也。」

　　公仲曰：「奈何？」對曰：「秦王以公孫郝為黨於公而弗之聽，甘茂不善於公而弗為公言，公何<u>不</u>因行願以與秦王語？行願之為秦王臣也公，臣請為公謂秦王曰：『齊、魏合與離，於秦孰利？齊、魏別與合，於秦孰強？』秦王必曰：『齊、魏離，則秦重；合，則秦輕。齊、魏別，則秦強；合，則秦弱。』臣即曰：『今王聽公孫郝以韓、秦之兵一齊而攻魏，魏不敢戰，歸地而合於齊，是秦輕也，臣以公孫郝為不忠。今王聽甘茂，以韓、秦之兵據魏而攻齊，齊不敢戰，不求割地而合於魏，是秦請也，臣以甘茂為不忠。故王<u>不</u>如令韓中立以攻齊，齊王言救魏以勁之，齊、魏不能相聽，久必兵交。王欲，則信公孫郝於齊，為韓取南陽，易穀川以歸，此惠王之願也。王欲，則信甘茂於魏，以韓、秦之兵據魏以隙齊，此武王之願也。臣以為令韓以中

立以勁齊，最秦之大急也。公孫郝黨於齊而不肯言，甘茂薄而不敢謁也，此二人，王之大患也。願王之熟計之也。』」

說明：

本篇內容大略為：有說客勸說公仲，在齊、魏之爭之中保持中立，方法是透過行願去勸說秦王，或是說客自己替公仲去勸說秦王。

本篇「公何不因行願以與秦王語」、「故王不如令韓中立以攻齊」，屬施為行為，第一句是說客建議公仲，派行願去勸說秦王，第二句是說客表示，自己將建議秦王讓韓國保持中立去進攻齊國。

（五十九）韓公仲相（頁540）

韓公仲相。齊、楚之交善秦。秦、魏遇，且以善齊而絕齊乎楚。王使景鯉之秦，鯉與於秦、魏之遇。楚王怒景鯉，恐齊以楚遇為有陰於秦、魏也，且罪景鯉。

為謂楚王曰：「臣賀鯉之與於遇也。秦、魏之遇也，將以合齊、秦而絕齊於楚。今鯉與於遇，齊無以信魏之合己於秦而攻於楚也，齊又畏楚之有陰於秦、魏也，必重楚。故鯉之與於遇，王之大資也。今鯉不與於遇，魏之絕齊於楚明矣。齊、楚信之，必輕王，故王不如無罪景鯉，以視齊於有秦、魏，齊必重楚，而且疑秦、魏於齊。」王曰：「諾。」因不罪而益其列。

說明：

本篇內容大略為：齊國和楚國關係良好，秦國與魏國會盟，親善齊國而使得齊國與楚國斷絕關係。楚王派景鯉前往秦國，景鯉參與了秦國與魏國的會盟，楚王很生氣，說客建議楚王，不要處罰景鯉，以便向齊國表示楚國和秦國、魏國有交易，齊國就會重視楚國，楚王接受了說客的建議，沒有處罰景鯉，而且還給他加官爵。

　　本篇「故王不如無罪景鯉」，屬施為行為，說客建議楚王，不要處罰景鯉，以便向齊國表示楚國和秦國、魏國有交易，齊國就會重視楚國。

　　「王曰：『諾。』因不罪而益其列」，屬成事行為，楚王接受了說客的建議，沒有處罰景鯉，而且還給他加官爵。

（六十）公仲數不信於諸侯（頁542）

　　公仲數不信於諸侯，諸侯錮之。南委國於楚，楚王弗聽。蘇代為楚王曰：「不若聽而備於其反也。明之反也，常仗趙而畔楚，仗齊而畔秦。今四國錮之，而無所入矣，亦臣患之。此方其為尾生之時也。」

說明：

　　本篇內容大略為：公仲多次失信於諸侯，諸侯都謹防他，公仲要把國家委託給南方的楚國，楚王不聽他的話，蘇代為公仲而勸說楚王，蘇代對楚王說，可以聽從公仲的話而防備他反覆無常。目前公仲沒有國家信任他，公仲只好如同尾生一樣，取信於他人。

　　本篇「不若聽而備於其反也。」，屬施為行為，蘇代對楚王說，可以聽從公仲的話而防備他反無常。

（六十一）公仲為韓魏易地（頁546）

　　公仲為韓、魏易地，公叔爭之而不聽，且亡。史惕謂公叔曰：「公亡，則易必可成矣。公無辭以後反，且示天下輕共，公不若順之。夫韓地易於上，則害於趙；魏地易於下，則害於楚。公不如告楚、趙。楚、趙惡之。趙聞之，起兵臨羊腸，楚聞之，發兵臨方城，而易必敗矣。」

說明：

　　本篇內容大略為：公仲為韓國、魏國交換土地，公叔與他爭吵，

公仲不聽，公叔打算逃亡，史惕建議公叔，順從公仲，而把這件事報告楚國、趙國，楚國、趙國憎惡交換土地的這件事，將會反對，而交換土地的這件事就會失敗了。

本篇「公<u>不若</u>順之。」屬施為行為，史惕建議公叔，順從公仲為韓、魏交換土地。

（六十二）襄陵之役（頁547）

襄陵之役，畢長謂公叔曰：「請毋用兵，而楚、魏皆德公之國矣。夫楚欲置公子高，必以兵臨魏。公<u>何不</u>令人說昭子曰：『戰未必勝，請為子起兵以之魏。』子有辭以毋戰，於是以太子扁、朝揚、梁王皆德公矣。」

說明：

本篇內容大略為：襄陵之戰，畢長對公叔說，不要用兵，如此一來，楚國、魏國都會感激你。

本篇「公<u>何不</u>令人說昭子曰」，屬施為行為，畢長建議公叔，派人去勸說昭子，停止這場戰爭。

（六十三）公叔使馮君於秦（頁547）

公叔使馮君於秦，恐留，教陽向說秦王曰：「留馮君以善韓臣，非上知也。主君<u>不如</u>善馮君，而資之以秦。馮君廣王而不聽公叔，一與太子爭，則王澤布，而害於韓矣。」

說明：

本篇內容大略為：公叔派馮君出使秦國，擔心秦國扣留馮君，教陽勸說秦王，不要扣留馮君，而以秦國的力量幫助他，如此一來馮君就會自大而不聽公叔的話，而與太子爭權，大王的恩澤得以布施，而有害於韓國。

　　本篇「主君不如善馮君，而資之以秦。」屬施為行為，公叔教陽向勸秦王，好好對待馮君，以秦國的力量助他。

（六十四）謂公叔曰公欲得武遂於秦（頁547）

　　謂公叔曰：「公欲得武遂於秦，而不患楚之能揚河外也。公不如令人恐楚王，而令人為公求武遂於秦。謂楚王曰：「發重使為韓求武遂於秦。秦王聽，是令得行於萬乘之主也。韓得武遂以恨秦，毋秦患而得楚。韓，楚之縣而已。秦不聽，是秦、韓之怨深，而交楚也。」

說明：

　　本篇內容大略為：有說客建議公叔，利用利害關係，讓楚國出面替韓國取回武遂。

　　本篇「公不如令人恐楚王」，屬施為行為，說客建議公叔去慫恿楚王，讓楚王為公叔去要求秦國歸還武遂。

（六十五）韓公叔與幾瑟爭國中庶子強謂太子（頁550）

　　韓公叔與幾瑟爭國。中庶子強謂太子曰：「不若及齊師未入，急擊公叔。」太子曰：「不可。戰之於國中必分。」對曰：「事不成，身必危，尚何足以圖國之全為？」太子弗聽，齊師果入，太子出走

說明：

　　本篇內容大略為：韓公叔想幫助公子咎和太子幾瑟爭奪國家，中庶子鄭強建議太子幾瑟，趁著齊國軍隊還沒有進入韓國，攻打公叔。太子幾瑟擔心造成國家分裂而沒有答應，後來，齊國軍隊進入韓國，太子出逃。

　　本篇「不若及齊師未入，急擊公叔。」屬施為行為，中庶子鄭強建議太子，趁著齊國軍隊還沒有進入韓國，攻打公叔。

（六十六）齊明謂公叔（頁550）

　　齊明謂公叔曰：「齊遂幾瑟，楚善之。今楚欲善齊甚，公<u>何不令</u>齊王謂楚王：『王為我逐幾瑟以窮之。』楚聽，是齊、楚合，而幾瑟走也；楚王不聽，是有陰於韓也。」

說明：

　　本篇內容大略為：齊明建議公叔，讓齊王要求楚王驅逐幾瑟。

　　本篇「公<u>何不令</u>齊王謂楚王」，屬施為行為，齊明建議公叔，讓齊王對楚王說，大王為我驅逐幾瑟以使他陷入困境。

（六十七）公叔將殺幾瑟（頁551）

　　公叔將殺幾瑟也。謂公叔曰：「太子之重公也，畏幾瑟也。今幾瑟死，太子無患，必輕共。韓大夫見王勞，冀太子之用事也，固欲事之。太子外無幾瑟之患，而內收諸大夫以自輔也，公必輕矣。<u>不如無</u>殺幾瑟，以恐太子，太子必終身重公矣。」

說明：

　　本篇內容大略為：有說客建議公叔不要殺幾瑟。

　　本篇「<u>不如無</u>殺幾瑟」，屬施為行為，說客建議公叔，不要殺幾瑟，以使太子恐懼，太子將會終身重視你。

（六十八）公叔且殺幾瑟（頁551）

　　公叔且殺幾瑟也，宋赫為謂公叔曰：「幾瑟之能為亂也，內得父兄，而外得秦、楚也。今公殺之，太子無患，必輕公。韓大夫知王之老而太子定，必陰事之。秦、楚若無韓，必陰事伯嬰。伯嬰亦幾瑟也。公<u>不如</u>勿殺。伯嬰恐，必保於公。韓大夫不能必其不入也，必不敢輔伯嬰以為亂。秦、楚挾幾瑟以塞伯嬰，伯嬰外無秦、楚之權，內無父兄之眾，必不能為亂矣。此便於公。」

說明：

　　本篇內容大略為：公叔要殺幾瑟，宋赫勸公叔不要殺他，一來，留下幾瑟，可以不讓太子咎看輕，二來，伯嬰怕幾瑟，一定投靠你而保全自己。

　　本篇「公不如勿殺」，屬施為行為，宋赫勸公叔，不要殺幾瑟，伯嬰怕幾瑟，一定投靠你而保全自己。

（六十九）謂新城君曰（頁552）

　　謂新城君曰：「謂新城君曰：「公叔、伯嬰恐秦、楚之那幾瑟也，公何不為韓求質子於楚？楚王聽而入質子於韓，則公叔、伯嬰必知秦、楚之不以幾瑟為事也，必以韓合於秦、楚矣。秦、楚挾韓以窘魏，魏失不敢東，是齊孤也。公又令秦求質子於楚，楚不聽，則怨結於韓。韓挾齊、魏以眄楚，楚必重公矣。公挾秦、楚之重，以積德於韓，則公叔、伯嬰必以國事公矣。」

說明：

　　本篇內容大略為：有說客勸新城君，韓國要求楚國，將在楚國做人質的公子幾瑟送回去，你會受到秦國、楚國的重視，倚仗秦國、楚國的重視，最後公叔、伯嬰就會以整個國家事奉你。

　　本篇「公何不為韓求質子於楚」，屬施為行為，說客建議新城君，為韓國要求楚國，將在楚國做人質的公子幾瑟送回去。

（七十）胡衍之出幾瑟於楚（頁552）

　　胡衍之出幾瑟於楚也，教公仲謂魏王曰：「太子在楚，韓不敢離楚也。公何不試奉公子咎，而為之請太子。因令人謂楚王曰：『韓立公子咎而棄幾瑟，是王包虛質也。王不如亟歸幾瑟。幾瑟入，必以韓權報讎於魏，而德王矣。」

說明：

本篇內容大略為：胡衍為了可以使得楚國放幾瑟回國，教導公仲假裝支持公子咎。

本篇「公何不試奉公子咎」、「王不如亟歸幾瑟」，屬施為行為，第一句，胡衍建議公仲，假裝試著事奉公子咎，而請求韓王將他立為太子；第二句，胡衍建議公仲，派人對楚王說，應趕快送幾瑟回去。

（七十一）幾瑟亡之楚（頁553）

幾瑟亡之楚，楚將收秦而復之。謂芉戎曰：「廢公叔而相幾瑟者楚也，今幾瑟亡之楚，楚又收秦而復之，幾瑟入鄭之日，韓，楚之縣邑。公不如令秦王賀伯嬰之立也。韓絕於楚，其事秦必疾，秦挾韓親魏，齊、楚後至者先亡。此王業也。」

說明：

本篇內容大略為：幾瑟逃到楚國，楚國將聯合秦國送他回到韓國。有說客建議芉戎，利用楚國送幾瑟回國的機會，親近韓國，楚國與韓國絕交，秦國就可以完成王業。

本篇「公不如令秦王賀伯嬰之立也」，屬施為行為，有說客建議芉戎讓秦王慶賀伯嬰被立為太子。

（七十二）韓咎立為君而未定（頁554）

韓咎立為君而未定也，其弟在周，周欲以車百乘而送之，恐韓咎入韓之不立也。綦母恢曰：「不如以百金從之，韓咎立，因也以為戒；不立，則曰來效賊也。」

說明：

本篇內容大略為：韓咎將被立為國君，事情未確定，韓咎的弟弟在周國，周國想送他回國，卻又擔心韓咎不能立為國君，綦母恢建

議，用一百金送韓咎。

本篇「<u>不如</u>以百金從之」，屬施為行為，綦母恢建議周國，用一百金送韓咎。

（七十三）秦大國也（頁570）

秦，大國也。韓，小國也。韓甚疏秦。然而見親秦，計之，非金無以也，故賣美人。美人之賈貴，諸侯不能買，故秦買之三千金。韓因以其金事秦，秦反得其金與韓之美人。韓之美人因言於秦曰「韓甚疏秦。」從是觀之，韓亡美人與金，其疏秦乃始益明。故客有說韓者曰：「<u>不如</u>止淫用，以是為金以事秦，是金必行，而韓之疏秦不明。美人知內行者也，故善為計者，不見內行。」

說明：

本篇內容大略為：韓國為了親秦，以出售美女的錢來事奉秦國，結果卻適得其反。

本篇「<u>不如</u>止淫用」，屬施為行為，有說客勸韓國，停止浪費，以省下來的錢事奉秦國。

（七十四）張丑之合齊楚講於魏（頁570）

張丑之合齊、楚講於魏也，謂韓公仲曰：「今公疾攻魏之運，魏急，則必以地和於齊、楚，故公<u>不如</u>勿攻也。魏緩則必戰。戰勝，攻運而取之易矣。戰不勝，則魏且內之。」公仲曰：「諾。」張丑因謂齊、楚曰：「韓已與魏矣。以為不然，則蓋觀公仲之攻也。」公仲不攻，齊、楚恐，因講於魏，而不告韓。

說明：

本篇內容大略為：張丑為了聯合齊國、楚國，向魏國講和，對韓國的公仲說，不要進攻魏國，以引起齊國、楚國的恐慌，齊國、楚國

會與魏國講和。

本篇「故公<u>不如</u>勿攻也」，屬施為行為，張丑建議公仲，不要進攻魏國，以引起齊國、楚國的恐慌。

（七十五）韓氏逐向晉於周（頁576）

韓氏逐向晉於周，周成恢為之謂魏王曰：「周必寬而反之，王<u>何不</u>為之先言，是王有向晉於周也。」魏曰：「諾。」成恢因為謂韓王曰：「逐向晉者韓也，而還之者魏也，豈如道韓反之哉！是魏有向晉於周，而韓王失之也。」韓王曰：「善。」亦因請復之。

說明：

本篇內容大略為：韓國使周國驅逐向晉，周國派成恢對魏王說，周國必定會寬恕向晉而讓回國，先替他提出讓向晉回去的要求，如此魏王就有一個向晉。成恢又對韓王說，由韓國讓向晉回國。

本篇「王<u>何不</u>為之先言」，屬施為行為，周成恢建議魏王，先替他提出讓向晉回去的要求，如此魏王就有一個向晉。

（七十六）魏王為九里之盟（頁577）

魏王為九里之盟，且復天子。房喜謂韓王曰：「<u>勿聽之也</u>，大國惡有天子，而小國利之。王與大國弗聽，魏安能與小國立之。」

說明：

本篇內容大略為：魏王組織九里之盟，打算恢復周天子的地位，房喜建議韓王，不要聽從魏王的話。

本篇「<u>勿聽之也</u>」，屬施為行為，房喜建議韓王，不要同意魏王恢復周天子的地位。

（七十七）權之難燕再戰不勝（頁583）

　　權之難，燕再戰不勝，趙弗救。噲子謂文公曰：「不如以地請合於齊，趙必救我。若不吾救，不得不事。」文公曰：「善。」令郭任以地請講於齊。趙聞之，遂出兵救燕。

說明：

　　本篇內容大略為：權之戰中，燕國兩次都沒有戰勝齊國，趙國不救援燕國，噲子建議燕文公，以土地與齊國講和，後來趙國才出兵救燕。

　　本篇「不如以地請合於齊」，屬施為行為，噲子建議對燕文公，以土地與齊國講和，趙國一定會來救援我們。

　　「文公曰：『善。』令郭任以地請講於齊」，屬成事行為，燕文公同意噲子的說法，派郭任以土地與齊國講和。

（七十八）燕王噲既立（頁593）

　　燕王噲既立，蘇秦死於齊。蘇秦之在燕也，與其相子之為患難，而蘇代與子之交。及蘇秦死，而齊宣王復用蘇代。燕噲三年，與楚、三晉攻秦，不勝而還。子之相燕，貴重主斷。蘇代為齊使於燕，燕王問之曰：「齊宣王何如？」對曰：「必不霸。」燕王曰：「何也？」對曰：「不信其臣。」蘇代欲以濟燕王以厚任子之也。於是燕王大信子之。子之因遺蘇代百金，聽其所使。

　　鹿毛壽謂燕王曰：「不如以國讓子之。人謂堯賢者，以其讓天下於許由，由必不受，有讓天下之名，實不失天下。今王以國讓相子之。子之必不敢受，是王與堯同行也。」燕王因舉國屬子之，子之大重。

　　或曰：「禹授益而以啟為吏，及老，而以啟為不足任天下，傳之益也。啟與支黨委公益而奪之天下，是禹名傳天下於益，其實令啟自

取之。今王言屬國子之，而吏無非太子人者，是名屬子之，而太子用事。」王因收印自三百石吏而效之子之。子之南面行王事，而噲老不聽政，顧為臣，國事皆決子之。

子之三年，燕國大亂，百姓恫怨，將軍市被、太子平謀，將攻子之。儲子謂齊宣王：「因而仆之，破燕必矣。」王因令人謂太子平曰：「寡人聞太子之義，將廢私而立公，飭君臣之義，正父子之位，寡人之國小，不足先後。雖然，則唯太子所以令之。」太子因數黨聚眾，將軍市被圍公宮，攻子之，不克；將軍市被及百姓乃反攻太子平。將軍市被死已殉，國構難數月，死者數萬眾，燕人恫怨，百姓離意。

孟軻謂齊宣王曰：「今伐燕，此文、武之時，不可失也。」王因令章子將五都之兵，以因北地之眾以伐燕。士卒不戰，城門不閉，燕王噲死。齊大勝燕，子之亡。二年，燕人立公子平，是為燕昭王。

說明：

本篇內容大略為：燕王噲即位後，蘇秦死於齊，蘇代為齊出使燕國，蘇代鼓勵燕王重用子之。鹿毛壽建議燕王，將國家讓給子之，燕王於是把國家交給子之，子之的地位大大提高。子之執政三年，燕國大亂，齊宣王慫恿太子平反對子之，燕國大亂，齊宣王伐燕，立太子平為君，是為燕昭王。

本篇「不如以國讓子之」，屬施為行為，鹿毛壽建議燕王，將國家讓給子之。

「燕王因舉國屬子之，子之大重」，屬成事行為，燕王於是把國家交給子之，子之的地位大大提高。

（七十九）蘇代過魏（頁596）

蘇代過魏，魏為燕執代。齊使人謂魏王曰：「齊請以宋封涇陽

君，秦不受。秦非不利有齊而得宋地也，不信齊王與蘇子也。今齊、魏不和，如此其甚，則齊不欺秦。秦信齊，齊、秦合，涇陽君有宋地，非魏之利也。故王<u>不如東蘇子</u>，秦必疑而不信蘇子矣。齊、秦不和，天下無變，伐齊之形成矣。」<u>於是出蘇代之宋</u>，宋善待之。

說明：

　　本篇內容大略為：蘇代經過魏國，魏國替燕國逮捕了蘇代，齊國派人去遊說魏王，釋放蘇代，讓蘇代回到東方去，秦國會懷疑而不相信蘇代，秦國與齊國不聯合，討伐齊國的形勢就會產生了。

　　本篇「故王<u>不如東蘇子</u>」，屬施為行為，齊國派人對魏王說，讓蘇代回到東方去，秦國會懷疑而不相信蘇代。

　　「<u>於是出蘇代之宋</u>，宋善待之。」屬成事行為，魏國釋放了蘇代，讓他回了宋國，宋國善待他。

（八十）蘇代自齊使人謂燕昭王（頁616）

　　蘇代自齊使人謂燕昭王曰：「臣聞離齊趙，齊、趙已孤矣，王何不出兵以攻齊？臣請王弱之。」燕乃伐齊攻晉。

　　令人謂閔王曰：「燕之攻齊也，欲以復振古地也。燕兵在晉貳進，則是兵弱而計疑也。<u>王何不令蘇子將而應燕乎</u>？夫以蘇子之賢，將而應弱燕，燕破必矣。燕破則趙不敢不聽，是王破燕而服趙也。」<u>閔王曰：「善。」</u>乃謂蘇子曰：「燕兵在晉，今寡人發兵應之，願子為寡人為之將。」對曰：「臣之於兵，何足以當之，王其改舉。王使臣也，是敗王之兵，而以臣遺燕也。戰不勝，不可振也。」王曰：「行寡人知子矣。」蘇子遂將，而與燕人戰於晉下，齊軍敗。燕得甲首二萬人。蘇子收其餘兵，以守陽城，而報於閔王曰：「王過舉，令臣應燕。今軍敗亡二萬人，臣有斧質之罪，請自歸於吏以戮。」閔王曰：「此寡人之過也，子無以為罪。」

明日又使燕攻陽城及貍。又使人謂閔王曰:「日者齊不勝於晉下,此非兵之過,齊不幸而燕有天幸也。今燕又攻陽城及貍,是以天幸自為功也。王復使蘇子應之,蘇子先敗王之兵,其後必務以勝報王矣。」王曰:「善。」乃身使蘇子,蘇子固辭,王不聽。遂將以與燕戰於陽城。燕人大勝得首三萬。齊君臣不親,百姓離心。燕因使樂毅大起兵伐齊,破之。

說明:

　　本篇內容大略為:蘇代從齊國派人對燕昭王說,蘇代已離間了齊、趙兩國的關係,齊、趙已孤立,勸燕昭王出兵攻打齊國。後來蘇代又騙取了齊王的信任,讓他率領齊軍與燕軍對抗,卻接連大敗。

　　本篇「王何不令蘇子將而應燕乎」,屬施為行為,蘇代建議齊湣王,指派蘇代率領軍隊去迎戰燕軍。

　　「閔王曰:『善。』」屬成事行為,齊湣王回答說「說得好」,於是要蘇代擔任將領。

（八十一）或獻書燕王（頁627）

　　或獻書燕王:「王而不能自恃,不惡卑名以事強。事強,可以令國安長久,萬世之善計。以事強而不可以為萬世,則不如合弱,將奈何合弱而不能如一,此臣之所為山東苦也。「比目之魚,不相得則不能行,故古之人稱之,以其合兩而如一也。今山東合弱而如一,是山東之知不如魚也。又譬如車士之引車也,三人不能行,索二人,五人而車因行矣。今山東三國弱而不能敵秦,索二國,因能勝秦矣。然而山東不致相索,智固不如車士矣。胡與越人,言語不相知,志意不相通,同舟而凌波,至其相救助如一也。今山東之相與也,如同舟而濟,秦之兵至,不能相救助如一,智又不如胡、越之人矣。三物者,人之所能為也,山東之主遂不悟,此臣之所為山東苦也。願大王之熟

慮之也。「山東相合，之主者不卑名，之國者可長存，之卒者出士以戍韓、梁之西邊，此燕之上計也。不急為此，國必危矣，主必大憂。今韓、梁、趙三國以合矣，秦見三晉之堅也，必南伐楚。趙見秦之伐楚也，悲北攻燕。物固有勢異而患同者。秦久伐韓，故中山亡；今久伐楚，燕必亡。臣竊為王計，<u>不如以兵南合三晉</u>，約戍韓、梁之西邊。山東不能堅為此，此必皆亡。」<u>燕果以兵南合三晉也</u>。

說明：

　　本篇內容大略為：有人獻書燕王，主張山東諸國應聯合起來互相援助。

　　本篇「<u>不如以兵南合三晉</u>」，屬施為行為，說客建議將部隊和南邊的三晉聯合，約好戍守韓國、魏國的西部邊地。

　　「<u>燕果以兵南合三晉也</u>」，屬成事行為，燕國果然將部隊和南邊的三晉聯合。

（八十二）客謂燕王（頁629）

　　客謂燕王曰：「齊南破楚，西屈秦，用韓、魏之兵，燕、趙眾，猶鞭策也。使齊北面伐燕，即雖五燕不能當。王何不陰出使，散游士，頓齊兵，弊其眾，使世世無患。」燕王曰：「假寡人五年末，寡人得其志矣。」蘇子曰：「請假王十年。」燕王說，奉蘇子車五十乘，南使於齊。謂齊王曰：「齊南破楚，西屈秦，用韓、魏之兵，燕、趙之眾，猶鞭策也。臣聞當世之舉王，必誅暴正亂，舉無道，攻不義。今宋王射天笞地，鑄諸侯之象，使侍屏偃，展其臂，彈其鼻，此天下之無道不義，而王不伐，王名終不成。且夫宋，中國膏腴之地，鄰民之所處也，與其得百里於燕，不如得十里於宋。法認真，名則義，實則利，王何為弗為？」齊王曰：「善。」遂與兵伐宋，三覆宋，宋遂舉。燕王聞之，絕交於齊，率天下之兵以伐齊，大戰一，小

戰再，頓齊國，成其名。故曰：因其強而強之，乃可折也；因其廣而廣之，乃可缺也。

說明：

　　本篇內容大略為：說客遊說燕昭王，暗中派出使者，使得遊士去遊說，挫傷齊軍。蘇代遊說齊湣王伐宋，減弱齊國國力。

　　本篇「王<u>何不</u>陰出使」，屬施為行為，說客建議燕昭王，暗中派出使者，使得遊士去遊說，挫傷齊軍。

　　「燕王說，奉蘇子車五十乘，南使於齊。」屬成事行為，燕昭王聽了很高興，所以送給蘇代車子五十輛，向南方出使齊國。

（八十三）謂大尹（頁655）

　　謂大尹曰：「君日場合矣，自知政，則公無事。公<u>不如</u>令楚賀君之孝，則君不奪太后之事矣，則公常用宋矣。」

說明：

　　本篇內容大略為：有說客對宋國的大尹說，利用楚國來祝賀宋君孝順他的母親，宋君就不會奪太后的權，而大尹就可以長期在宋國受到重用。

　　本篇「公<u>不如</u>令楚賀君之孝」，屬施為行為，說客建議大尹，讓楚國來祝賀宋君孝順他的母親，宋君就不會奪太后的權了。

（八十三）宋與楚為兄弟（頁655）

　　宋與楚為兄弟。齊攻宋，楚王言救宋。宋因賣楚重以求講於齊，齊不聽。蘇秦為宋謂齊相曰：「<u>不如</u>與之，以明宋之賣楚重於齊也。楚怒，必絕於宋而事齊，齊、楚合，則攻宋易矣。」

說明：

　　本篇內容大略為：宋國與楚國結為兄弟，齊國進攻宋國，楚國要救援宋國，宋國要賣弄楚國對他的重視，所以要求與齊國講和，齊國不同意，蘇秦為了宋國，建議齊國同意講和。

　　本篇「<u>不如與之</u>」，屬施為行為，蘇秦建議齊相，應與宋國講和，使得楚國生氣。

（八十四）魏文侯欲殘中山（頁663）

　　魏文侯欲殘中山。常莊談謂趙襄子曰：「魏并中山，必無趙矣。公<u>何不</u>請公子傾以為正妻，因封之中山，是中山復立也。」

說明：

　　本篇內容大略為：魏文侯想要滅掉中山國，常莊談建議趙獻侯，請求魏文侯的女兒做正妻，設法保住中山國。

　　本篇「<u>公何不</u>請公子傾以為正妻」，屬施為行為，常莊談建議趙獻侯，請求魏文侯的女兒做正妻。

第三節　小結

　　本章論述《戰國策》言語行為。吾人在溝通時，除了一般的表述行為之外，還可以分成施為行為與成事行為，由於一般的言語表達，若沒有特別完成「說出想要達到的目的」，都屬於表述行為，所以本章僅集中論述《戰國策》的施為行為與成事行為。

　　施為行為，是說話人直接說出想要達到的目的，經過考察發現，《戰國策》的施為行為，最常使用「何不」、「不如」、「不若」、「胡不」與「莫如」等語句，如〈楚王使景鯉如秦〉（頁129）「<u>王不如留之以市地。</u>」說客建議秦惠王將景鯉扣留，以便得到楚國的土地，說

客使用了「不如」，除了表述之外，此句還完成了說話人所想表達的
目的，建議楚王扣留景鯉，「不如扣留景鯉」屬於施為行為，除了將
想表達的意思表述之外，還同時實施了一建議行為，希望被勸說的對
象可以依照所建議事項實行。又如〈文侯欲殘中山〉（頁663），常莊
談建議趙獻侯「公何不請公子傾以為正妻」，請求魏文侯的女兒做正
妻，即屬於施為行為。

此外，有些篇章也記載了成事行為，亦即透過施為行為的話語，
在聽話人那裡得到了效果，如〈楚王使景鯉如秦〉（頁129）「秦王乃
留景鯉。」秦惠王聽從說客的建議，扣留了景鯉，即屬於成事行為。
又如〈客謂燕王〉（頁629），燕昭王聽從說客的建議，送給蘇代車子
五十輛，向南方出使齊國，亦屬於成事行為。

第六章

《戰國策》語用合作原則與會話含義

第一節　合作原則

　　合作原則是格賴斯（H. P. Grice）提出的。格賴斯指出：「人們的交談之所以能夠順利進行，是因為說話人與聽話人都要遵循共同的原則，相互合作才能達到溝通的目的」[1]。

　　論述合作原則，通常包含以下四個方面的準則：

（一）量準則[2]

　　所謂的「量準則」，是指「說出的話應包含並且只包含需要的訊息內容」。[3]量準則又包括二條次準則：

1. 所提供的信息應是交際所需要的。
2. 不要提供交際以外的額外信息，或少提供信息，即提供的信息應不多也不少。[4]

1　詳見葛本儀先生：《語言學概論》，頁 344。

2　「量準則」，姜望琪先生：《當代語用學》（頁 60）、李櫻先生：《語用研究與華語教學》（頁 73）、何兆熊先生：《新編語用學概要》（頁 154）、俞東明先生：《什麼是語用學》（頁 76）稱為「數量準則」。

3　詳見葛本儀先生：《語言學概論》，頁 335。

4　詳見冉永平先生：《語用學：現象與分析》，頁 56。

（二）質準則[5]

所謂的「質準則」，是指「不說假話或證據不足的話」[6]。質準則又包括二條次準則：

1.不要說自知是虛假的話語，或提供虛假的信息。

2.不要說缺乏足夠證據的話語或信息。[7]

（三）關聯準則[8]

所謂的「關聯準則」，是指「前言後語要有關係，話語跟話題相關聯」[9]。

（四）方式準則

所謂的「方式準則」，是指「說的話要條理清楚」[10]。方式準則又包括四條次準則：

1.避免晦澀。

2.避免歧義。

3.要簡煉。

---

5 「質準則」，李櫻先生《語用研究與華語教學》（頁 74）、俞東明先生《什麼是語用學》（頁 76）稱為「質量準則」。

6 詳見葛本儀先生：《語言學概論》，頁 345。

7 詳見冉永平先生：《語用學：現象與分析》，頁 56。

8 「關聯準則」，索振羽先生：《語用學教程》（頁 56），稱為「相關準則」；何自然、冉永平兩位先生；《新編語用學概論》（頁 68）、姜望琪先生：《當代語用學》（頁 60）、何自然先生：《語用學概論》（頁 79）、冉永平先生：《語用學：現象與分析》（頁 57）、俞東明先生：《什麼是語用學》（頁 76）、李捷先生等：《語用學十二講》（頁 64）、熊學亮先生：《簡明語用學教程》（頁 46）稱為「關係準則」。

9 詳見葛本儀先生：《語言學概論》，頁 345。

10 同前註。

4. 要井井有條。[11]

第二節　會話含義

在實際的會話當中，交際的雙方總是遵循著合作原則，如果其中有一方故意違反合作原則「量、質、關聯、方式」四條準則中的某一或多條準則，此時聽者會察覺，而形成某種「言外之意」，這種「言外之意」稱為「會話含義」。

不過，實際對話當中，是否會因為違反合作原則而產生「會話含義」，還有幾種不同的狀況。何兆熊先生指出：「事實上，這些規約常說，凡是違反這些準則都會產生會話含義，我們需要區別違反準則的不同情況」。[12]何兆熊先生同時指出，違反準則大體上有以下四種情況：「1. 說話人根本就不願意遵循合作原則，不論你說什麼、問什麼，他都不願意接過話頭。2. 在日常談話中人們有時會說謊，也就是說一些自己明明知道是不真實的話。3. 說話人面臨著一種衝突，為了維護一條準則，他不得不違反另一條準則。4. 說話人公然地不執行某一條準則，也就是說話人知道自己違反了一條準則，同時他還想讓聽話人知道他違反了一條準則。」其中，前三種違反準則的情況並不真正產生會話含義，只有第四種情況，才會產生會話含義。[13]

會話含義具有五個特徵，葛本儀先生指出：[14]

11　詳見冉永平：《語用學：現象與分析》，頁 57-58。

12　詳見何兆熊：《新編語用學概要》（上海市：上海外語教育出版社，2009 年），頁 156。

13　同前註，頁 156-157。

14　詳見葛本儀：《語言學概論》，頁 347。

1. 可取消性，即在具體情況下可以說明不遵守合作的原則，或者在特定的語境作用下，不產生會話含義。

2. 不可分離性，即改變會話方式並不能阻止某種會話含義的產生。

3. 可推導性，即會話含義可以根據話語的字面意義和各項準則推導出來。

4. 非規約性，即會話含義不屬於話語的社會約意義，而是一種非規約的意義。

5. 不確定性，即會話含義在不同的場合可以作出不同的解釋。

由以上會話含義的產生與五種特徵來看，會話含義的產生與推導，相當依賴說話人與聽話人雙方的語境。

第三節　《戰國策》語用合作原則與會話含義研究

一　違反質準則

（一）溫人之周（頁22）

　　溫人之周，周不納。「客即？」對曰：「<u>主人也。</u>」問其巷而不知也，使因囚之。君使人問之曰：「子非周人，而自謂非客何也？」對曰：「臣少而誦《詩》，《詩》曰：『<u>普天之下，莫非王土；率土之濱，莫非王臣。</u>』今周君天下，則我天子之臣，而又為客哉？故曰主人。」君乃使吏出之。

說明：

　　本篇內容大略為：溫人到了周都，周人不放他進去，官員問他是否為「客人」，溫人回答為「主人」，官員問他住在什麼里巷，溫人卻

不知道，官員於是把他關起來；周君派人問他，溫人巧妙的引用《詩經》，達到諷諫的效果。

引文中，溫人回答「主人也」，違反質準則，說了假話或證據不足的話；因為違反了質準則，形成了會話含義，所以引發了下文對話的興致，最後，溫人以《詩經》「普天之下，莫非王土；率土之濱，莫非王臣」，對周君諷諫。

（二）嚴氏為賊（頁30）

嚴氏為賊，而陽豎與焉。道周，周君留之十四日，載以乘車駟馬而遣。韓使人讓周，周君患之。客謂周君曰：「正語之曰：『寡人知嚴氏之為賊，而陽豎與之，故留之十四日以待命也。小國不足亦以容賊，君之使又不至，是以遣之也。』」

說明：

本篇內容大略為：嚴仲子請聶政刺殺俠累，陽豎參與了這件事。陽豎逃亡時，經過周國，周君留了他十四天，而後用了一輛車、四匹馬，放走了他。韓國派人責備周國，周君憂慮，說客教導了周君辯解的方法。

引文中，周君的回答，違反質準則，以假話或是沒有證據的話來回答韓國，先是「故留之十四日以待命也」，扣留他十四天來等待韓國的命令，其次是自謙周國為小國，留不住陽豎，而又不見韓國派使者來，所以把陽豎放走了；因為違反了質準則，卻又兼顧情理，希望韓國可以不再追究。

（三）鄒忌脩八尺有餘（頁173）

鄒忌脩八尺有餘，身體昳麗。朝服衣冠窺鏡，謂其妻曰：「我孰與城北徐公美？」其妻曰：「君美甚，徐公何能及公也！」城北徐

公，齊國之美麗者也。忌不自信，而復問其妾曰：「吾孰與徐公美？」妾曰：「徐公何能及君也！」旦日客從外來，與坐談，問之客曰：「吾與徐公孰美？」客曰：「徐公不若君之美也！」明日，徐公來。孰視之，自以為不如；窺鏡而自視，又弗如遠甚。暮，寢而思之曰：「吾妻之美我者，私我也；妾之美我者，畏我也；客之美我者，欲有求於我也。」於是入朝見威王曰：「臣誠知不如徐公美，臣之妻私臣，臣之妾畏臣，臣之客欲有求於臣，皆以美於徐公。今齊地方千里，百二十城，宮婦左右，莫不私王；朝廷之臣，莫不畏王；四境之內，莫不有求於王。由此觀之，王之蔽甚矣！」王曰：「善。」乃下令：「群臣吏民，能面刺寡人之過者，受上賞；上書諫寡人者，受中賞；能謗議於市朝，聞寡人之耳者，受下賞。」令初下，群臣進諫，門庭若市。數月之後，時時而間進。期年之後，雖欲言，無可進者。燕、趙、韓、魏聞之，皆朝於齊。此所謂戰勝於朝廷。

說明：

本篇內容大略為：鄒忌長得高挺，又很在乎自己是不是長得英俊，雖然比不上城北徐公，但是妻、妾與客都稱讚他比城北徐公長得漂亮，當鄒忌親眼見過城北徐公後，自覺比不上徐公。最後，鄒忌以自身為例，勸諫齊威王，廣納諫言，才不致於被蒙蔽。

鄒忌的妻、妾與客，違反質準則，說了假話或沒有證據的話，首先，鄒忌會問「我孰與城北徐公美？」可見他很在乎此事，而妻、妾與客，希望可以在不傷害鄒忌，並達到自己想要的目的，所以違反了質準則，兼顧了禮貌、尊重、不傷害對方自尊。

（四）楚將伐齊（頁177）

楚將伐齊，魯親之，齊王患之。張丏曰：「臣請令魯中立。」乃為齊見魯君。魯君曰：「齊王懼乎？」曰：「非臣所知也，<u>臣來弔足</u>

下。」魯君曰：「何弔？」曰：「君之謀過矣。君不與勝者而與不勝者，何故也？」魯君曰：「子以齊、楚為孰勝哉？」對曰：「鬼且不知也。」「然則子何以弔寡人？」曰：「齊，楚之權敵也，不用有魯與無魯。足下豈如今眾而合二國之後哉！楚大勝齊，其良十選卒必殪，其餘兵足以待天下；齊為勝，其良士選卒亦殫。而君以魯眾合戰勝後，此其為德也亦大矣，其見恩德亦其大也。」魯君以為然，身退師。

說明：

　　本篇內容大略為：楚國將要攻打齊國，魯國親近楚國，齊王覺得憂慮。張丐遊說魯君，齊、楚都是大國，魯國應保持中立，不要幫忙楚國。

　　張丐違反質準則，故意說「臣來弔足下」，表明自己將來弔唁魯君，形成了會話含義，引發魯君的興致，最後導出齊、楚都是大國，魯國保持中立，不要幫忙楚國，以免在齊、楚兩國戰爭中，損害魯國利益。

（五）孟嘗君將入秦（頁200）

　　孟嘗君將入秦，止者千數而弗聽。蘇秦欲止之，孟嘗君曰：「人事者，吾已盡知之矣；吾所未聞者，獨鬼事耳。」蘇秦曰：「臣之來也，固不敢言人事也，固且以鬼事見君。」孟嘗君見之。謂孟嘗君曰：「今者臣來，過於淄上，有土偶人與桃梗相與語。桃梗謂土偶人曰：『子，西岸之土也，挺子以為人，至歲八月，降雨下，淄水至，則汝殘矣。』土偶曰：『不然。吾西岸之土也，土則復西岸耳。今子，東國之桃梗也，刻削子以為人，降雨下，淄水至，流子而去，則子漂漂者將何如耳。』今秦四塞之國，譬若虎口，而君入之，則臣不知君所出矣。」孟嘗君乃止。

說明：

　　本篇內容大略為：孟嘗君將到秦國去，有超過一千個人都勸阻他，但是他都不聽，後來，蘇秦利用土偶、桃梗的對話，勸阻孟嘗君到秦國去。

　　孟嘗君將要到秦國去，不聽任何人的勸阻，當蘇秦去找孟嘗君時，孟嘗君當然也知道蘇秦是要來勸阻他入秦，孟嘗君不願聽，所以故意說「人事者，吾已盡知之矣；吾所未聞者，獨鬼事耳。」人間的事，我都已知道，所沒有聽過的，只有鬼事，用以搪塞蘇秦，沒想到蘇秦巧妙的利用土偶與木偶的「鬼事」，違反質準則，形成會話含義，但是成功的勸諫孟嘗君入秦。

（六）魯仲連謂孟嘗（頁218）

　　魯仲連謂孟嘗：「君好士也！雍門養椒亦，陽得子養，飲食、衣裘與之同之，皆得其死。今君之家富於二公，而士未有為君盡游者也。」君曰：「文不得是二人故也。使文得二人者，豈獨不得盡？」對曰：「君之廄馬百乘，無不被繡衣而食菽粟者，豈有騏驎騄耳哉？後宮十妃，皆衣縞紵，食粱肉，豈有毛嬙、西施哉？色與馬取於今之世，士何必待古哉？故曰君之好士未也。」

說明：

　　本篇內容大略為：魯仲連批評孟嘗君並不是真正喜愛士。

　　魯仲連以歷史典故，「雍門養椒亦，陽得子養」，批評孟嘗君比不上他們；結果孟嘗君回答「文不得是二人故也。使文得二人者，豈獨不得盡？」既然你舉了兩位古人，我田文之所以沒有人為我盡力效死，就是因為我沒有得到這兩位古人的緣故，假使我田文得到這兩位古人，當然也會對我盡力效死。孟嘗君故意以違反質準則的方式，回答魯仲連。

（七）齊宣王見顏斶（頁220）

　　齊宣王見顏斶，曰：「斶前！」斶亦曰：「王前！」宣王不悅。左右曰：「王，人君也。斶，人臣也。王曰『斶前』，亦曰『王前』，可乎？」斶對曰：「夫斶前為慕勢，王前為趨士。與使斶為趨勢，不如使王為趨士。」<u>王忿然作色曰：「王者貴乎？士貴乎？」對曰：「士貴耳，王者不貴。」</u>王曰：「有說乎？」斶曰：「有。昔者秦攻齊，令曰：『有敢去柳下季壟五十步而樵采者，死不赦。』令曰：『有能得齊王頭者，封萬戶侯，賜金千鎰。』由是觀之，生王之頭，曾不若死士之壟也。」宣王默然不悅。

　　左右皆曰：「斶來，斶來！大王據千乘之地，而建千石鐘，萬石簴。天下之士，仁義皆來役處；辯知並進，莫不來語；東西南北，莫敢不服。求萬物不備具，而百無不親附。今夫士之高者，乃稱匹夫，徒步而處農畝，下則鄙野、監門、閭里，士之賤也，亦甚矣！」斶對曰：「不然。斶聞古大禹之時，諸侯萬國。何則？德厚之道，得貴士之力也。故舜起農畝，出於野鄙，而為天子。及湯之時，諸侯三千。當今之世，南面稱寡者，乃二十四。由此觀之，非得失之策與？稍稍誅滅，滅亡無族之時，欲為監門、閭里，安可得而有乎哉？是故易傳不云乎：『居上位，未得其實，以喜其為名者，必以驕奢為行。据慢驕奢，則凶從之。是故無其實而喜其名者削，無德而望其福者約，無功而受其祿者辱，禍必握。』故曰：『矜功不立，虛願不至。』此皆幸樂其名，華而無其實德者也。是以堯有九佐，舜有七友，禹有五丞，湯有三輔，自古及今而能虛成名於天下者，無有。是以君王無羞亟問，不媿下學；是故成其道德而揚功名於後世者，堯、舜、禹、湯、周文王是也。故曰：『無形者，形之君也。無端者，事之本也。』夫上見其原，下通其流，至聖人明學，何不吉之有哉！老子曰：『雖貴，必以賤為本；雖高，必以下為基。』是以侯王稱孤寡不

穀。是其賤之本與？非夫孤寡者，人之困賤下位也，而侯王以自謂，豈非下人而尊貴士與？夫堯傳舜，舜傳禹，周成王任周公旦，而世世稱曰明主，是以明乎士之貴也。」

宣王曰：「嗟乎！君子焉可侮哉，寡人自取病耳！及今聞君子之言，乃今聞細人之行，願請受為弟子。且顏先生與寡人游，食必太牢，出必乘車，妻子衣服麗都。」顏斶辭去曰：「夫玉生於山，制則破焉，非弗寶貴矣，然夫璞不完。士生乎鄙野，推選則祿焉，非不得尊遂也，然而形神不全。斶願得歸，晚食以當肉，安步以當車，無罪以當貴，清靜貞正以自虞。制言者王也，盡忠直言者斶也。言要道已備矣，願得賜歸，安行而反臣之邑屋。」則再拜而辭去也。斶知足矣，歸反撲，則終身不辱也。

說明：

本篇內容大略為：齊宣王見顏斶，論辯「王貴」與「士貴」問題。

引文「王忿然作色曰：『王者貴乎？士貴乎？』對曰：『士貴耳，王者不貴。』」違反質準則，齊王生氣的說「是君王尊貴，還是士尊貴」，結果顏斶的回答是「士尊貴，君王不尊貴」，與一般的概念不同。

（八）蘇秦之楚三日（頁298）

蘇秦之楚，三日乃得見乎王。談卒，辭而行。楚王曰：「寡人聞先生，若聞古人。今先生乃不遠千里而臨寡人，曾不肯留，願聞其說。」對曰：「楚國之食貴於玉，薪貴於桂，謁者難得見如鬼，王難得見如天帝。今令臣食玉炊桂，因鬼見帝。」王曰：「先生就舍，寡人聞命矣。」

說明：

本篇內容大略為：蘇秦到了楚國，三個月才見到楚王。談話結束後，馬上就要離開，楚王想留他，蘇秦以楚國物價昂貴，難以見到楚王，勸諫楚王。

蘇秦因為到了楚國三個月後才見到楚王，所以違反質準則，說楚國的食物比玉還貴、柴火比桂樹貴，主管通報的官員如同鬼魅一樣的難以見面、見楚王如同見天帝一樣的難。

（九）蘇秦說李兌（頁339）

蘇秦說李兌曰：「雒陽乘軒里蘇秦，家貧親老，無罷車駑馬，桑輪蓬篋羸滕，負書擔橐，觸塵埃，蒙霜露，越漳、河，足重繭，日百而舍，造外闕，願見於前，口道天下之事。」李兌曰：「先生以鬼之言見我則可，若以人之事，兌盡知之矣。」蘇秦對曰：「臣固以鬼之言見君，非以人之言也。」李兌見之。蘇秦曰：「今日臣之來也暮，後郭門，藉席無所得，寄宿人田中，旁有大叢。夜半，土梗與木梗斗曰：『汝不如我，我者乃土也。使我逢疾風淋雨，壞沮，乃復歸土。今汝非木之根，則木之枝耳。汝逢疾風淋雨，漂入漳、河，東流至海，泛濫無所止。』臣竊以為土梗勝也。今君殺主父而族之，君之立於天下，危於累卵。君聽臣計則生，不聽臣計則死。」李兌曰：「先生就舍，明日復來見兌也。」蘇秦出。

李兌舍人謂李兌曰：「臣竊觀君與蘇公談也，其辯過君，其博過君，君能聽蘇公之計乎？」李兌曰：「不能。」舍人曰：「君即不能，願君堅塞兩耳，無聽其談也。」明日復見，終日談而去。舍人出送蘇君，蘇秦謂舍人曰：「昨日我談粗而君動，今日精而君不動，何也？」舍人曰：「先生之計大而規高，吾君不能用也。乃我請君塞兩耳，無聽談者。雖然，先生明日復來，吾請資先生厚用。」明日來，

抵掌而談。李兌送蘇秦明月之珠，和氏之璧，黑貂之裘，黃金百鎰。蘇秦得以為用，西入於秦。

說明：

本篇內容大略為：蘇秦以土梗與木梗的故事，勸諫李兌。

李兌不想聽任何人的勸諫，所以對蘇秦說「先生以鬼之言見我則可，若以人之事，兌盡知之矣」，人間的事，我都已知道，你只能使用鬼的話，用以搪塞蘇秦，沒想到蘇秦巧妙的利用土梗與與木梗的「鬼話」，違反質準則，形成會話含義，成功的勸諫李兌。

（十）蘇秦為趙王使於秦（頁348）

蘇秦為趙王使於秦，反，三日不得見。謂趙王曰：「秦乃者過柱山，有兩木焉。一蓋呼侶，一蓋哭。問其故，對曰：『吾已大飴，年已長矣，吾苦夫匠人，且以繩墨案規矩刻鏤我。一蓋曰：『此非吾所苦也，是故吾事也。吾所苦夫鐵鉆然，自入而出夫人者。』今臣使於秦，而三日不見，無有謂臣為鐵鉆者乎？」

說明：

本篇內容大略為：蘇秦為趙王出使秦國，回來以後，趙王三天沒有見他，蘇秦用兩木對話的故事，勸諫趙王。

蘇秦因為趙王三天沒有見他，故意違反質準則，利用以往經過柱山時，聽到山上兩棵樹的對話，來諷諫趙王。

（十二）客見趙王（頁427）

客見趙王曰：「臣聞王之使人買馬也，有之乎？」王曰：「有之。」「何故至今不遣？」王曰：「未得相馬之工也。」對曰：「王何不遣建信君乎？」王曰：「建信君有國事，又不知相馬。」曰：「王何不遣紀姬乎？」王曰：「紀既婦人也，不知相馬。」對曰：「買馬而

善，何補於國？」王曰：「無補於國。」「買馬而惡，何危於國？」王曰：「無危於國。」對曰：「然則買馬善而若惡，皆無危補於國。然而王之買馬也，必將待工。今治天下，舉錯非也，國家為虛戾，而社稷不血食，然而王不待工，而與建信君，何也？」趙王未之應也。客曰：「燕郭之法，有所謂桑雍者，王知之乎？」王曰：「未之聞也。」「所謂桑雍者，便辟左右之近者，及夫人優愛孺子也。此皆能乘王之醉昏，而求所欲於王者也。是能得之乎內，則大臣為之枉法於外矣。故日月暈於外，其賊在於內，謹備其所憎，而禍在於所愛。」

說明：

　　本篇內容大略為：說客以趙王重視買馬一事，勸諫趙王重視治國人才。

　　說客違反質準則，明知建信君不會相馬、紀姬也不會相馬，但是對趙王說「王何不遣建信君乎」、「王何不遣紀姬乎」來勸說趙王。

（十三）秦敗魏於華魏王且入朝於秦（頁486）

　　秦敗魏於華，魏王且入朝於秦。周訢謂王曰：「宋人有學者，三年反而名其母。其母曰：『子學三年，反而名我者，何也？』其子曰：『吾所賢者，無過堯、舜，堯舜名。吾所大者，無大天地，天地名。今母賢不過堯、舜，母大不過天地，是以名利母也。』其母曰：「子之於學者，將盡行之乎？願子之有以易名母也。子之於學也，將有所不行乎？願子之且以名母為後也。『今王之事秦，尚有可以易入朝者乎？願王之有以易之，而以入朝為後。」魏王曰：「子患寡人入而不出邪？許綰為我祝曰：『入而不出，請殉寡人以頭。』」周訢對曰：「若臣之賤也，今人有謂臣曰，入不測之淵而愁出，不出，請以一鼠首為女存檔者，臣必不為也。今秦不可照之國也，猶不測之淵也；而許綰之首，猶鼠首也。內王於不可知之秦，而殉王以鼠首，臣

竊為王不取也。且無梁孰與無河內急？」王曰：「身急。」曰：「以三
者，身，上也；河內，其我也。秦未索其下，而效其上，可乎？」

王尚未聽也。支期曰：「王視楚王。楚王入秦，王以三乘先之；
楚王不入，楚、魏為一，尚足以捍秦。」王乃止。王謂支期曰：「吾
始已諾於應侯矣，今不行者欺之矣。」支期曰：「王勿憂也。臣使長
信侯請無內王，王待臣也。」

支期說於長信侯曰：「王命召相國。」長信侯曰：「王何以臣
為？」支期曰：「臣不知也，王急召君。」長信侯曰：「吾內王於秦
者，寧以為秦邪？吾以為魏也。」支期曰：「君無為魏計，君其自為
計。且安死乎？安生乎？安窮乎？安貴乎？君亡先自為計，後為魏
計。」長信侯曰：「樓公將入矣，臣今從。」支期曰：「王急召君，君
不行，血濺君襟矣！」長信侯行，支期隨其後。且見王，支期先入謂
王曰：「偽不必者乎而見之，臣已恐之矣。」長信侯入見王，王曰：
「病甚奈何！吾始已諾於應侯矣，意雖道死，行乎？」長信侯曰：
「王毋行矣！臣能得之於應侯，願王無憂。」

說明：

本篇內容大略為：秦國在華陽打敗魏國，魏王將要入朝秦國。周
訢、支期都勸阻魏王不要入朝秦國，最後，魏王終於聽從了建議。

支期勸說長信侯時，故意違反質準則，明明都是支期一個人出的
主意，一個人在運作籌畫，但是卻故意對支期說「臣不知也，王急召
君」，故意裝傻，賣弄玄虛，並安排魏王假裝生病，最後魏王沒有入
朝秦國。

（十四）魏與龍陽君共船而釣（頁518）

魏王與龍陽君共船而釣，龍陽君得十餘魚而涕下。王曰：「有所
不安乎？如是，何不相告也？」對曰：「臣無敢不安也。」王曰：「然

則何為涕出？」曰：「臣為王之所得魚也。」王曰：「何謂也？」對曰：「臣之始得魚也，臣甚喜，後得又益大，今臣直欲棄臣前之所得魚也。今以臣凶惡，而得為王拂枕席。今臣爵至人君，走人於庭，辟人於途。四海之內，美人亦甚多矣，聞臣之得幸於王也，必褰裳而趨王。臣亦猶曩臣之前所得魚也，臣亦將棄矣，臣安能無涕出乎？」魏王曰：「誤！有是心也，何不相告也？」於是布令於四境之內曰：「有敢言美人者族。」

由是觀之，近習之人，其摯讒也固矣，其自篡繁也完矣。今由千里之外，欲進美人，所效者庸必得幸乎？假之得幸，庸必為我用乎？而近習之人相與怨，我見有禍，未見有福；見有怨未見有德，非用知之術也。

說明：

本篇內容大略為：魏王與龍陽君共船而釣時，龍陽君釣到十幾條魚之後，流下眼淚來，魏王問他是不是有什麼不安，為何流眼淚，龍陽君回答「臣無敢不安也」，表示已沒有什麼不安，而是因為釣了大魚之後，就會拋棄小魚，害怕魏王日後得到美女，受到寵愛，自己如同小魚一般，也會被拋棄。

龍陽君與魏王共船而釣時，龍陽君釣到十幾條魚之後，流下眼淚來，魏王問他是不是有什麼不安，為何流眼淚，龍陽君回答「臣無敢不安也」，表示自己沒有什麼不安，違反了質準則，形成會話含義，用以保有及鞏固自己在魏王面前的地位。

（十五）趙魏攻華陽（頁575）

趙、魏攻華陽，韓謁急於秦。冠蓋相望，秦不救。韓相國謂田苓曰：「事急，願公雖疾，為一宿之行。」田苓見穰侯，穰侯曰：「韓急乎？何國外使公來？」田苓對曰：「未急也。」穰侯怒曰：「是何以為

公之王使乎？冠蓋相望，告弊邑甚急，公曰未急，何也？」田苓曰：
「彼韓急，則將變矣。」穰侯曰：「公無見王矣，臣請令發兵救
韓。」八日中，大敗趙、魏於華陽之下。

說明：

　　本篇內容大略為：趙國、魏國攻打華陽，韓國急忙向秦國求救，
秦國不出兵幫忙。韓國派田苓出使秦國，見秦相穰侯，暗示若秦國不
出兵幫忙韓國，韓國將會有變化，可能會轉投靠他國，秦國於是出
兵，在華陽打敗趙、魏。

　　田苓在見秦相穰侯時，明明情勢很緊急，韓國也「冠蓋相望」的
前去秦國求救兵，結果穰侯問田苓說「韓國很緊急了，為什麼派你
來」時，田苓故意回答「未急也」，違反質準則，但是就可以引起穰
侯生氣，最後帶出「彼韓急，則將變矣。」若韓真的形勢緊急的話，
就將投靠別國了，達到勸說的效果，最後，秦國果然出兵幫忙。

（十六）趙且伐燕（頁630）

　　趙且伐燕，蘇代為燕王謂惠王曰：「今者臣來，過易水，蚌方出
曝，而鷸啄其肉，蚌合而鉗其喙。鷸曰：『今日不雨，明日不雨，即
有死蚌。』蚌亦謂鷸曰：『今日不出，明日不出，即有死鷸。』兩者
不肯舍，漁者得而并禽之。今趙且伐燕，燕、趙久相支，以弊大眾，
臣恐強秦之為漁父也。故願王之熟計之也。」惠王曰：「善。」乃止。

說明：

　　本篇內容大略為：趙國將攻打燕國，蘇代用鷸蚌相爭的故事，說
服趙惠文王停止進攻燕國，以免秦國漁翁得利。

　　蘇代在勸說趙惠文王時，故意違反質準則，說他經過易水時，見
到鷸與蚌相爭，雙方都不退讓，漁夫趁機將牠們都抓了。

二　違反量準則

（一）張儀又惡陳軫於秦王（頁69）

　　張儀又惡陳軫於秦王，曰：「軫馳楚、秦之間，今楚不加善秦而善軫，然則是軫自為而不為國也。且軫欲去秦而之楚，王何不聽乎？」王謂陳軫曰：「<u>吾聞子欲去秦而之楚，信乎？</u>」陳軫曰：「然。」王曰：「<u>儀之言果信也。</u>」曰：「非獨儀知之也，行道之人皆知之。曰：『孝己愛其親，天下欲以為子；子胥忠乎其君，天下欲以為臣。賣僕妾售乎閭巷者，良僕妾也；出婦嫁鄉曲者，良婦也。』吾不忠於君，楚亦何以軫為忠乎？忠且見棄，吾不之楚，何適乎？」秦王曰：「善。」乃必之也。

說明：

　　本篇內容大略為：張儀又在秦王面前說陳軫壞話，張儀說陳軫往來楚國、秦國之間，懷疑陳軫對秦國不忠，而要到楚國去，陳軫為自己辯解，列舉古人孝己、伍子胥等人，說明若忠心被棄，只好到楚國去。後來秦王相信了陳軫的話。

　　秦王質問陳軫「吾聞子欲去秦而之楚，信乎？」聽說陳軫你要到楚國去；又質疑陳軫說「儀之言果信也」，張儀的話是真的。結果，陳軫除了正面回答秦王的問話之外，又列舉了孝己、伍子胥等人，說明若忠心被棄，自己只好到楚國去，違反了量準則，形成會話含義，達到辯解的效果。

（二）陳軫去楚之秦（頁70）

　　陳軫去楚之秦。張儀謂秦王曰：「陳軫為王臣，常以國情輸楚。儀不能與從事，願王逐之。即復之楚，願王殺之。」王曰：「軫安敢之楚也。」王召陳軫告之曰：「<u>吾能聽子言，子欲何之？請為子車</u>

約。」對曰:「臣願之楚。」王曰:<u>「儀以子為之楚,吾又自知子之</u><u>楚。子非楚,且安之也!」</u>軫曰:「臣出,必故之楚,以順王與儀之策,而明臣之楚與不也。楚人有兩妻者,人挑其者,詈之;挑其少者,少者許之。居無幾何,有兩妻者死。客謂挑者曰:『汝取長者乎?少者乎?』『取長者。』客曰:『長者詈汝,少者和汝,汝何為取長者?』曰:『居彼人之所,則欲其許我也。今為我妻,則欲其為我詈人也。』今楚王明主也,而昭陽賢相也。軫為人臣,而常以國輸楚王,王必不留臣,昭陽將不與臣從事矣。以此明臣之楚與不。」軫出,長官儀入,問王曰:「陳軫果安之?」王曰:「夫軫天下之辯士也,孰視寡人曰:『軫必之楚。』寡人遂無奈何也。寡人因問曰:『子必之楚也,則儀之言果信矣!』軫曰:『非獨儀之言也,行道之人皆知之。昔者子胥忠其君,天下皆欲以為臣;孝己愛其親,天下皆欲以為子。故賣僕妾不出里巷而取者,良僕妾也;出婦嫁於鄉里者,善婦也。臣不忠於王,楚何以軫為?忠尚見棄,軫不之楚,而何之乎?』王以為然,遂善待之。」

說明:

本篇內容大略為:陳軫由楚國來到秦國,張儀對秦王說,陳軫為大王的臣子,卻時常把國家大事輸送給楚國,並且想要再回到楚國去。陳軫辯解,自己想去楚國,是因為忠於秦國。

秦王質問陳軫「吾能聽子言,子欲何之?請為子車約。」秦王問陳軫想要到哪裡去,結果陳軫說要回到楚國去;秦王又質疑陳軫說「儀以子為之楚,吾又自知子之楚。子非楚,且安之也」,張儀的話是真的。陳軫後來以「楚人有兩妻者」一段,違反了量準則,除了正面回答秦王的問話之外,也同時說明若忠心被棄,自己只好到楚國去。

（三）靖郭君將城薛（頁164）

靖郭君將城薛，客多以諫。靖郭君謂謁者，无為客通。齊人有請者曰：「臣請三言而已矣！益一言，臣請烹。」靖郭君因見之。客趨而進曰：「海大魚。」因反走。君曰：「客有於此。」客曰：「鄙臣不敢以死為戲。」君曰：「亡，更言之。」對曰：「君不聞大魚乎？網不能止，鉤不能牽，蕩而失水，則螻蟻得意焉。今夫齊，亦君之水也。君長有齊陰，奚以薛為？夫齊，雖隆薛之城到於天，猶之無益也。」君曰：「善。」乃輟城薛。

說明：

本篇內容大略為：靖郭君將在薛地築城牆，門下食客大多勸阻他，靖郭君告訴掌管傳達的官員說，不要替食客通報，結果有一位食客巧妙的勸諫了靖郭君。

食客對靖郭君僅說「海大魚」三個字，違反量準則，形成會話含義，因為量太少反而引起靖郭君的注意與興趣，靖郭君因而召見他，食客最後勸阻了靖郭君。

（四）孟嘗君在薛（頁201）

孟嘗君在薛，荊人攻之。淳于髡為齊使於荊，還反過薛。而孟嘗令人體貌而親郊迎之。謂淳於髡曰：「荊人攻薛，夫子弗憂，文無以復侍矣。」淳於髡曰：「敬聞命。」至於齊，畢報。王曰：「何見於荊？」對曰：「荊甚固，而薛亦不量其力。」王曰：「何謂也？」對曰：「薛不量其力，而為先王立清廟。荊固而攻之，清廟必危。故曰薛不量力，而荊亦甚固。」齊王和其顏色曰：「譆！先君之廟在焉！」疾興兵救之。顛蹶之請，望拜之謁，雖得則薄矣。善說者，陳其勢，言其方，人之急也，若自在隘窘之中，豈用強力哉！

說明：

本篇內容大略為：孟嘗君在薛地，楚國進攻他，淳于髡很有技巧的勸說齊王起兵救援薛地。

淳于髡遊說齊湣王時，故意違反量準則，「荊甚固，而薛亦不量其力」，齊王問他有關於楚國的事，除了回答「楚國很頑固」之外，又多了一句「薛公自不量力」，違反量準則，形成會話含義，引起齊王的興趣，得以勸說齊王出兵救薛。

（五）孟嘗君有舍人而弗悅（頁205）

孟嘗君有舍人而弗悅，欲逐之。魯連謂孟嘗君曰：「猿獼猴錯木據水，則不若魚鱉；歷險乘危，則騏驥不如狐狸。曹沫之奮三尺之劍，一軍不能當；使曹沫釋其三尺之劍，而操銚鎒與農夫居壟畝之中，則不若農夫。故物舍其所長，之其所短，堯亦有所不及矣。今使人而不能，則謂之不肖；教人而不能，則謂之拙。拙則罷之，不肖則棄之，使人有棄逐，不相與處，而來害相報者，豈非世之立教首也哉！」孟嘗君曰：「善。」乃弗逐。

說明：

本篇內容大略為：孟嘗君有個不喜歡的食客，孟嘗君想趕走他。魯仲連對孟嘗君說，用人應該要舍其所短、用其所長。

魯仲連以違反量準則的方式，列舉猿猴、千里馬、曹沫、堯等人，說明不能因為不喜歡他就把食客棄逐。

（六）淳于髡一日而見七人於宣王（頁208）

淳于髡一日而見七人於宣王。王曰：「子來，寡人聞之，千里而一士，是比肩而立；百世而一聖，若隨踵而至也。今子一朝而見七士，則士不亦眾乎？」淳于髡曰：「不然。夫鳥同翼者而聚居，獸同

足者而俱行。今求柴葫、桔梗於沮澤，則累世不得一焉。及之睪黍、梁父之陰，則郄車而載耳。夫物各有疇，今髡賢者之疇也。王求士於髡，譬若挹水於河，而取火於燧也。髡將復見之，豈特七士也。」

說明：

　　本篇內容大略為：淳于髡一天同時引見了七個士與齊宣王見面，齊宣王認為引見太多了，淳于髡用物以類聚為例，說明所要引見的，不止七個士而已。

　　齊宣王質疑淳于髡，一天引見了七個士，是不是太多了，結果淳于髡以違反量準則的方式回答，先列舉鳥類同翅膀的會聚集在一起，獸類同足跡的會在一起，找中藥材要到山上去找，所以大王向我求士，因為我淳于髡是賢者的同類，所以引見的士人自然就會很多。

（七）齊人有馮諼者（頁213）

　　齊人有馮諼者，貧乏不能自存，使人屬孟嘗君，願寄食門下。孟嘗君曰：「客何好？」曰：「客無好也。」曰：「客何能？」曰：「客無能也。」孟嘗君笑而受之曰：「諾。」左右以君賤之也，食以草具。

　　居有頃，倚柱彈其劍，歌曰：「長鋏歸來乎！食無魚。」左右以告。孟嘗君曰：「食之，比門下之客。」居有頃，復彈其鋏，歌曰：「長鋏歸來乎！出無車。」左右皆笑之，以告。孟嘗君曰：「為之駕，比門下之車客。」於是乘其車，揭其劍，過其友曰：「孟嘗君客我。」後有頃，復彈其劍鋏，歌曰：「長鋏歸來乎！無以為家。」左右皆惡之，以為貪而不知足。孟嘗君問：「馮公有親乎？」對曰：「有老母。」孟嘗君使人給其食用，無使乏。於是馮諼不復歌。

　　後孟嘗君出記，問門下諸客：「誰習計會，能為文收責於薛者乎？」馮諼署曰：「能。」孟嘗君怪之，曰：「此誰也？」左右曰：「乃歌夫長鋏歸來者也。」孟嘗君笑曰：「客果有能也，吾負之，未

嘗見也。」請而見之，謝曰：「文倦於事，憒於憂，而性懧愚，沉於國家之事，開罪於先生。先生不羞，乃有意欲為收責於薛乎？」馮諼曰：「願之。」於是約車治裝，載券契而行，辭曰：「責畢收，以何市而反？」孟嘗君曰：「視吾家所寡有者。」

驅而之薛，使吏召諸民當償者，悉來合券。券遍合，起矯命以責賜諸民，因燒其券，民稱萬歲。長驅到齊，晨而求見。孟嘗君怪其疾也，衣冠而見之，曰：「責畢收乎？來何疾也！」曰：「收畢矣。」「以何市而反？」馮諼曰：「君云『視吾家所寡有者』。臣竊計，君宮中積珍寶，狗馬實外廄，美人充下陳。君家所寡有者以義耳！竊以為君市義。」孟嘗君曰：「市義奈何？」曰：「今君有區區之薛，不拊愛子其民，因而賈利之。臣竊矯君命，以責賜諸民，因燒其券，民稱萬歲。乃臣所以為君市義也。」孟嘗君不說，曰：「諾，先生休矣！」

後期年，齊王謂孟嘗君曰：「寡人不敢以先王之臣為臣。」孟嘗君就國於薛，未至百里，民扶老攜幼，迎君道中。孟嘗君顧謂馮諼：「先生所為文市義者，乃今日見之。」馮諼曰；「狡兔有三窟，僅得免其死耳。今君有一窟，未得高枕而臥也。請為君復鑿二窟。」孟嘗君予車五十乘，金五百斤，西遊於梁，謂惠王曰：「齊放其大臣孟嘗君於諸侯，諸侯先迎之者，富而兵強。」於是，梁王虛上位，以故相為上將軍，遣使者，黃金千斤，車百乘，往聘孟嘗君。馮諼先驅誡孟嘗君曰：「千金，重幣也；百乘，顯使也。齊其聞之矣。」梁使三反，孟嘗君固辭不往也。齊王聞之，君臣恐懼，遣太傅齎黃金千斤，文車二駟，服劍一，封書謝孟嘗君曰：「寡人不祥，被於宗廟之祟，沉於諂諛之臣，開罪於君，寡人不足為也。願君顧先王之宗廟，姑反國統萬人乎？」馮諼誡孟嘗君曰：「願請先王之祭器，立宗廟於薛。」廟成，還報孟嘗君曰：「三窟已就，君姑高枕為樂矣。」孟嘗君為相數十年，無纖介之禍者，馮諼之計也。

說明：

　　本篇內容大略為：馮諼寄食孟嘗君門下為食客，因不受重視，彈鋏長歌，引起孟嘗君注意，孟嘗君滿足了馮諼所有要求。後來，馮諼為孟嘗君「鑿三窟」，使得孟嘗君為相數十年，無纖介之禍。

　　馮諼寄食孟嘗君門下時，孟嘗君問「客何好」、「客何能」，結果馮諼都是回答「客無好也」、「客無能也」，違反量準則，後來彈鋏而歌時，自然就引起了孟嘗君的注意。

（八）荊宣王問群臣（頁262）

　　荊宣王問群臣曰：「吾聞北方之畏昭奚恤也，果誠何如？」群臣莫對。江一對曰：「虎求百獸而食之，得狐。狐曰：『子無敢食我也。天帝使我長百獸，今子食我，是逆天帝命也。子以我為不信，吾為子先行，子隨我後，觀百獸之見我而敢不走乎？』虎以為然，故遂與之行。獸見之皆走。虎不知獸畏己而走也，以為畏狐也。今王之地方五千里，帶甲百萬，而專屬之昭奚恤；故北方之畏奚恤也，其實畏王之甲兵也，猶百獸之畏虎也。」

說明：

　　本篇內容大略為：楚宣王問群臣，北方的諸侯害怕昭奚恤，真相到底如何，群臣沒有人回答，江乙用了狐假虎威的故事，說明昭奚恤掌管楚國軍權，是真正使得諸侯怕他的原因。

　　江乙違反量準則，先說明狐假虎威的故事，之後才說明諸侯怕昭奚恤的原因。

（九）楚襄王為太子之時（頁291）

　　楚襄王為太子之時，質於齊。懷王薨，太子辭於齊王而歸。齊王隘之：「予我東地五百里，乃歸子。子不予我，不得歸。」太子曰：

「臣有傅,請追而問傅。」傅慎子曰:「獻之地,所以為身也。愛地不送死父,不義。臣故曰,獻之便。」太子入,致命齊王曰:「敬獻地五百里。」齊王歸楚太子。

太子歸,即位為王。齊使車五十乘,來取東地於楚。楚王告慎子曰:「齊使來求東地,為之奈何?」慎子曰:「王明日朝群臣,皆令獻其計。」上柱國子良入見。王曰:「寡人之得求反,王墳墓、復群臣、歸社稷也,以東地五百里許齊。齊令使來求地,為之奈何?」子良曰:「王不可不與也。王身出玉聲,許強萬乘之齊而不與,則不信,後不可以約結諸侯。請與而復攻之。與之信,攻之武。臣故曰與之。」子良出,昭常入見。王曰:「齊使來求東地五百里,為之奈何?」昭常曰:「不可與也。萬乘者,以地大為萬乘。今去東地五百里,是去戰國之半也,有萬乘之號而無千乘之用也,不可。臣故曰勿與。常請守之」。昭常出,景鯉入見。王曰:「齊使來求東地五百里,為之奈何?」景鯉曰:「不可與也。雖然,楚不能獨守。王身出玉聲,許萬乘之強齊也而不與,負不義於天下。楚亦不能獨守。臣請西索救於秦。」

景鯉出,慎子入,王以三大夫計告慎子曰:「子良見寡人曰:『不可不與也,與而復攻之。』常見寡人曰:『不可與也,常請守之。』鯉見寡人曰:『不可與也,雖然楚不能獨守也,臣請索救於秦。』寡人誰用於三子之計?」慎子對曰:「王皆用之。」王怫然作色曰:「何謂也?」慎子曰:「臣請效其說,而王且見其誠然也。王發上柱國子良車五十乘,而北獻地五百里於齊。發子良之明日,遣昭常為大司馬,令往守東地。遣昭常之明日,遣景鯉車五十乘,西索救於秦。」王曰:「善。」乃遣子良北獻地於齊。遣子良之明日,立昭常為大司馬,使守東地。又遣景鯉西索救於秦。

子良至齊,齊使人以甲受東地。昭常應齊使曰:「我典主東地,

且與死生。悉五尺至六十，三十餘萬弊甲鈍兵，願承下塵。」齊王謂子良曰：「大夫來獻地，今常守之何如？」子良曰：「臣身受命弊邑之王，是常矯也。王攻之。」齊王大興兵，攻東地，伐昭常。未涉疆，秦以五十萬臨齊右壤。曰：「夫隘楚太子弗出，不仁；又欲奪之東地五百里，不義。其縮甲則可，不然，則願待戰。」齊王恐焉。乃請子良南道楚，西使秦，解齊患。士卒不用，東地復全。

說明：

　　本篇內容大略為：楚襄王為太子時，在齊國為人質，楚懷王死，太子要回楚國，齊王要求太子割地，慎子建議楚王，讓三位臣子子良、昭常與景鯉獻計，同時使用了三種對策，最後使得齊國未能得願。

　　當楚襄王詢問慎子，針對三位臣子的建議，應該採用何人呢，慎子僅回答「王皆用之」，違反量準則，引起楚襄王生氣，後來經慎子解釋之後，同時使用了三種對策，最後使得齊國未能如願。

（十）有獻不死之藥於荊王者（頁313）

　　有獻不死之藥於荊王者，謁者操以入。中射之士問曰：「可食乎？」曰：「可。」因奪而食之。王怒，使人殺中射之士。中射之士使人說王曰：「臣問謁者，謁者曰可食，臣故食之。是臣無罪，而罪在謁者也。且客獻不死之藥，臣食之而王殺臣，是死藥也。王殺無罪之臣，而明人之欺王。」王乃不殺。

說明：

　　本篇內容大略為：有人獻不死之藥給楚王，負責通報的官員將這種藥拿進宮，侍奉楚王的近臣詢問「可以吃嗎？」通報的官員說「可以吃」，結果近臣就把藥搶來吃了，楚王很生氣，打算殺了近臣，近臣巧辯，楚王最後沒有殺他。

本篇的對話違反量準則，先是侍奉楚王的近臣詢問「可以吃嗎」，其次是負責通報的官員說「可以吃」，兩人都違反了量準則，因為量太少，所以造成語意淆混。

（十一）魏使人因平原君請從於趙（頁387）

魏使人因平原君請從於趙。三言之，趙王不聽。出遇虞卿曰：「為入必語從。」虞卿入，王曰：「今者平原君為魏請從，寡人不聽。其於子何如？」虞卿曰：「魏過矣。」王曰：「然，故寡人不聽。」虞卿曰：「王亦過矣。」王曰：「何也？」曰：「凡強弱之舉事，強受其利，弱受其害。今魏求從，而王不聽，是魏求害，而王辭利也。臣故曰，魏過，王亦過矣。」

說明：

本篇內容大略為：魏國派人，透過平原君請求和趙國合縱，趙王都不聽從平原君的建議。趙王詢問虞卿，虞卿認為魏國與趙王都錯了。

趙王詢問虞卿時，虞卿想要表達趙王拒絕是錯的，但是先說「魏國錯了」，再說「趙王你也錯了」，違反了量準則。

（十二）秦將伐魏（頁491）

秦將伐魏。魏王聞之，夜見孟嘗君，告之曰：「秦且攻魏，子為寡人謀，奈何？」孟嘗君曰：「有諸侯之救，則國可存也。」王曰：「寡人願子之行也。」重為之約車百乘。孟嘗君之趙，謂趙王曰：「文願借兵以救魏。」趙王曰：「寡人不能。」孟嘗君曰：「夫敢借兵者，以忠王也。」王曰：「可得聞乎？」孟嘗君曰：「夫趙之兵，非能強於魏之兵；魏之兵非能弱於趙也。然而趙之地不歲危，而民不歲死；而魏之地歲危，而民歲死者，何也？以其西為趙蔽也。今趙不救魏，魏歃盟於秦，是與強秦為界也，地亦且歲危，民亦且歲死矣。此

文之所以忠於大王也。」趙王許諾，為起兵十萬，車三百乘。

又北見燕王曰：「先日公子常約兩王之交矣。今秦且攻魏，願大王之救之。」燕王曰：「吾歲不熟二年矣，今又行數千里而以助魏，且奈何？」田文曰：「夫行數千里而救人者，此國之利也。今魏王出國門而望見軍，雖欲行數千里而助人可得乎？」燕王尚未許也。田文曰：「臣效便計於王，王不用臣之忠計，文請行矣。恐天下之將有大變也。」王曰：「大變可得聞乎？」曰：「秦攻魏未能克之也，而臺已燔，游已奪矣。而燕不救魏，魏王折節割地，以國之半與秦，秦必去矣。秦已去魏，魏王悉韓、魏之兵，又西借秦兵，以因趙之眾，以四國攻燕，王且何利？利行數千里而助人乎？利出燕南孟而望見軍乎？則道里近而輸又易矣，何利？」燕王曰：「子行矣，寡人聽子。」乃為之起兵八萬，車二百乘，以從田文。

魏王大說，曰：「君得燕、趙之兵臣眾且亟矣。」秦王大恐，割地請誅於魏。因歸燕、趙之兵，而封田文。

說明：

本篇內容大略為：秦國將攻打魏國，魏王派孟嘗君向趙、燕兩國求援，孟嘗君說服了兩國，出兵救援，秦王恐慌，割地與魏國講和。

孟嘗君在勸說燕王時，「燕王尚未許也，田文曰」，燕王尚未回應，孟嘗君接著又說，「王不用臣之忠計，文請行矣。恐天下之將有大變也」違反量準則。

三　違反關聯準則

（一）范睢至秦（頁99）

范睢至秦，王庭迎，謂范睢曰：「寡人宜以身受令久矣。今者義渠之事急，寡人日自請太后。今義渠之事已，寡人乃得以身受命。躬

竊閔然不敏，敬執賓主之禮。」范睢辭讓。

是日見范睢，見者無不變色易容者。秦王屏左右，宮中虛無人，秦王跪而請曰：「先生何以幸教寡人？」范睢曰：「唯唯。」有間，秦王復請，范睢曰：「唯唯。」若是者三。

秦王跽曰：「先生不幸教寡人乎？」

范睢謝曰：「非敢然也。臣聞始時呂尚之遇文王也，身為漁父而釣於渭陽之濱耳。若是者，交疏也。已一說而立為太師，載與俱歸者，其言深也。故文王果收功於呂尚，卒擅天下而砷立為帝王。即使文王疏呂望而弗與深言，是周無天子之德，而文、武無與成其王也。今臣，羈旅之臣也，交疏於王，而所願陳者，皆匡君之事，處人骨肉之間，願以陳臣之陋忠，而未知王之心也，所以王三問而不對者是也。臣非有所畏而不敢言也，知今日言之於前，而明日伏誅於後，然臣弗敢畏也。大王信行臣之言，死不足以為臣患，亡不足以為臣憂，漆身而為厲，被髮而為狂，不足以為臣恥。五帝之聖而死，三王之仁而死，五伯之賢而死，烏獲之力而死，奔、育之勇而死。死者，人之所必不免也。處必然之事，可以少有補於秦，此臣之所大願也。臣何患乎？伍子胥橐載而出昭關，夜行而晝伏，至於菱水，無以餌其口，坐行蒲服，乞食於吳市，卒興吳國，闔閭為霸。使臣得進辯如伍子胥，加之以幽囚，重申不復見，是臣說之行也，臣何憂乎？箕子、接輿，漆身而為厲，被髮而為狂，無意於殷、楚。使臣得同行於箕子、接輿，漆身可以補所賢之主，是臣之大榮也，臣又何恥乎？臣之所恐者，獨恐臣死之後，天下見臣盡忠而身蹶也，是以讀口裹足，莫肯即秦耳。足下上畏太后之嚴，下惑奸臣之態；居深宮之中，不離保傅之手；終身闇惑，無與照奸；大者宗廟滅覆，小者身以孤危。此臣之所恐耳！若夫窮辱之事，死亡之患，臣弗敢畏也。臣死而秦者，賢於生也。」

秦王跽曰：「先生是何言也！夫秦國僻遠，寡人愚不肖，先生乃幸至此，此天以寡人涽先生，而存先王之廟也。寡人得受命於先生，此天所以幸先王而不棄其孤也。先生奈何而言若此！事無大小，上及太后，下至大臣，願先生悉以教寡人。無疑寡人也。」范睢再拜，秦王亦再拜。

范睢曰：「大王之國，北有甘泉、谷口，南帶涇、渭，右隴、蜀，左關、阪；戰車千乘，風度際百萬。以秦卒之勇，車騎之多，以當諸侯，譬若馳韓盧而逐蹇兔也，霸王之業可致。今反閉而不敢窺兵於山東者，是穰侯為國謀不忠，而大王之計有所失也。」

王曰：「願聞所失計。」

睢曰：「大王越韓、魏而攻強齊，非計也。少出師則不足以傷齊；多之則害於秦。臣意王之計，欲少出師，而悉韓、魏之兵則不義矣。今見與國之不可親，越人之國而攻，可乎？疏於計矣！昔者，齊人伐楚，戰勝，破軍殺將，再闢地千里，矔寸之地無得者，豈齊之欲地哉，形弗能有也。諸侯見齊之罷露，君臣之不親，舉兵而伐之，主辱軍破，為天下笑。所以然者，以其伐楚而肥韓、魏也。此所謂藉賊兵而齎盜食也。王不如遠交而近攻，得寸則王之寸，得尺亦王之尺也。今捨此而遠攻，不亦繆乎？且昔者，中山之地，方五百里，趙獨擅之，功成、名立、利附，則天下莫能害。今韓、魏，中國之處，而天下之樞也。王若欲霸，必親中國而以為天下樞，以威楚、趙。趙強則楚附，楚強則趙附。楚、趙附則齊必懼，懼必卑辭重幣以事秦，齊附而韓、魏可虛也。」

王曰：「寡人欲親魏，魏所變之國也，寡人不能秦。請問親魏奈何？」范睢曰：「卑辭重幣以事之。不可，削地而賂之。不可，舉兵而伐之。」於是舉兵而攻邢丘，邢丘拔而魏請附。

曰：「秦、韓之地形，相錯如繡。秦之有韓，若木之有蠹，人之

病心腹。天下有變，為秦害者莫大於韓。王不如收韓。」王曰：「寡人欲收韓，不聽，為之奈何？」范睢曰：「舉兵而攻滎陽，則成皋之路不通；北斬太行之到，則上黨之兵不下；一即著而攻滎陽，則其國斷而為三。魏、韓見必亡，焉得不聽？韓聽而霸事可成也。」王曰：「善。」

范睢曰：「臣居山東，聞齊之內有田單，不聞其王。聞秦之有太后、穰侯、涇陽、華陽，不聞其有王。夫擅國之謂王，能專利害之謂王制殺生之威之謂王。今太后擅行不顧，穰侯出處不報，涇陽、華陽擊斷無諱，四貴備而國不危者，未之有也。為此四者，下乃所謂無王已。然則權焉得不傾，而令焉得從王出乎？臣聞：『善為國者，內固其威，而外重其權。』穰侯使者操王之重，決裂諸侯，剖符於天下，征敵伐國，莫敢不聽。戰勝攻取，則利歸於陶；國弊，御於諸侯；戰敗，則怨結於百姓，而禍歸社稷。《詩》曰：『木實繁者披其枝，披其枝者傷其心。大其都者危其國，尊其臣者卑其主。』淖齒管齊之權，縮閔王之筋，縣之廟梁，宿昔而死。李兌用趙，滅食主父，百日而餓死。今秦，太后、穰侯用事，高陵、涇陽佐之，卒無秦王，此亦淖齒、李兌之類已。臣今見王獨立於廟朝矣，且臣將恐後世之有秦國者，非王之子孫也。」

秦王懼，於是乃廢太后，逐穰侯，出高陵，走涇陽於關外。

昭王謂范睢曰：「昔者，齊公得管仲，時以為仲父。今吾得子，亦以為父。」

說明：

本篇內容大略為：范睢到秦國，晉見秦昭王，在秦昭王再三要求之下，分析了秦國國內的形勢，並指出「四貴」對秦昭王的傷害。

秦昭王接見范睢時，「秦王屏左右，宮中虛無人，秦王跪而請

曰：『先生何以幸教寡人？』范雎曰：『唯唯。』有間，秦王復請，范雎曰：『唯唯。』若是者三。」針對秦昭王的請教，范雎僅以「唯唯」回答，違反關聯準則，形成會話含義，用以達到勸說的目的，最後讓秦昭王廢除了太后，將穰侯、高陵君、涇陽君三人趕出關外。

（二）靖郭君將城薛（頁164）

靖郭君將城薛，客多以諫。靖郭君謂謁者，无為客通。齊人有請者曰：「臣請三言而已矣！益一言，臣請烹。」靖郭君因見之。客趨而進曰：「海大魚。」因反走。君曰：「客有於此。」客曰：「鄙臣不敢以死為戲。」君曰：「亡，更言之。」對曰：「君不聞大魚乎？網不能止，鉤不能牽，蕩而失水，則螻蟻得意焉。今夫齊，亦君之水也。君長有齊陰，奚以薛為？夫齊，雖隆薛之城到於天，猶之無益也。」君曰：「善。」乃輟城薛。

說明：

本篇內容大略為：靖郭君將在薛地築城牆，門下食客大多勸阻他，靖郭君告訴掌管傳達的官員說，不要替食客通報，結果有一位食客巧妙的勸諫了靖郭君。

食客對靖郭君僅說「海大魚」三個字，除了違反量準則之外，也違反了關聯準則，量太少與沒有關聯，形成會話含義，反而引起靖郭君的注意與興趣，靖郭君因而召見他，食客最後勸阻了靖郭君。

（三）楚將伐齊（頁177）

楚將伐齊，魯親之，齊王患之。張丐曰：「臣請令魯中立。」乃為齊見魯君。魯君曰：「齊王懼乎？」曰：「非臣所知也，<u>臣來弔足下。</u>」魯君曰：「何弔？」曰：「君之謀過矣。君不與勝者而與不勝者，何故也？」魯君曰：「子以齊、楚為孰勝哉？」對曰：「鬼且不知

也。」「然則子何以弔寡人？」曰：「齊，楚之權敵也，不用有魯與無魯。足下豈如令眾而合二國之後哉！楚大勝齊，其良士選卒必殫，其餘兵足以待天下；齊為勝，其良士選卒亦殫。而君以魯眾合戰勝後，此其為德也亦大矣，其見恩德亦其大也。」魯君以為然，身退師。·

說明：

本篇內容大略為：楚國將要攻打齊國，魯國親近楚國，齊王覺得憂慮。張丐遊說魯君，齊、楚都是大國，魯國應保持中立，不要幫忙楚國。

針對魯君的問話「齊王懼乎？」張丐故意說「臣來弔足下」，表明自己將來弔唁魯君，除了違反質準則，也違反關聯準則，引起魯君的興致，最後推導出齊、楚都是大國，魯國保持中立，不要幫忙楚國，以免在齊、楚兩國戰爭中，損害魯國利益。

（四）孟嘗君為從（頁217）

孟嘗君為從。公孫弘謂孟嘗君曰：「君不以使人先觀秦王？意者秦王帝王之主也，君恐不得為臣，奚暇從以難之？意者秦王不肖之主也，君從以難之，未晚。」孟嘗君曰：「善，願因請公往矣。」公孫弘敬諾，以車十乘之秦。昭王聞之，而欲愧之以辭。公孫弘見，昭王曰：「薛公之地，大小幾何？」公孫弘對曰：「百里。」昭王笑而曰：「寡人地數千里，猶未敢以有難也。今孟嘗君之地方百里，而因欲難寡人，猶可乎？」公孫弘對曰：「孟嘗君好人，大王不好人。」昭王曰：「孟嘗君之好人也，奚如？」公孫弘曰：「義不臣乎天子，不友乎諸侯，得志不慚為人主，不得志不肯為人臣，如此者三人；而治可為管、商之師，說義聽行，能致其如此者五人；萬乘之嚴主也；辱其使者，退而自刎，必以其血洿其衣，如臣者十人。」昭王笑而謝之，曰：「客胡為若此，寡人直與客論耳！寡人善孟嘗君，欲客之必諭寡

人之志也！」公孫弘曰：「敬諾。」公孫弘可謂不侵矣。昭王，大國
也。孟嘗，千乘也。立千乘之義而不可陵，可謂足使矣。

說明：

　　本篇內容大略為：嘗君想要合縱，公孫弘建議他先派人去觀察秦
王是個什麼樣的君主再說，孟嘗君派公孫弘出使秦國，秦昭王想要羞
辱公孫弘，但是公孫弘不卑不亢，一一回應秦昭王。

　　當秦昭王想詢問「寡人地數千里，猶未敢以有難也。今孟嘗君之
地方百里，而因欲難寡人，猶可乎？」，以土地的大小來做比較時，
公孫弘違反關聯準則，不回答是不可以行得通，而回答「孟嘗君好
人，大王不好人」，孟嘗君喜歡士人，而大王你卻不喜歡士人。

（五）齊宣王見顏斶（頁220）

　　齊宣王見顏斶，曰：「斶前！」斶亦曰：「王前！」宣王不悅。左
右曰：「王，人君也。斶，人臣也。王曰『斶前』，亦曰『王前』，可
乎？」斶對曰：「夫斶前為慕勢，王前為趨士。與使斶為趨勢，不如
使王為趨士。」王忿然作色曰：「王者貴乎？士貴乎？」對曰：「士貴
耳，王者不貴。」王曰：「有說乎？」斶曰：「有。昔者秦攻齊，令
曰：『有敢去柳下季壟五十步而樵采者，死不赦。』令曰：『有能得齊
王頭者，封萬戶侯，賜金千鎰。』由是觀之，生王之頭，曾不若死士
之壟也。」宣王默然不悅。

　　左右皆曰：「斶來，斶來！大王據千乘之地，而建千石鐘，萬石
簴。天下之士，仁義皆來役處；辯知並進，莫不來語；東西南北，莫
敢不服。求萬物不備具，而百無不親附。今夫士之高者，乃稱匹夫，
徒步而處農畝，下則鄙野、監門、閭里，士之賤也，亦甚矣！」斶對
曰：「不然。斶聞古大禹之時，諸侯萬國。何則？德厚之道，得貴士
之力也。故舜起農畝，出於野鄙，而為天子。及湯之時，諸侯三千。

當今之世，南面稱寡者，乃二十四。由此觀之，非得失之策與？稍稍誅滅，滅亡無族之時，欲為監門、閭里，安可得而有乎哉？是故易傳不云乎：『居上位，未得其實，以喜其為名者，必以驕奢為行。据慢驕奢，則凶從之。是故無其實而喜其名者削，無德而望其福者約，無功而受其祿者辱，禍必握。』故曰：『矜功不立，虛願不至。』此皆幸樂其名，華而無其實德者也。是以堯有九佐，舜有七友，禹有五丞，湯有三輔，自古及今而能虛成名於天下者，無有。是以君王無羞亟問，不媿下學；是故成其道德而揚功名於後世者，堯、舜、禹、湯、周文王是也。故曰：『無形者，形之君也。無端者，事之本也。』夫上見其原，下通其流，至聖人明學，何不吉之有哉！老子曰：『雖貴，必以賤為本；雖高，必以下為基。』是以侯王稱孤寡不穀。是其賤之本與？非夫孤寡者，人之困賤下位也，而侯王以自謂，豈非下人而尊貴士與？夫堯傳舜，舜傳禹，周成王任周公旦，而世世稱曰明主，是以明乎士之貴也。」

宣王曰：「嗟乎！君子焉可侮哉，寡人自取病耳！及今聞君子之言，乃今聞細人之行，願請受為弟子。且顏先生與寡人游，食必太牢，出必乘車，妻子衣服麗都。」顏斶辭去曰：「夫玉生於山，制則破焉，非弗寶貴矣，然夫璞不完。士生乎鄙野，推選則祿焉，非不得尊遂也，然而形神不全。斶願得歸，晚食以當肉，安步以當車，無罪以當貴，清靜貞正以自虞。制言者王也，盡忠直言者斶也。言要道已備矣，願得賜歸，安行而反臣之邑屋。」則再拜而辭去也。斶知足矣，歸反撲，則終身不辱也。

說明：

本篇內容大略為：齊宣王見顏斶，論辯「王貴」與「士貴」問題。

引文「齊宣王見顏斶，曰：『斶前！』斶亦曰：『王前！』宣王不悅」，違反關聯準則，齊王說「顏斶，上前來」，結果顏斶也說「齊王，上前來」。

（六）張儀之楚貧（頁299）

張儀之楚，貧。舍人怒而歸。張儀曰：「子必以衣冠之敝，故欲歸。子待我為子見楚王。」當是之時，南后、鄭袖貴於楚。張子見楚王，楚王不說。張子曰：「王無所用臣，臣請北見晉君。」楚王曰：「諾。」張子曰：「王無求於晉國乎？」王曰：「<u>黃金珠璣犀象出於楚</u>，寡人無求於晉國。」張子曰：「王徒不好色耳！」王曰：「何也？」張子曰：「彼鄭、周之女，粉白墨黑，立於衢閭，非知而見之者，以為神。」楚王曰：「楚，僻陋之國也，未嘗見中國之女如此其美也。寡人之獨何為不好色也？」乃資之以珠玉。南后、鄭袖聞之大恐。令人謂張子曰：「妾聞將軍之晉國，偶有金千斤，進之左右，以供芻秣。」鄭袖亦以金五百斤。張子辭楚王曰：「天下關閉不通，未知見日也，願王賜之觴。」王曰：「諾。」乃觴之。張子中飲，再拜而請曰：「非有他人於此也，願王召所便習而觴之。」王曰：「諾。」乃召南后、鄭袖而觴之。張子再拜而請曰：「<u>儀有死罪於大王。</u>」王曰：「何也？」曰：「儀行天下遍矣，未嘗見人如此其美也。而儀言得美人，是欺王也。」王曰：「子釋之。吾固以為天下莫若是兩人也。」

說明：

本篇內容大略為：張儀到楚國，因為貧窮，舍人想離開他回去，張儀去見楚王，騙楚王說要替他在魏國物色美女，騙得楚王的珠玉，以及南后、鄭袖的千金，後來張儀又向楚懷王承認欺騙了他，而南后與鄭袖是全天下最美的女人。

　　張儀在勸說楚王時,「王曰:『黃金珠璣犀象出於楚,寡人無求於晉國。』張子曰:『王徒不好色耳!』」當楚王表示,對魏國沒有什麼要求時,張儀違反關聯準則,特別加上一句「王就是不愛好女色耳」,引起了楚王的興趣。後來,張儀辭別楚王,要求楚王賞賜酒,找來了南后與鄭袖,此時,張儀又違反關聯準則,張儀表示,「儀有死罪於大王」,轉而稱許南后與鄭袖是全天下最美的女人。

(七)汗明見春申君(頁317)

　　汗明見春申君,候問三月,而後得見。談卒,春申君大說之。汗明欲復談,春申君曰:「僕已知先生,先生大息矣。」汗明憱焉曰:「明願有問君而恐固。<u>不審君之聖,孰與堯也?</u>」春申君曰:「先生過矣,臣何足以當堯?」汗明曰:「然則君料臣孰與舜?」春申君曰:「先生即舜也。」汗明曰:「不然,臣請為君終言之。君之賢實不如堯,臣之能不及舜。夫以賢舜事聖堯,三年而後乃相知也。今君一時而知臣,是君聖於堯而臣賢於舜也。」春申君曰:「善。」召門吏為汗先生著客籍,五日一見。

　　汗明曰:「君亦聞驥乎?夫驥之齒至矣,服鹽車而上太行。蹄申膝折,尾湛胕潰,漉汁灑地,白汗交流,中阪遷延,負轅不能上。伯樂遭之,下車攀而哭之,解紵衣以冪之。驥於是俛而噴,仰而鳴,聲達於天,若出金石聲者,何也?彼見伯樂之知己也。今僕之不肖,阨於州部,堀穴窮巷,沈洿鄙俗之日久矣,君獨無意湔拔僕也,使得為君高鳴屈於梁乎?」

說明:

　　本篇內容大略為:汗明見春申君,等候了三個月,而後得見,希望春申君可以進一步了解自己。

　　汗明求見春申君,等候了三個月才見到面,談話結束,汗明還想

再談，春申君說「我已經了解你」，汗明「不審君之聖，孰與堯也」，違反關聯準則，故意將春申君與堯相比，引起春申君的興致。

（八）建信君貴於趙（頁405）

建信君貴於趙。公子魏牟過趙，趙王迎之，顧反至坐，前有尺帛，且令工以為冠。工見客來也，因辟。趙王曰：「公子乃驅後車，幸以臨寡人，願聞所以為天下。」魏牟曰：「王能重王之國若此尺帛，則王之國大治矣。」趙王不說，形於顏色，曰：「先生不知寡人不肖，使奉社稷，豈敢輕國若此？」魏牟曰：「王無怒，請為王說之。」曰：「王有此尺帛，何不令前郎中以為冠？」王曰：「郎中不知為冠。」魏牟曰：「為冠而敗之，奚歸於王之國？而王必待工而後乃使之。今為天下之工，或非也，社稷為虛戾，先王不血食，而王不以予工，乃與幼艾。且王之先帝，駕犀首而驂馬服，以與秦角逐。秦當時，適其鋒。今王憧憧，乃輦建信以與強秦角逐，臣恐秦折王之椅也。」

說明：

本篇內容大略為：建信君在趙國的地位顯貴，公子魏牟經過趙國，趙王歡迎他。公子魏牟藉由趙王重視尺帛一事，勸諫趙王重視治理天下的人才。

當趙王重視公子魏牟，特地對他說「公子乃驅後車，幸以臨寡人，願聞所以為天下。」趙王想要聽聽公子對於治理天下的看法，結果公子魏牟違反關聯準則，特別說了「王能重王之國若此尺帛，則王之國大治矣」，公子魏牟回答，大王如果可以重視國家，如同重視尺帛的話，大王的國家就可以大治了，引起趙王不悅。

（九）衛靈公近雍疽彌子瑕（頁406）

衛靈公近雍疽、彌子瑕。二人者，專君之勢以蔽左右。復塗偵謂

君曰：「昔日臣夢見君。」君曰：「子何夢？」曰：「夢見灶君。」君忿然作色曰：「吾聞夢見入君者，夢見日。今子曰夢見灶君而言君也，有說則可，無說則死。」對曰：「日，并燭天下者也，一物不能蔽也。若若灶則不然，前之人煬，則後之人無從見也。今臣疑人有煬於君者也，是以夢見灶君。」君曰：「善。」於是，因廢雍疽、彌子瑕，而立司空狗。

說明：

本篇內容大略為：衛靈公親近雍疽與彌子瑕二人，這兩個人也專門倚仗衛靈公的權勢，阻蔽了左右，復塗偵以夢見衛靈公為由，勸諫衛靈公不要再親近雍疽與彌子瑕二人。

復塗偵對衛靈公說，過去夢見了國君，衛靈公問他同時還夢見了什麼，一般人都會回答夢見太陽，結果復塗偵違反關聯準則，回答「夢見灶君」，藉以諷勸衛靈公。

（十）希寫見建信君（頁407）

希寫見建信君。建信君曰：「文信侯之於僕也，甚無禮。秦使人來仕，僕官之丞相，爵五大夫。文信侯之於僕也，臣矣其無禮也。」希寫曰：「臣以為今世用事者，不如商賈。」建信君悖然曰：「足下卑用事者而高商賈乎？」曰不然。夫良商不與人爭買賣之賈，而謹司時。時賤而買，雖貴已賤矣；時貴而賣，雖賤已貴矣。昔者，文王之拘於牖里，而武王羈於玉門，卒斷紂之頭而縣於天白者，是武王之功也。今君不能與文信侯相伉以權，而責文信侯少禮，臣竊為君不取也。」

說明：

本篇內容大略為：希寫去見建信君，建信君埋怨文信侯對他無禮，希寫勸諫建信君，若無法在權勢上相抗衡，只是埋怨文信侯無

禮，是沒有用的。

　　希寫在建信君埋怨文信侯對他無禮時，以違反關聯準則，沒有回答建信君，而是故意用沒有關聯的話，來勸諫建信君，只是說「臣以為今世用事者，不如商賈」，以為現今世上掌權的人，比不上商人，引起建信君生氣。

（十一）趙太后新用事（頁432）

　　趙太后新用事，秦急攻之。趙氏求救於齊。齊曰：「必以長安君為質。」太后不肯，大臣強諫。太后明謂左右：「有復言令長安君為質者，老婦必唾其面。」左師觸讋願見太后。太后盛氣而揖之。入而徐趨，至而自謝，曰：「老臣病足，曾不能疾走，不得見久矣。竊自恕，而恐太后玉體必有所郄也，故願望見太后太后曰：「老婦恃輦而行。曰：「日食飲得無衰乎？」曰：「恃粥耳。」曰：「老臣今者殊不欲食，乃自強步，日三四里，少益耆食，和於身也。」太后曰：「老婦不能。」太后之色少解。

　　左師公曰：「老臣賤息舒祺，最少，不肖。而臣衰，竊愛憐之。願令得補黑衣之數，以衛王官，沒死以聞。」太后：「敬諾。年幾何矣？」對曰：「十五歲矣。雖少，願及未填溝壑而托之。」太后曰：「丈夫亦愛憐其少子乎？」對曰：「甚於婦人。」太后笑曰：「婦人異甚。」對曰：「老臣竊以為媼之愛燕后賢於長安君。」曰：「君過矣，不若長安君之甚。」左師公曰：「父母之愛子，則為之計深遠。媼之送燕后也，持其踵而為之泣，念悲其遠也，亦哀之矣。已行，非弗思也，祭祀必祝之，祝曰：『必勿使反。』豈非計久長，有子孫相繼為王也哉？」太后曰：「然。」

　　左師公曰：「今三世以前，至於趙之為趙，趙主之子孫侯者，其繼有在者乎？」曰：「無有。」曰：「微獨趙，諸侯有在者乎？」曰：

「老婦不聞也。」「此其近者禍及身，遠者及其子孫。豈人主之子孫則必不善哉？位尊而無功，奉厚而無勞，而挾重器多也。今媼尊長安君之位，而封之以膏腴之地，多予之重器，而不及今有功於國。一旦山陵崩，長安君何以自托於趙？老臣以媼為長安君計短也，故以為其愛不若燕后。」太后曰：「諾，恣君之所使之。」於是為長安君約車百乘質於齊，齊兵乃出。

子義聞之曰：「人主之子也，骨肉之親猶不能恃無功之尊，無勞之奉，而守金玉之重也，而況人臣乎？」

說明：

本篇內容大略為：秦國出兵攻打趙國，趙太后不肯讓長安君到齊國當人質，觸龍說服趙太后，終於答應以長安君到齊國當人質，換取齊國出兵。

趙太后很堅決地反對讓長安君到齊國當人質，不管大臣如何勸諫都沒有用，左師觸龍此時來拜見太后，太后心裡很明白，一定為了長安君到齊國當人質一事而來是來勸他，結果觸龍違反關聯準則，以一些與長安君當人質無關的事，與太后溝通，先自己的身體「老臣病足，曾不能疾走，不得見久矣。竊自恕，而恐太后玉體必有所郄也，故願望見太后」再談論飲食「曰：『日食飲得無衰乎？』曰：『恃粥耳。』曰：『老臣今者殊不欲食，乃自強步，日三四里，少益者食，和於身也。』」，再談論觸龍自己的小兒子「老臣賤息舒祺，最少，不肖。而臣衰，竊愛憐之。願令得補黑衣之面，以衛王官，沒死以聞」，連續幾段對話都與勸太后答應讓長安君到齊國當人質無關，最後才達成勸說的目的。

（十二）魏王問張旄（頁505）

魏王問張旄曰：「吾欲與秦攻韓，何如？」張旄對曰：「<u>韓且坐而</u>

胥亡乎？且割而從天下乎？」王曰：「韓且割而從天下。」張旄曰：「韓怨魏乎？怨秦乎？」王曰：「怨魏。」張旄曰：「韓強秦乎？強魏乎？」王曰：「強秦。」張旄曰：「韓且割而從其所強，與所不怨乎？且割而從其所不強，與其所怨乎？」王曰：「韓將割而從其所強，與其所不怨。」張旄曰：「攻韓之事，王自知矣。」

說明：

　　本篇內容大略為：魏王問張旄，「我想幫助秦國進攻韓國，如何？」張旄沒有回答可否，卻以問話的方式，勸魏王考慮攻韓的後果。

　　「韓且坐而胥亡乎」，違反關聯準則，魏王問張旄，「我想幫助秦國進攻韓國，如何？」張旄沒有回答可否，卻是回答「韓國將坐而等待亡國呢？還是將割讓土地跟隨天下諸侯呢？」以問話的方式回答，違反關聯準則。

（十三）魏王欲攻邯鄲（頁512）

　　魏王欲攻邯鄲，季梁聞之，中道而反，衣焦不申，頭塵不去，往見王曰：「今者臣來，見人於大行，方北面而持其駕，告臣曰：『我欲之楚。』臣曰：『君之楚，將奚為北面？』曰：『吾馬良』。臣曰：『馬雖良，此非楚之路也。』曰：『吾用多。』臣曰：『用雖多，此非楚之路也。』曰：『吾御者善。』『此是者愈善，而離楚愈遠耳。』今王動欲成霸王，舉欲信於天下。恃王國之大，兵之精銳，而攻邯鄲，以廣地尊名，王之動愈數，而離王愈遠耳。猶至楚而北行也。」

說明：

　　本篇內容大略為：魏王想要攻打邯鄲，季梁聽說了之後，前來拜見魏王，以「南轅北轍」的故事，勸說魏王，魏王若想要成霸王，取信天下，就不該攻打邯鄲，否則就如同要到楚國，卻往北方走一樣的

道理。

當季梁對路人說，楚國在南方，你卻向北方走，恐怕無法到達楚國時，路人回答季梁「吾馬良」、「吾用多」、「吾御者善」等，違反關聯準則。

（十四）陳翠合齊燕（頁620）

陳翠合齊燕陳翠合齊、燕，將令燕王之弟為質於齊，燕王許諾。太后聞之大怒曰：「陳公不能為人之國，亦則已矣，焉有離人子母者，老婦欲得志焉。」陳翠欲見太后，王曰：「太后方怒子，子其待之。」陳翠曰：「無害也。」遂入見太后曰：「何臞也？」太后曰：「賴得先王雁鶩之餘食，不宜臞。臞者，憂公子之且為質於齊也。」陳翠曰：「人主之愛子也，不如布衣之甚也。非徒不愛子也，又不愛丈夫子獨甚。」太后曰：「何也？」對曰：「太后嫁女諸侯，奉以千金，齎地百里，以為人之終也。今王願封公子，百官持職，群臣效忠，曰：『公子無功不當封。』今王之以公子為質也，且以為公子功而封之也。太后弗聽，臣是以知人主之不愛丈夫子獨甚也。且太后與王幸而在，故公子貴，太后千秋之後王棄國家，而太子即位，公子賤於布衣。故非及太后於王封公子，則公子終身不封矣！」

太后曰：「老婦不知長者之計。」乃命公子束車制衣為行具。

說明：

本篇內容大略為：陳翠為了使齊國和燕國聯盟，將讓燕王的弟弟到齊國當人質，燕王答應了，燕太后卻反對此事；陳翠巧妙的勸說，終於燕太后答應送公子到齊國當人質。

陳翠原為勸燕太后將公子送到齊國當人質，但是卻以「何臞也」，詢問對方怎麼那麼瘦，違反關聯準則，形成會話含義，最後達成勸說的目的。

四　違反方式準則

（一）齊宣王見顏斶（頁220）

　　齊宣王見顏斶，曰：「斶前！」斶亦曰：「王前！」宣王不悅。左右曰：「王，人君也。斶，人臣也。王曰『斶前』，亦曰『王前』，可乎？」斶對曰：「夫斶前為慕勢，王前為趨士。與使斶為趨勢，不如使王為趨士。」王忿然作色曰：「王者貴乎？士貴乎？」對曰：「士貴耳，王者不貴。」王曰：「有說乎？」斶曰：「有。昔者秦攻齊，令曰：『有敢去柳下季壟五十步而樵采者，死不赦。』令曰：『有能得齊王頭者，封萬戶侯，賜金千鎰。』由是觀之，生王之頭，曾不若死士之壟也。」宣王默然不悅。

　　左右皆曰：「斶來，斶來！大王據千乘之地，而建千石鐘，萬石簴。天下之士，仁義皆來役處；辯知並進，莫不來語；東西南北，莫敢不服。求萬物不備具，而百無不親附。今夫士之高者，乃稱匹夫，徒步而處農畝，下則鄙野、監門、閭里，士之賤也，亦甚矣！」斶對曰：「不然。斶聞古大禹之時，諸侯萬國。何則？德厚之道，得貴士之力也。故舜起農畝，出於野鄙，而為天子。及湯之時，諸侯三千。當今之世，南面稱寡者，乃二十四。由此觀之，非得失之策與？稍稍誅滅，滅亡無族之時，欲為監門、閭里，安可得而有乎哉？是故易傳不云乎：『居上位，未得其實，以喜其為名者，必以驕奢為行。据慢驕奢，則凶從之。是故無其實而喜其名者削，無德而望其福者約，無功而受其祿者辱，禍必握。』故曰：『矜功不立，虛願不至。』此皆幸樂其名，華而無其實德者也。是以堯有九佐，舜有七友，禹有五丞，湯有三輔，自古及今而能虛成名於天下者，無有。是以君王無羞亟問，不媿下學；是故成其道德而揚功名於後世者，堯、舜、禹、湯、周文王是也。故曰：『無形者，形之君也。無端者，事之本

也。』夫上見其原，下通其流，至聖人明學，何不吉之有哉！老子曰：『雖貴，必以賤為本；雖高，必以下為基。』是以侯王稱孤寡不穀。是其賤之本與？非夫孤寡者，人之困賤下位也，而侯王以自謂，豈非下人而尊貴士與？夫堯傳舜，舜傳禹，周成王任周公旦，而世世稱曰明主，是以明乎士之貴也。」

宣王曰：「嗟乎！君子焉可侮哉，寡人自取病耳！及今聞君子之言，乃今聞細人之行，願請受為弟子。且顏先生與寡人游，食必太牢，出必乘車，妻子衣服麗都。」顏斶辭去曰：「夫玉生於山，制則破焉，非弗寶貴矣，然夫璞不完。士生乎鄙野，推選則祿焉，非不得尊遂也，然而形神不全。斶願得歸，晚食以當肉，安步以當車，無罪以當貴，清靜貞正以自虞。制言者王也，盡忠直言者斶也。言要道已備矣，願得賜歸，安行而反臣之邑屋。」則再拜而辭去也。斶知足矣，歸反璞，則終身不辱也。

說明：

本篇內容大略為：齊宣王見顏斶，論辯「王貴」與「士貴」問題。

引文「齊宣王見顏斶，曰：『斶前！』斶亦曰：『王前！』宣王不悅」，違反方式準則，齊王說「顏斶，上前來」，結果顏斶也說「齊王，上前來」，形成會話含義，引起齊王不悅，隨後論辯「王貴」與「士貴」問題。

（二）虞卿謂春申君（頁324）

虞卿謂春申君曰：「臣聞之《春秋》，於安思危，危則慮安。今楚王之春秋高矣，而君之封地，不可不早定也。為主君慮封者，莫如遠楚。秦孝公封商君，孝公死，而後不免殺之。秦惠王封冉子，惠王死，而後王奪之。公孫鞅，功臣也；冉子，親姻也。然而不免奪死

者，封近故也。太公望封於齊，邵公奭封於燕，為其遠王室矣。今燕之罪大而趙怒深，故君不如北兵以德趙，踐亂燕，以定身封，此百代之一時也。」君曰：「所道攻燕，非齊則魏。魏、齊新怨楚，楚君雖欲攻燕，將道何哉？」對曰：「請令魏王可。」君曰：「何如？」對曰：「臣請到魏，而使所以信之。」迺謂魏王曰：「夫楚亦強大矣，天下無敵，乃且攻燕。」魏王曰：「<u>鄉也，子云天下無敵；今也，子云乃且攻燕者，何也？</u>」對曰：「今為馬多力則有矣，若曰勝千鈞則不然者，何也？夫千鈞非馬之任也。今謂楚強大則有矣，若越趙、魏而鬥兵於燕，則豈楚之任也我？非楚之任而楚為之，是敝楚也。敝楚見強魏也，其於王孰便也？」

說明：

本篇內容大略為：虞卿勸說春申君，向北進攻燕國，討好趙國；又以楚國攻打燕國，會使得國力衰弱，勸說魏國借路給楚國去攻打燕國。

當虞卿在勸說魏王時，說「夫楚亦強大矣，天下無敵，乃且攻燕。」違反方式準則，說楚國強大，天下無敵，竟然要攻打國。因為違反方式準則，造成歧義，所以魏王才會追問他說「鄉也，子云天下無敵；今也，子云乃且攻燕者，何也」，你又說楚國天下無敵，又說楚國竟然要去攻打燕國，是什麼道理呀。

（三）馮忌請見趙王（頁426）

馮忌請見趙王，行人見之。馮忌接手免首，欲言而不敢。王問其故，對曰：「客有見人於服子者，已而請其罪。服子曰：『公之客獨有三罪：望我而笑，是狎也；談語而不稱師，是倍也；交淺而言深，是亂也。』客曰：『不然。夫望人而笑，是和也；言而不稱師，是庸說也；交淺而言深，是忠也。昔者堯見舜於草茅之中，席隴畝而蔭庇

桑,陰移而授天下傳。伊尹負鼎俎而干湯,姓名未著而受三公。使夫交淺者不可以深談,則天下不傳,而三公不得也。』」趙王曰:「甚善。」馮忌曰:「今外臣交淺而欲深談,可乎?」王曰:「請奉教。」於是馮忌乃談。

說明:

　　本篇內容大略為:馮忌請求見趙王,主管接見的官員帶他去拜見,馮忌故意拱手低頭,想說而又不敢說,趙王詢問他原因,馮忌以交淺言深的道理,勸說趙王。

　　本篇「馮忌接手免首,欲言而不敢」,違反方式準則,故意拱手低頭,想說而又不敢說,形成會話含義,引起趙王詢問他原因。

第四節　小結

　　本章論述《戰國策》語用作原則與會話含義。一般而言,所有的言語行為都必須遵守合作原則,如此才能進行溝通,倘若沒有遵守合作準則,溝通就會無法進行,甚或產生會話含義,造成「弦外之音」的效果。

　　經由以上分析,《戰國策》說客策士在遊說時,有違反質準則者,如〈溫人之周〉(頁22),溫人到了周都,溫人回答官員「主人也」,違反質準則,說了假話或證據不足的話,最後達到諷諫周君的目的。

　　也有違反量準則者,如〈孟嘗君在薛〉(頁201),淳于髡遊說齊湣王時,故意違反量準則,在回答齊湣王的問話時,除了回答齊王所問的楚國之外,多加了一句,薛公自不量力,引起齊王的興趣,表達了宗廟在薛地的目的,終於得以勸說齊王出兵救薛。

　　此外，也有違反關聯準則者，如〈楚將伐齊〉（頁177），張丐遊說魯君，針對魯君的問話「齊王懼乎？」張丐故意說「臣來弔足下」，表明自己將來弔唁魯君，除了違反關聯準則，引起魯君的興致，最後推導出齊、楚都是大國，魯國保持中立，不要幫忙楚國，以免在齊、楚兩國戰爭中，損害魯國利益。

　　最後，違反方式準則的例子不多，如〈虞卿謂春申君〉（頁324），虞卿在勸說魏王時，說「夫楚亦強大矣，天下無敵，乃且攻燕。」違反方式準則，說楚國強大，天下無敵，竟然要攻打國。因為違反方式準則，造成歧義，所以魏王才會追問他說「你又說楚國天下無敵，又說楚國竟然要去攻打燕國，是什麼道理呀？」根據研究發現，違反方式準則例子不多，或許是因為違反方式準則的溝通方式，較無法呈現所想要表達的會話含義有關。

　　此外，也有同時違反多種作原則的例子，如〈靖郭君將城薛〉（頁164），食客對靖郭君僅說「海大魚」三個字，違反量準則與關聯準則，量太少與沒有關聯，反而引起靖郭君的注意與興趣，靖郭君因而召見他，食客最後勸阻了靖郭君，沒有在薛地築城。

第七章
《戰國策》語用禮貌原則

第一節　禮貌原則

一　禮貌原則

對話雙方的溝通，必須嚴格遵守合作原則，否則將會產生言外之意的「會話含義」，甚至於完全無法溝通。但是，吾人會發現，日常交談時，會因為顧及「禮貌」的因素，進一步考慮到時空背景差異、身分地位的不同、人際關係建立及維護等等，違背了合作原則，這屬於實際言語交際的社會現象。

利奇（Leech）將此種顧及「禮貌」而違反合作原則的現象，稱為「禮貌原則」。利奇的「禮貌原則」分為六條準則，每條準則又包括兩條次則：[1]

（一）得體準則：減少表達有損他人的觀點。（以聽話人為出發點）

　　1. 儘量讓別人少吃虧。

　　2. 儘量讓別人多受益。

（二）慷慨準則：減少表達有利於自己的觀點。（以說話人為出發點）

　　1. 儘量讓自己少受益。

　　2. 儘量讓自己多吃虧。

（三）讚譽準則：減少表達對他人的貶損。（以聽話人為出發點）

1　詳見冉永平：《語用學：現象與分析》，頁 62-67。

1. 盡量少貶低別人。

2. 盡量多讚譽別人。

（四）謙遜準則：減少對自己的表揚。（以說話人為出發點）

1. 盡量少讚譽自己。

2. 盡量多貶低自己。

（五）一致準則：減少自己與他人在觀點上的不一致。（說話人與聽話人之間的觀點）。

1. 盡量減少雙方的分歧。

2. 盡量增加雙方的一致。

（六）同情準則：減少自己與他人在感情上的對立。（說話人與聽話人之間的觀點）。

1. 盡量減少雙方的反感。

2. 盡量增加雙方的同情。

除了上述禮貌原則之外，利奇還提出四個相關原則：[2]

（一）反諷原則：為了避免直接批評對方，說話人採取說反話的方式，它不違背禮貌原則，但又能讓對方推導其中的反諷意味。

（二）逗樂原則：為了表示與對方的親密關係，說話人可講一些明顯不真實和明顯不禮貌的話語。

（三）有趣原則：講一些不可預知，從而讓對方感到興趣的話語。

（四）樂觀原則：遇事要樂觀，因此講一些正面的話語。

以上的準則，說明為了兼顧禮貌與言語交際，雖然有時會違反合作原則，但是達成了溝通與社交的目的。

2　同前註，頁 67。

二 面子問題

　　關於違背合作原則，但是顧及「禮貌」的言語行為，布朗（Brown）和列文森（Levinson）提出了「面子問題」來解釋。之所以會有「禮貌」，就是人為滿足自己與對方的「面子需求」，所採取的行為，通過言語的表達，完成給交際雙方都「有面子」的目的。

　　根據布朗和列文森的觀點，禮貌策略包括：[3]

（一）正面禮貌策略：即讓聽話人產生好感，或感到自己的價值觀得到了對方的認同。

（二）負面禮貌策略：即說話含糊其詞，給聽話人留有選擇的餘地，或明確表示不希望影響對方行事的自由等。

（三）直接性策略：即說話人不採用補救措施、赤裸裸地公開威脅對方面子的行為；說話人不道歉或不採用調節性措施，就直接實現某一行為。

（四）間接性策略：即在威脅對方面子的情況下，說話人採取隱含的手段，給對方留有餘地；或通過間接性話語，讓對方意識到說話人威脅面子的行為不是故意的。

（五）放棄威脅面子的行為：如果某一行為足以威脅對方的面子，說話人可能會放棄實施該行為。

第二節　《戰國策》語用禮貌原則與面子問題研究

（一）秦興師臨周而求九鼎（頁15）

　　秦興師臨周而求九鼎，周君患之，以告顏率。顏率曰：「大王勿

3　詳見何自然、冉永平：《新編語用學概論》，頁99。

憂，臣請東借救於齊。」顏率至齊，謂齊王曰：「夫秦之為無道也，欲興兵臨周而求九鼎，周之君臣，內自盡計，<u>與秦，不若歸之大國</u>。夫存危國，美名也；得九鼎，厚寶也。願<u>大王</u>圖之。」齊王大悅，發師五萬人，使陳臣思將以救周，而秦兵罷。

　　齊將求九鼎，周君又患之。顏率曰：「大王勿憂，臣請東解之。」顏率至齊，謂齊王曰：「周賴大國之義，得君臣父子相保也，願獻九鼎，不識大國何塗之從而致齊？」齊王曰：「寡人將寄徑於梁。」顏率曰：「不可。夫梁之君臣欲得九鼎，謀之暉臺之下，少海之上，其日久矣。鼎入梁，必不出。」齊王曰：「寡人將寄徑於楚。」對曰：「不可。楚之君臣欲得九鼎，謀之於葉庭之中，其日久矣。若入楚，鼎必不出。」王曰：「寡人終何塗之從而致之齊？」顏率曰：「弊邑固竊為大王患之。夫鼎者，非效醯壺醬瓿耳，可懷挾提挈以至齊者；非效鳥集、烏飛、兔興、馬逝，灕然止於齊者。昔周之伐殷，得九鼎，凡一鼎而九萬人輓之，九九八十一萬人，士卒師徒，器械被具，所以備者稱此。今大王縱有其人，何塗之從而出？臣竊為大王私憂之。」齊王曰：「子之數來者，猶無與耳。」顏率曰：「不敢欺大國，疾定所從出，弊邑遷鼎以待命。」齊王乃止。

說明：

　　本篇內容大略為：秦國出兵周國，目的為獲得周人的「九鼎」，周人顏率出使遊說齊國，退了秦軍，亦保住「九鼎」。

　　顏率稱呼齊王「大王」、稱呼齊國「大國」，稱自己國家為「敝邑」，屬於自謙而尊重對方之詞；此外，「<u>與秦，不若歸之大國</u>」，則表示「若是九鼎給秦國，不如給齊國」，是與齊國一致的準則，爭取齊國的救援。

（二）溫人之周（頁22）

溫人之周，周不納。「客即？」對曰：「<u>主人也</u>。」問其巷而不知也，使因囚之。君使人問之曰：「子非周人，而自謂非客何也？」對曰：「臣少而誦《詩》，《詩》曰：『<u>普天之下，莫非王土；率土之濱，莫非王臣</u>。』今周君天下，則我天子之臣，而又為客哉？故曰主人。」君乃使吏出之。

說明：

本篇內容大略為：溫人到了周都，周人不放他進去，官員問他是否為「客人」，溫人回答為「主人」，官員問他住在什麼里巷，溫人卻不知道，官員於是把他關起來；周君派人問他，溫人巧妙的引用《詩經》，達到諷諫的效果。

引文中，溫人回答「<u>主人也</u>」，採用了讓對方感到興趣的方式，所以引發了下文對話的興致，最後，溫人以《詩經》「普天之下，莫非王土；率土之濱，莫非王臣」，對周君諷諫。

（三）嚴氏為賊（頁30）

嚴氏為賊，而陽豎與焉。道周，周君留之十四日，載以乘車駟馬而遣之。韓使人讓周，周君患之。客謂周君曰：「正語之曰：『寡人知嚴氏之為賊，而陽豎與之，故留之十四日以待命也。<u>小國</u>不足亦以容賊，<u>君之使又不至</u>，是以遣之也。』」

說明：

本篇內容大略為：嚴仲子請聶政刺殺俠累，陽豎參與了這件事。陽豎逃亡時，經過周國，周君留了他十四天，而後用了一輛車、四匹馬，放走了他。韓國派人責備周國，周君憂慮，說客教導了周君辯解的方法。

本篇引文中，周君回答「<u>小國不足亦以容賊</u>」，自謙周國為小國，留不住陽豎；又自謙的表示「<u>君之使又不至</u>」，因為一直等不到韓國派使者來，所以就把陽豎放走了。

（四）齊助楚攻秦（頁73）

齊助楚攻秦，取曲沃。其後，秦欲伐齊，齊、楚之交善，惠王患之，謂張儀曰：「吾欲伐齊，齊楚方歡，子為寡人慮之，奈何？」張儀曰：「王其為臣約車並幣，臣請試之。」

張儀南見楚王曰：「<u>弊邑</u>之王所說甚者，無大大王；唯儀之所甚願為臣者，亦無大大王。弊邑之王所甚憎者，亦無先齊王。唯儀甚憎者，亦無大齊王。今齊王之罪，其於弊邑之王臣厚，弊邑欲伐之，而大國與之歡，是以弊邑之王不得事令，而儀不得為臣也。大王苟能閉關絕齊，臣請使秦王獻商於之地，方六百里。若此，齊必弱，齊弱則必為王役矣。則是北弱齊，西德於秦，而私商於之地以為利也，則此一計而三利俱至。」

楚王大說，宣言之於朝廷，曰：「不穀得商於之田，方六百里。」群臣聞見者畢賀，陳軫後見，獨不賀。楚王曰：「不谷不煩一兵不傷一人，而得商於之地六百里，寡人自以為智矣！諸士大夫皆賀，子獨不賀，何也？」陳軫對曰：「臣見商於之地不可得，而患必至也，故不敢妄賀。」王曰：「何也？」對曰：「夫秦所以重王者，以王有齊也。今地未可得而齊先絕，是楚孤也，秦又何重孤國？且先出地絕齊，秦計必弗為也。先絕齊後責地，且必受欺於張儀。受欺於張儀，王必惋之。是西生秦患，北絕齊交，則兩國兵必至矣。」楚王不聽，曰：「吾事善矣！子其弭口無言，以待吾事。」楚王使人絕齊，使者未來，又重絕之。

張儀反，秦使人使齊，齊、秦之交陰合。楚因使一將軍受地於

秦。張儀至，稱病不朝。楚王曰：「張子以寡人不絕齊乎？」乃使勇
士往詈齊王。張儀知楚絕齊也，乃出見使者曰：「從某至某，廣從六
里。」使者月：「臣聞六百里，不聞六里。」儀曰：「儀固以小人，安
得六百里？」使者反報楚王，楚王大怒，欲興師伐秦。陳軫曰：「臣
可以言乎？」王曰：「可矣。」軫曰：「伐秦非計也，王不如因而賂之
一名都，與之伐齊，是我亡於秦而取償於齊也。楚國不尚全事。王今
已絕齊，而責欺於秦，是吾合齊、秦之交也，固必大傷。」楚王不
聽，遂舉兵伐秦。秦與齊合，韓氏從之。楚兵大敗於杜陵。故楚之土
壤士民非削弱，僅以救亡者，計失於陳軫，過聽於張儀。

說明：

　　本篇內容大略為：齊國幫助楚國攻秦國，取得了曲沃，後來，秦
國打算攻打齊國，但是齊國與楚國關係良好，秦惠王覺得很憂慮，派
遣張儀遊說楚懷王，與齊國絕交。

　　張儀在勸說楚懷王時，謙稱自己國家為「弊邑」，自謙為「小
人」。

（五）楚絕齊齊舉兵伐楚（頁77）

　　楚絕齊，齊舉兵伐楚。陳軫謂楚王曰：「王不如以地東解於齊，
西講於秦。」

　　楚王使陳軫之秦，秦王謂軫曰：「子秦人也，寡人與子故也，寡
人不佞，不能親國事也，故子棄寡人事楚王。今齊、楚相伐，或謂救
之便，或謂救之不便，子獨不可以忠為子主計，以其餘為寡人乎？」
陳軫曰：「王獨不聞吳人之遊楚者乎？楚王甚愛之，病，故使人問
之，曰：『誠病乎？意亦思乎？』左右曰：『臣不知其思與不思，誠思
則將吳吟。』今軫將為王吳吟。王不聞管與之說乎？有兩虎諍人而斗
者，管莊子將刺之，管與止之曰：『虎者，戾蟲；人者甘餌也。今兩

虎諍人而鬥，小者必死，大者必傷。子待傷虎而刺之，則是一舉而兼兩虎也。無刺一虎之勞，而有刺兩虎之名。』齊、楚今戰，戰必敗。敗，王起兵救之，有救齊之利，而無伐楚之害。計聽知覆逆者，唯王可也。計者，事之本也；聽者，存亡之機。計失而聽過，能有國者寡也。故曰：『計有一二者難悖也，聽無失本末者難惑。』」

說明：

　　本篇內容大略為：楚國和齊國絕交，齊國出兵攻打楚國，陳軫勸楚王，使用割地的方法，與東邊的齊國和解，與西邊的秦國媾和。楚王派陳軫到秦國，陳軫對秦王表示，在齊、楚大戰之中，秦國應讓兩國開戰，開戰必定兩敗，此時秦國才去解救，「有救齊之利，而無伐楚之害。」一舉兩得。

　　秦王接見陳軫時，先表示「子秦人也，寡人與子故也」，你是秦國人，我與你是舊識，拉近彼此關係；接著表示「寡人不佞，不能親國事也，故子棄寡人事楚王」，自謙自己沒有才能，沒有主持國事，所以你便離開而去事奉楚王。

（六）陘山之事（頁88）

　　陘山之事，趙且與秦伐齊。齊懼，令田章以陽武合於趙，而以順子為質。趙王喜，乃案兵告於秦曰：「齊以陽武賜弊邑而納順子，欲以解伐。敢告下吏。」秦王使公子他之趙，謂趙王曰：「齊與大國救魏而倍約，不可信恃，大國不義，以告弊邑，而賜之二社之地，以奉祭祀。今又案兵，且欲合齊而受其地，非使臣之所知也。請益甲四萬，大國裁之。」

　　蘇代為齊獻書穰侯曰：「臣聞往來之者言曰：『秦且益趙甲四萬人以伐齊。』臣竊必之弊邑之王曰：『秦王明而熟於計，穰侯智而習於事，必不益趙甲四萬人以伐齊。』是何也？夫三晉相結，秦之深讎

也。三晉百背秦，百欺秦，不為不信，不為無行。今破齊以肥趙，趙，秦之深讎，不利於秦。一也。秦之謀者必曰：『破齊弊晉，而後制晉楚之勝。』夫齊，罷國也，以天下擊之，譬猶以千鈞之弩潰癰也。秦王安能制晉、楚哉！二也。秦少出兵，則晉、楚不信；多出兵，則晉、楚為制於秦。齊恐，則必不走於秦且走晉、楚。三也。齊割地以實晉、楚，則晉、楚安。齊舉兵而為之頓劍，則秦反受兵。四也。是晉、楚以秦破齊，以齊破秦，何晉、楚之；智而齊、秦之愚！五也。秦得安邑，善齊以安之，亦必無患矣。秦有安邑，則韓、魏必無上黨哉。夫取三晉之腸胃與出兵而懼其不反也，孰利？故臣竊必之弊邑之王曰：『秦王明而熟於計，穰侯智而習於事，必不益趙甲四萬以伐齊矣。』」

說明：

　　本篇內容大略為：陘山之戰後，趙國和秦國將攻打楚國，蘇代為了齊國寫信給穰侯，列舉了五個理由，表示此舉對秦國沒有好處，建議秦國不要出兵攻打齊國。

　　公子他出使趙國，對趙惠文王說「請益甲四萬，<u>大國裁之</u>。」我們秦國將增兵四萬人，請趙國裁示。其中，請趙國裁示，屬於尊重對方的禮貌用法。

（七）應侯曰鄭人謂玉未理者璞（頁110）

　　應侯曰：「鄭人謂玉未理者璞，周人謂鼠未腊者朴。周懷璞過鄭賈曰：『欲賣朴乎？』鄭賈曰：『欲之。』出其樸，視之，乃鼠也。因謝不取。今平原君自以賢，顯名於天下，然降其主父沙丘而臣之。天下之王尚猶尊之，是天下之王不如鄭賈之智也，眩於名，不知其實也。」

說明：

本篇內容大略為：應侯指出「璞」、「朴」二字，音同而義異，而以周國人賣「朴」的故事，表示平原君名實不副。

應侯使用同音詞「璞」（是鄭國人稱呼「沒有整理過的玉石」），與「朴」（是周國人稱呼「沒有曬的老鼠」）為比喻，指出平原君名實不副，屬於逗趣原則，以有趣的事物為比喻。

（八）秦王欲見頓弱（頁130）

秦王欲見頓弱，頓弱曰：「臣之義不參拜，王能使臣無拜，即可矣。不，即不見也。」秦王許之。於是頓子曰：「天下有其實而無其名者，有無其實而有其名者，有無其名又無其實者。王知之乎？」王曰：「弗知。」頓子曰：「有其實而無其名者，商人是也。無把銚推耨之勢，而有積粟之實，此有其實而無其名者也。無其實而有其名者，農夫是也。解凍而耕，暴背而耨，無積粟之實，此無其實而有其名者也。無其名又無其實者，王乃是也。已立為萬乘，<u>無孝之名</u>；以千里養，<u>無孝之實</u>。」秦王悖然而怒。

頓弱曰：「山東戰國有六，威不掩於山東，而掩於母，臣竊為大王不取也。」秦王曰：「山東之建國可兼與？」頓子曰：「韓，天下之咽喉；魏，天下之胸腹。王資臣萬金而游，聽之韓、魏，入其社稷之臣於秦，即韓、魏從。韓、魏中，而天下可圖也。」秦王曰：「寡人之國貧，恐不能給也。」頓子曰：「天下未嘗無事也，非從即橫。橫成，則秦帝；從成，即楚王。秦帝，即以天下恭養；楚王，即王雖萬金，弗得私也。」秦王曰：「善。」乃資萬金，使東又放假、魏，入其將相。碑游於燕、趙，而殺李牧。齊王入朝，四國必從，頓子之說也。

說明：

頓弱見秦王政，批評秦王政無實又無名，對自己的母親不孝，卻

無法收服山東諸國，頓弱建議秦王政連橫諸國，完成帝業。

　　頓弱在勸說秦王政時，指出「無其名又無其實者，王乃是也。已立為萬乘，<u>無孝之名</u>；以千里養，<u>無孝之實</u>。」直接指陳秦王政的缺失，完全不顧秦王政的地位，不給面子，屬於「直接性策略」，雖然違反禮貌原則，但是完成了勸說的效果。

（九）秦王與中期爭論（頁146）

　　秦王與中期爭論，不勝。秦王大怒，中期徐行而去。或為中期說秦王曰：「悍人也，中期！適遇明君故也。向者遇桀、紂，必殺之矣。」秦王因不罪。

說明：

　　本篇內容大略為：秦王因爭論不過中期而大怒，有說客對秦王說，如果中期遇到的是像桀、紂一樣的國君，一定會被殺。

　　本篇的內容很簡單，除了文中已說明的「秦王與中期爭論，不勝，秦王大怒」之外，較特別的是使用了反諷原則，運用歷史典故「桀、紂」，的故事「桀紂」是夏桀與商紂的合稱，二人皆因無道，為商湯與周武王所滅；秦王當然不願自己與桀紂相比，所以最後並沒有加罪於中期。

（十）靖郭君將城薛（頁164）

　　靖郭君將城薛，客多以諫。靖郭君謂謁者，无為客通。齊人有請者曰：「臣請三言而已矣！益一言，臣請烹。」靖郭君因見之。客趨而進曰：「海大魚。」因反走。君曰：「客有於此。」客曰：「鄙臣不敢以死為戲。」君曰：「亡，更言之。」對曰：「君不聞大魚乎？網不能止，鉤不能牽，蕩而失水，則螻蟻得意焉。今夫齊，亦君之水也。君長有齊陰，奚以薛為？夫齊，雖隆薛之城到於天，猶之無益也。」

君曰：「善。」乃輟城薛。

說明：

　　本篇內容大略為：靖郭君將在薛地築城牆，門下食客大多勸阻他，靖郭君告訴掌管傳達的官員說，不要替食客通報，結果有一位食客巧妙的勸諫了靖郭君。

　　由於靖郭君告訴掌管傳達的官員說，不要替食客通報，所以食客先表明：「『臣請三言而已矣！益一言，臣請烹。』靖郭君因見之。客趨而進曰：『海大魚。』因反走」，食客表示，他只說個字就好，若超過三個字，就受烹刑，所以靖郭君接見了他，食客對靖郭君僅說「海大魚」三個字之後，回過頭就走了，當靖郭君要再問他下文之時，食客又說「鄙臣不敢以死為戲」，自謙為「鄙臣」，而說自己不敢以生命開玩笑，如此逗趣的方法，最後達成了勸說的目的。

（十一）鄒忌脩八尺有餘（頁173）

　　鄒忌脩八尺有餘，身體昳麗。朝服衣冠窺鏡，謂其妻曰：「我孰與城北徐公美？」其妻曰：「君美甚，徐公何能及公也！」城北徐公，齊國之美麗者也。忌不自信，而復問其妾曰：「吾孰與徐公美？」妾曰：「徐公何能及君也！」旦日客從外來，與坐談，問之客曰：「吾與徐公孰美？」客曰：「徐公不若君之美也！」明日，徐公來。孰視之，自以為不如；窺鏡而自視，又弗如遠甚。暮，寢而思之曰：「吾妻之美我者，私我也；妾之美我者，畏我也；客之美我者，欲有求於我也。」於是入朝見威王曰：「臣誠知不如徐公美，臣之妻私臣，臣之妾畏臣，臣之客欲有求於臣，皆以美於徐公。今齊地方千里，百二十城，宮婦左右，莫不私王；朝廷之臣，莫不畏王；四境之內，莫不有求於王。由此觀之，王之蔽甚矣！」王曰：「善。」乃下令：「群臣吏民，能面刺寡人之過者，受上賞；上書諫寡人者，受中

賞；能謗議於市朝，聞寡人之耳者，受下賞。」令初下，群臣進諫，門庭若市。數月之後，時時而間進。期年之後，雖欲言，無可進者。燕、趙、韓、魏聞之，皆朝於齊。此所謂戰勝於朝廷。

說明：

　　本篇內容大略為：鄒忌長得高挺，又很在乎自己是不是長得英俊，雖然比不上城北徐公，但是妻、妾與客都稱讚他比城北徐公長得漂亮，當鄒忌親眼見過城北徐公後，自覺比不上徐公。最後，鄒忌以自身為例，勸諫齊威王，廣納諫言，才不致於被蒙蔽。

　　首先，鄒忌之所以會問「我孰與城北徐公美？」可見他很在乎此事，而妻、妾與客，希望可以在不傷害鄒忌，並達到自己想要的目的，符合「慷慨準則」與「讚譽準則」，兼顧了禮貌、尊重、不傷害對方自尊。

（十二）張儀事秦惠王（頁186）

　　張儀事秦惠王。惠王死，武王立。左右惡張儀，曰：「儀事先王不忠。」言未已，齊讓又至。張儀聞之，謂武王曰：「儀有愚計，願效之王。」王曰：「奈何？」曰：「為社稷計者，東方有大變，然後王可以多割地。今齊王甚憎張儀，儀之所在，必舉兵而伐之。故儀願乞不肖身而之梁，齊必舉兵而伐之。齊、梁之兵連於城下，不能相去，王以其間伐韓，入三川，出兵函谷而無伐，以臨周，祭器必出，挾天子，案圖籍，此王業也。」王曰：「善。」乃具革車三十乘，納之梁。齊果舉兵伐之。梁王大恐。張儀曰：「王勿患，請令罷齊兵。」乃使其舍人馮喜之楚，藉使之齊。齊、楚之事已畢，因謂齊王：「王甚憎張儀，雖然，厚矣王之託儀於秦王也。」齊王曰：「寡人甚憎儀，儀之所在，必舉兵伐之，何以託儀也？」對曰：「是乃王之託儀也。儀之出秦，因與秦王約曰：『為王計者，東方有大變，然後王可

以多割地。齊王甚憎儀,儀之所在,必舉兵伐之。故儀願乞不肖身而之梁,齊必舉兵伐梁。梁、齊之兵連於城下不能去,王以其間伐韓,入三川,出兵函谷而無伐,以臨周,祭器必出,挾天子,案圖籍,是王業也。』秦王以為然,與革車三十乘而納儀於梁。而果伐之,是王內自罷而伐與國,廣鄰敵以自臨,而信儀於秦王也。此臣之所謂託儀也。」王曰:「善。」乃止。

說明:

　　本篇內容大略為:張儀事奉秦惠王,秦惠王死後,武王即位,秦王的左右皆討厭張儀,說張儀事奉先王不忠,齊國也派人來指責張儀;張儀對武王說,願意到魏國去,張儀到魏國後,又派舍人馮喜勸說齊王,不要攻打魏國。

　　張儀對武王說「儀有愚計,願效之王。」自稱有個愚蠢的計策,願意獻給大王,屬於禮貌自謙之詞。

(十三)孟嘗君舍人有與君之夫人相愛者(頁204)

　　孟嘗君舍人有與君之夫人相愛者。或以問孟嘗君曰:「為君舍人而內與夫人相愛,亦甚不義矣,君其殺之。」君曰:「睹貌而相悅者,人之情也,其錯之勿言也。」居期年,君召愛夫人者而謂之曰:「子與文游久矣,大官未可得,小官公又弗欲。衛君與文布衣交,請具車馬皮幣,願君以此從衛君遊。」於衛甚重。齊、衛之交惡,衛君甚欲約天下之兵以攻齊。是人謂衛君曰:「孟嘗君不知臣不肖,以臣欺君。且臣聞齊、衛先君,刑馬壓羊,盟曰:『齊、衛後世無相攻伐,有相攻伐者,令其命如此。』今君約天下之兵以攻齊,是足下倍先君盟約而欺孟嘗君也。願君勿以齊為心。君聽臣則可;不聽臣,若臣不肖也,臣輒以頸血湔足下衿。」衛君乃止。齊人聞之曰:「孟嘗君可語善為事矣,轉禍為功。」

說明：

本篇內容大略為：孟嘗君的舍人和孟嘗君的夫人相愛，有人報告給孟嘗君，勸孟嘗君殺了那一位舍人，孟嘗君沒有殺掉他，而把他送到衛國去；後來，齊國與衛國關係破裂，衛君想聯合天下諸侯攻打齊國，那一位舍人出面阻止了衛君。

當齊衛兩國交惡，衛君想聯合天下諸侯攻打齊國時，那一位被孟嘗君送到衛國的舍人，對衛君說「孟嘗君不知臣不肖，以臣欺君」，屬於自謙的禮貌用語。

（十四）齊人有馮諼者（頁213）

齊人有馮諼者，貧乏不能自存，使人屬孟嘗君，願寄食門下。孟嘗君曰：「客何好？」曰：「客無好也。」曰：「客何能？」曰：「客無能也。」孟嘗君笑而受之曰：「諾。」左右以君賤之也，食以草具。

居有頃，倚柱彈其劍，歌曰：「長鋏歸來乎！食無魚。」左右以告。孟嘗君曰：「食之，比門下之客。」居有頃，復彈其鋏，歌曰：「長鋏歸來乎！出無車。」左右皆笑之，以告。孟嘗君曰：「為之駕，比門下之車客。」於是乘其車，揭其劍，過其友曰：「孟嘗君客我。」後有頃，復彈其劍鋏，歌曰：「長鋏歸來乎！無以為家。」左右皆惡之，以為貪而不知足。孟嘗君問：「馮公有親乎？」對曰：「有老母。」孟嘗君使人給其食用，無使乏。於是馮諼不復歌。

後孟嘗君出記，問門下諸客：「誰習計會，能為文收責於薛者乎？」馮諼署曰：「能。」孟嘗君怪之，曰：「此誰也？」左右曰：「乃歌夫長鋏歸來者也。」孟嘗君笑曰：「客果有能也，吾負之，未嘗見也。」請而見之，謝曰：「文倦於事，憒於憂，而性懧愚，沉於國家之事，開罪於先生。先生不羞，乃有意欲為收責於薛乎？」馮諼曰：「願之。」於是約車治裝，載券契而行，辭曰：「責畢收，以何市

而反？」孟嘗君曰：「視吾家所寡有者。」

　　驅而之薛，使吏召諸民當償者，悉來合券。券遍合，起矯命以責賜諸民，因燒其券，民稱萬歲。長驅到齊，晨而求見。孟嘗君怪其疾也，衣冠而見之，曰：「責畢收乎？來何疾也！」曰：「收畢矣。」「以何市而反？」馮諼曰：「君云『視吾家所寡有者』。臣竊計，君宮中積珍寶，狗馬實外廄，美人充下陳。君家所寡有者以義耳！竊以為君市義。」孟嘗君曰：「市義奈何？」曰：「今君有區區之薛，不拊愛子其民，因而賈利之。臣竊矯君命，以責賜諸民，因燒其券，民稱萬歲。乃臣所以為君市義也。」孟嘗君不說，曰：「諾，先生休矣！」

　　後期年，齊王謂孟嘗君曰：「寡人不敢以先王之臣為臣。」孟嘗君就國於薛，未至百里，民扶老攜幼，迎君道中。孟嘗君顧謂馮諼：「先生所為文市義者，乃今日見之。」馮諼曰；「狡兔有三窟，僅得免其死耳。今君有一窟，未得高枕而臥也。請為君復鑿二窟。」孟嘗君予車五十乘，金五百斤，西遊於梁，謂惠王曰：「齊放其大臣孟嘗君於諸侯，諸侯先迎之者，富而兵強。」於是，梁王虛上位，以故相為上將軍，遣使者，黃金千斤，車百乘，往聘孟嘗君。馮諼先驅誡孟嘗君曰：「千金，重幣也；百乘，顯使也。齊其聞之矣。」梁使三反，孟嘗君固辭不往也。齊王聞之，君臣恐懼，遣太傅齎黃金千斤，文車二駟，服劍一，封書謝孟嘗君曰：「寡人不祥，被於宗廟之祟，沉於諂諛之臣，開罪於君，寡人不足為也。願君顧先王之宗廟，姑反國統萬人乎？」馮諼誡孟嘗君曰：「願請先王之祭器，立宗廟於薛。」廟成，還報孟嘗君曰：「三窟已就，君姑高枕為樂矣。」孟嘗君為相數十年，無纖介之禍者，馮諼之計也。

說明：

　　本篇內容大略為：馮諼寄食孟嘗君門下為食客，因不受重視，彈

鋏長歌，引起孟嘗君注意，孟嘗君滿足了馮諼所有要求。後來，馮諼為孟嘗君「鑿三窟」，使得孟嘗君為相數十年，無纖介之禍。

孟嘗君出公告，徵求自願到薛地幫他收取債務的人，由於收取債務是吃力不討好的工作，所以當馮諼答應願意到薛地收取債務時，孟嘗君說「文倦於事，憒於憂，而性懧愚，沉於國家之事，開罪於先生。先生不羞，乃有意欲為收責於薛乎？」自謙自己忙於公務，因憂慮而糊塗，個性又懦弱且愚蠢。

（十五）齊宣王見顏斶（頁220）

齊宣王見顏斶，曰：「斶前！」斶亦曰：「王前！」宣王不悅。左右曰：「王，人君也。斶，人臣也。王曰『斶前』，亦曰『王前』，可乎？」斶對曰：「夫斶前為慕勢，王前為趨士。與使斶為趨勢，不如使王為趨士。」王忿然作色曰：「王者貴乎？士貴乎？」對曰：「士貴耳，王者不貴。」王曰：「有說乎？」斶曰：「有。昔者秦攻齊，令曰：『有敢去柳下季壟五十步而樵采者，死不赦。』令曰：『有能得齊王頭者，封萬戶侯，賜金千鎰。』由是觀之，生王之頭，曾不若死士之壟也。」宣王默然不悅。

左右皆曰：「斶來，斶來！大王據千乘之地，而建千石鐘，萬石簴。天下之士，仁義皆來役處；辯知並進，莫不來語；東西南北，莫敢不服。求萬物不備具，而百無不親附。今夫士之高者，乃稱匹夫，徒步而處農畝，下則鄙野、監門、閭里，士之賤也，亦甚矣！」斶對曰：「不然。斶聞古大禹之時，諸侯萬國。何則？德厚之道，得貴士之力也。故舜起農畝，出於野鄙，而為天子。及湯之時，諸侯三千。當今之世，南面稱寡者，乃二十四。由此觀之，非得失之策與？稍稍誅滅，滅亡無族之時，欲為監門、閭里，安可得而有乎哉？是故易傳不云乎：『居上位，未得其實，以喜其為名者，必以驕奢為行。据慢

驕奢，則凶從之。是故無其實而喜其名者削，無德而望其福者約，無功而受其祿者辱，禍必握。』故曰：『矜功不立，虛願不至。』此皆幸樂其名，華而無其實德者也。是以堯有九佐，舜有七友，禹有五丞，湯有三輔，自古及今而能虛成名於天下者，無有。是以君王無羞亟問，不媿下學；是故成其道德而揚功名於後世者，堯、舜、禹、湯、周文王是也。故曰：『無形者，形之君也。無端者，事之本也。』夫上見其原，下通其流，至聖人明學，何不吉之有哉！老子曰：『雖貴，必以賤為本；雖高，必以下為基。』是以侯王稱孤寡不穀。是其賤之本與？非夫孤寡者，人之困賤下位也，而侯王以自謂，豈非下人而尊貴士與？夫堯傳舜，舜傳禹，周成王任周公旦，而世世稱曰明主，是以明乎士之貴也。」

　　宣王曰：「嗟乎！君子焉可侮哉，寡人自取病耳！及今聞君子之言，乃今聞細人之行，願請受為弟子。且顏先生與寡人游，食必太牢，出必乘車，妻子衣服麗都。」顏斶辭去曰：「夫玉生於山，制則破焉，非弗寶貴矣，然夫璞不完。士生乎鄙野，推選則祿焉，非不得尊遂也，然而形神不全。斶願得歸，晚食以當肉，安步以當車，無罪以當貴，清靜貞正以自虞。制言者王也，盡忠直言者斶也。言要道已備矣，願得賜歸，安行而反臣之邑屋。」則再拜而辭去也。斶知足矣，歸反撲，則終身不辱也。

說明：

　　本篇內容大略為：齊宣王見顏斶，論辯「王貴」與「士貴」問題。

　　引文「齊宣王見顏斶，曰：『斶前！』斶亦曰：『王前！』宣王不悅」，當齊王說「顏斶，上前來」，結果顏斶也說「齊王，上前來」，屬於直接性策略，無禮地直接要齊王上前來，用以展開下文「王

貴」、「士貴」的論辯。

（十六）先生王斗造門而欲見齊宣王（頁224）

　　先生王斗造門而欲見齊宣王，宣王使謁者延入。王斗曰：「斗趨見工為好勢，工趨見斗為好士，於王何如？」使者復還報。王曰：「先生徐之，寡人請從。」宣王因趨而迎之於門，與入，曰：「寡人奉先君之宗廟，守社稷，聞先生直言正諫不諱。」王斗對曰：「<u>王聞之過。斗生於亂世，事亂君，焉敢直言正諫。</u>」宣王忿然作色，不說。有間，王斗曰：「昔先君桓公所好者，九合諸侯，一匡天下，天子受籍，立為大伯。今王有四焉。」宣王說，曰：「寡人愚陋，守齊國，唯恐失抎之，焉能有四焉？」王斗曰：「否。先君好馬，王亦好馬。先君好狗，王亦好狗。先君好酒，王亦好酒。先君好色，王亦好色。先君好士，是王不好士」。宣王曰：「當今之世無士，寡人何好？」王斗曰：「世無騏驎騄耳，王駟已備矣。世無東郭俊、盧氏之狗，王之走狗已具矣。世無毛嬙、西施，王宮已充矣。王亦不好士也，何患無士？」王曰：「寡人憂國愛民，固願得士以治之。」王斗曰：「王之憂國愛民，不若王愛尺縠也。」王曰：「何謂也？」王斗曰：「王使人為冠，不使左右便辟而使工者何也？為能之也。今王治齊，非左右便辟無使也，臣故曰不如愛尺縠也。」宣王謝曰：「寡人有罪國家。」於是舉士五人任官，齊國大治。

說明：

　　本篇內容大略為：齊宣王接見王斗，王斗指責宣王有「四好」，好馬、好狗、好酒、好色，卻不好士。齊宣王後來改正，齊國大治。

　　王斗與齊宣王的對話之中，「<u>王聞之過。斗生於亂世，事亂君，焉敢直言正諫。</u>」王斗直接對齊宣王說，王斗活在亂世、事奉亂世的君王，屬於直接性策略，無禮的表達，用以勸諫齊宣王。

（十七）貂勃常惡田單（頁250）

　　貂勃常惡田單，曰：「安平君，小人也。」安平君聞之，故為酒而召貂勃，曰：「單何以得罪於先生，<u>故常見譽於朝</u>？」貂勃曰：「跖之狗吠堯，非貴跖而賤堯也，狗固吠非其主也。且今使公孫子賢，而徐子不肖。然而使公孫子與徐子鬥，徐子之狗，猶時攫公孫子之腓而噬之也。若乃得去不肖者，而為賢者狗，豈特攫其腓而噬之耳哉？」安平君曰：「敬聞命。」明日，任之於王。

　　王有所幸臣九人之屬，欲傷安平君，相與語於王曰：「燕之伐齊之時，楚王使將軍將萬人而佐齊。今國已定，而社稷已安矣，何不使使者謝於楚王？」王曰：「左右孰可？」九人之屬曰：「貂勃可。」貂勃使楚。楚王受而觴之，數日不反。九人之屬相與語於王曰：「夫一人身，而牽留萬乘者，豈不以據勢也哉？且安平君之與王也，君臣無禮，而上下無別。且其志欲為不善。內牧百姓，循撫其心，振窮補不足，布德於民；外懷戎翟、天下之賢士，陰結諸侯之雄俊豪英。其志欲有為也。願王之察之。」異日，而王曰：「召相單來。」田單免冠徒跣肉袒而進，退而請死罪。五日，而王曰：「子無罪於寡人，子為子之臣禮，吾為吾之王禮而已矣。」

　　貂勃從楚來，王賜諸前，酒酣，王曰：「召相田單而來。」貂勃避席稽首曰：「王惡得此亡國之言乎？王上者孰與周文王？」王曰：「吾不若也。」貂勃曰；「然，臣固知王不若也。下者孰與齊桓公？」王曰：「吾不若也。」貂勃曰：「然，臣固知王不若也。然則周文王得呂尚以為太公，齊桓公得管夷吾以為仲父，今王得安平君而獨曰『單』。且自天地之闢，民人之治，為人臣之功者，誰有厚於安平君者哉？而王曰『單，單』。惡得此亡國之言乎？且王不能守先王之社稷，燕人興師而襲齊墟，王走而之城陽之山中。安平君以惴惴之即墨，三里之城，五里之郭，敝卒七千，禽其司馬，而反千里之齊，安

平君之功也。當是時也，闔城陽而王，城陽、天下莫之能止。然而計之於道，歸之於義，以為不可，故為棧道木閣，而迎王與后於城陽山中，王乃得反，子臨百姓。今國已定，民已安矣，王乃曰『單』。且嬰兒之計不為此。王不亟殺此九子者以謝安平君，不然，國危矣！」王乃殺九子而逐其家，益封安平君以夜邑萬戶。

說明：

　　本篇內容大略為：貂勃常說田單壞話，田單向齊襄王請求任用貂勃，結果貂勃反過來要求齊襄王殺掉九個誣陷田單的寵臣。

　　第一段在貂勃與田單的對話之中，貂勃常常說田單壞話，田單聽到了之後，特意擺設酒席名來貂勃，說「故常見譽於朝」，我田單是哪裡得罪了先生你，為何常常被在朝廷上稱譽。故意以說反話的方式，達成勸說的效果。

（十八）江乙說於安陵君（頁266）

　　江乙說於安陵君曰：「君無咫尺之地，骨肉之親，處尊位，受厚祿，一國之眾，見君莫不斂衽而拜，撫委而服，何以也？」曰：「王過舉而已。不然，無以至此。」江乙曰：「以財交者，財盡而交絕；以色交者，華落而愛渝。是以嬖女不敝席，寵臣不避軒。今君擅楚國之勢，而無以深自結於王，竊為君危之。」安陵君曰：「然則奈何？」「願君必請從死，以身為殉，如是必長得重於楚國。」曰：「謹受令。」三年而弗言。江乙復見曰：「臣所為君道，至今未效。君不用臣之計，臣請不敢復見矣。」安陵君曰：「不敢忘先生之言，未得間也。」

　　於是，楚王游於雲夢，結駟千乘，旌旗蔽日，野火之起也若雲蜺，兕虎嗥之聲若雷霆，有狂兕洚車依輪而至，王親引弓而射，壹發而殪。王抽旃旄而抑兕首，仰天而笑曰：「樂矣，今日之游也。寡人

萬歲千秋之後，誰與樂此矣？」安陵君泣數行而進曰：「臣入則編席，出則陪乘。大王萬歲千秋之後，願得以身試黃泉，蓐螻蟻，又何如得此樂而樂之。」王大說，乃封壇為安陵君。君子聞之曰：「江乙可謂善謀，安陵君可謂知時矣。」

說明：

　　本篇內容大略為：江乙勸安陵君，向楚王表示意殉葬，可以在楚國得長久的重用。

　　江乙對安陵君說，你沒有尺寸之地、骨肉之親，卻處在尊貴的地位，是什麼原因，安陵君回答「王過舉而已。不然，無以至此。」自謙被錯用了。

（十九）蘇秦之楚三日（頁298）

　　蘇秦之楚，三日乃得見乎王。談卒，辭而行。楚王曰：「寡人聞先生，若聞古人。今先生乃不遠千里而臨寡人，曾不肯留，願聞其說。」對曰：「楚國之食貴於玉，薪貴於桂，謁者難得見如鬼，王難得見如天帝。今令臣食玉炊桂，因鬼見帝。」王曰：「先生就舍，寡人聞命矣。」

說明：

　　本篇內容大略為：蘇秦到了楚國，三個月才見到楚王。談話結束後，馬上就要離開，楚王想留他，蘇秦以楚國物價昂貴，難以見到楚王，勸諫楚王。

　　蘇秦因為到了楚國三個月後才見到楚王，所以使用誇飾反諷的方法，說楚國的食物比玉還貴、柴火比桂樹貴，主管通報的官員如同鬼魅一樣的難以見面、見楚王如同見天帝一樣的難。

（二十）張儀之楚貧（頁299）

張儀之楚，貧。舍人怒而歸。張儀曰：「子必以衣冠之敝，故欲歸。子待我為子見楚王。」當是之時，南后、鄭袖貴於楚。張子見楚王，楚王不說。張子曰：「王無所用臣，臣請北見晉君。」楚王曰：「諾。」張子曰：「王無求於晉國乎？」王曰：「黃金珠璣犀象出於楚，寡人無求於晉國。」張子曰：「王徒不好色耳！」王曰：「何也？」張子曰：「彼鄭、周之女，粉白墨黑，立於衢閭，非知而見之者，以為神。」楚王曰：「楚，僻陋之國也，未嘗見中國之女如此其美也。寡人之獨何為不好色也？」乃資之以珠玉。南后、鄭袖聞之大恐。令人謂張子曰：「妾聞將軍之晉國，偶有金千斤，進之左右，以供芻秣。」鄭袖亦以金五百斤。張子辭楚王曰：「天下關閉不通，未知見日也，願王賜之觴。」王曰：「諾。」乃觴之。張子中飲，再拜而請曰：「非有他人於此也，願王召所便習而觴之。」王曰：「諾。」乃召南后、鄭袖而觴之。張子再拜而請曰：「儀有死罪於大王。」王曰：「何也？」曰：「儀行天下遍矣，未嘗見人如此其美也。而儀言得美人，是欺王也。」王曰：「子釋之。吾固以為天下莫若是兩人也。」

說明：

本篇內容大略為：張儀到楚國，因為貧窮，舍人想離開他回去，張儀去見楚王，騙楚王說要替他在魏國物色美女，騙得楚王的珠玉，以及南后、鄭袖的千金，後來張儀又向楚懷王承認欺騙了他，而南后與鄭袖是全天下最美的女人。

張儀辭別楚王，要求楚王賞賜酒，找來了南后與鄭袖，此時，張儀表示，「儀有死罪於大王」，稱許南后與鄭袖是全天下最美的女人，屬於禮貌的讚譽準則。

（二十一）客說春申君（頁314）

客說春申君曰：「湯以亳，武王以鄗，皆不過百里以有天下。今孫子，天下賢人也，君籍之以百里勢，臣竊以為不便於君。何如？」春申君曰：「善。」於是使人謝孫子。孫子去之趙，趙以為上卿。客又說春申君曰：「昔伊尹去夏入殷，殷王而夏亡。管仲去魯入齊，魯弱而齊強。夫賢者之所在，其君未嘗不尊，國未嘗不榮也。今孫子，天下賢人也。君何辭之？」春申君又曰：「善。」於是使人請孫子於趙。

孫子為書謝曰：「<u>癘人憐王，此不恭之語也</u>。雖然，不可不審察也。此為劫弒死亡之主言也。夫人主年少而矜材，無法術以知奸，則大臣主斷國私以禁誅於己也，故弒賢長而立幼弱，廢正適而立不義。春秋戒之曰：『楚王子圍聘於鄭，未出竟，聞王病，反問疾，遂以冠纓絞王，殺之，因自立也。齊崔杼之妻美，莊公通之。崔杼帥其君黨而攻。莊公請與分國，崔杼不許；欲自刃於廟，崔杼不許。莊公走出，踰於外牆，射中其股，遂殺之，而立其弟景公。』近代所見：李兌用趙，餓主父於沙丘，百日而殺之；淖齒用齊，擢閔王之筋，縣於其廟梁，宿夕而死。夫癘雖癰腫胞疾，上比前世，未至絞纓射股；下比近代，未至擢筋而餓死也。夫劫弒死亡之主也，心之憂勞，形之困苦，必甚於癘矣。由此觀之，癘雖憐王可也。」因為賦曰：「寶珍隋珠，不知佩兮。褘布與絲，不知異兮。閭姝子奢，莫知媒兮。嫫母求之，又甚喜之兮。以瞽為明，以聾為聰，以是為非，以吉為凶。嗚呼上天，曷惟其同！」詩曰：「上天甚神，無自瘵也。」

說明：

本篇內容大略為：說客勸說春申君，讓荀子離開楚國去趙國、讓荀子由趙國回到楚國，春申君完全沒有主見，所以荀子寫了一封信給

春申君，謝絕了要他回到楚國的請求。

荀子寫信給春申君謝絕他的請求，對他說「瘋人憐王，此不恭之語也」，痲瘋病人可憐君王，是一句不恭敬的話，但是不能不仔細考察，屬於直接性策略，無禮的表達，用以勸諫春申君。

（二十二）趙王封孟嘗君以武城（頁350）

趙王封孟嘗君以武城。孟嘗君擇舍人以為武城吏，而遣之曰：「鄙語豈不曰，借車者馳之，借衣者被之哉？」皆對曰：「有之。」孟嘗君曰：「文甚不取也。夫所借衣車者，非親友，則兄弟也。夫馳親友之車，被兄弟之衣，文以為不可。今趙王不知文不肖，而封之以武城，願大夫之往也，毋伐樹木，毋發屋室，訾然使趙王悟而知文也。謹使可全而歸之。」

說明：

本篇內容大略為：趙王將武城封給孟嘗君，孟嘗君選擇了舍人去擔任武城官吏，並要求舍人，不要破壞了武城，屆時可以完好地歸還趙王。

孟嘗君告誡舍人時，「今趙王不知文不肖，而封之以武城」，自謙由於趙王不知道自己不肖，所以才會把武城封給他，屬於禮貌的自謙之詞。

（二十三）張儀為秦連橫說趙王（頁364）

張儀為秦連橫，說趙王曰：「弊邑秦王使臣敢獻書於大王御史。大王收率天下以儐秦，秦兵不敢出函穀關十五年矣。大王之威，行於天下山東。弊邑恐懼懾伏，繕甲厲兵，飾車即，習馳射，力田積粟，守四封之內，揫簽居懾處，不敢動搖，唯大王有意督過之也。今秦以大王之力，西舉巴蜀，并漢中，東收兩周而西遷九鼎，守白馬之津。

秦雖辟遠，然而心忿悁含怒之日久矣。今宣君有微甲鈍兵，軍於澠池，願渡河逾漳，據番吾，迎戰邯鄲之下。願以甲子之日合戰，以正殷紂之事。敬使臣先以聞於左右。

「凡大王之所信以為從者，恃蘇秦之計。熒惑諸侯，以是為非，以非為是，欲反覆齊國而不能，自令車裂於齊之市。夫天下之不可一亦明矣。今楚與秦為昆弟之國，而韓、魏稱為東蕃之臣，齊獻魚鹽之地，此斷趙之右臂也。夫斷右臂而求與人鬥，失其黨而孤居，求欲無危豈可得哉？今秦發三將軍，一軍塞午道，告齊使興師度清河，軍於邯鄲之東；一軍軍於成皋，驅韓、魏而軍於河外；一軍軍於澠池。約曰，四國為一，以攻趙，破趙而四分其地。是故不敢匿意隱情，先以聞於左右。臣切為大王計，莫如與秦遇於澠池，面相見而身相結也。臣要求案兵無攻，願大王之定計。」

趙王曰：「先王之時，奉陽君相，專權擅勢，蔽晦先王，獨制官事。寡人宮居，屬於師傅，不能與國謀。先生棄群臣，寡人年少，奉祠祭之日淺，私心固竊疑焉。以為一從不事秦，非國之長利也。乃且願變心易慮，剖地謝前過以事秦。方將約車趨行，而適聞使者之明詔。」於是乃以車三百乘入朝澠池，割河間以事秦。

說明：

本篇內容大略為：張儀為秦國連橫，遊說趙武靈王，表示秦國已對趙國的怨恨已久，決定要在甲子的那一天，與趙國會戰，目前天下情勢，對趙國不利，趙國應該和秦國結盟，結果趙國先割讓土地秦國。

張儀在勸說趙武靈王時，「<u>唯大王有意督過之也</u>」，為禮貌用語，尊稱對方為大王，而且指出對方有意要「督過責備」，而有權力可以「督過責備」的人，往往都是上級，在此提高了對方的地位。

（二十四）武靈王平畫間居（頁366）

　　武靈王平畫間居，肥義侍坐，曰：「王慮世者之變，權甲兵之用，念簡、襄之跡，計胡、狄之利乎？」王曰：「嗣不忘先德，君之道也；錯質務明主之長，臣之論也。是以賢君靜而有道民便事之教，東有明聲先世之功。為人臣者，窮有弟長辭讓之節通有補民益主之業。此兩者，君臣之分也。今吾欲繼襄主之業，啟胡、翟之鄉，而卒世不見也。敵弱者，用力少而功多，可以無盡百姓之勞，而享往古之勳。夫有个世之功者，必負遺俗之累；有獨知之慮者，必被庶人之恐。今吾將胡服騎射以教百姓，而世必議寡人矣。」肥義曰：「臣聞之，疑事無功，疑行無名。今王即定負遺俗之慮，殆毋顧天下之議矣。夫論至德者，不和於俗；成大功者，不謀於眾。昔舜舞有苗，而禹袒入裸國，非以養欲而樂志也，欲以論德而要功也。愚者闇於成事，智者見於未萌，王其遂行之。」王曰：「寡人非疑胡服也，吾恐天下笑之。狂夫之樂，知者哀焉；愚者之笑，賢者戚焉。世有順我者，則胡服之功未可知也。雖驅世以笑我，胡地中山吾必有之。」

　　王遂胡服。使王孫緤告公子成曰：「寡人胡服，且將以朝，亦欲叔之服之也。家聽於親，國聽於君，古今之公行也；子不反親，臣不逆主，先王之通誼也。今寡人作教易服，而叔不服，吾恐天下議之也。夫制國有常，而利民為本；從政有經，而令行為上。故明德在於論賤，行政我在於信貴。今胡服之意，非以養欲而樂志也。事有所出，功有所止。事成功立然後德且見也。今寡人恐叔逆從政之經，以輔公叔之議。且寡人聞之，事利國者行無邪，因貴戚者名不累。故寡人願募公叔之義，以成胡服之功。使緤謁之叔，請服焉。」公子成再拜曰：「臣固聞王之胡服也，<u>不佞寢疾</u>，不能趨走，是以不先進。王今命之，臣固敢竭其<u>愚忠</u>。臣聞之，中國者，聰明睿知之所居也，萬物財用之所聚也，賢聖之所教也，仁義之所施也，詩書禮樂之所用

也，異敏技藝之所試也，遠方之所觀赴也，蠻夷之所義行也。今王釋此，而襲遠方之服，變古之教，易古之道，逆人之心，畔學者，離中國，臣願大王圖之。」

使者報王。王曰：「吾固聞叔之病也。」即之公叔成家，自請之曰：「夫服者，所以便用也；禮者，所以便事也。是以聖人觀其鄉而順宜，因其事而制禮，所以利其民而厚其國也。被髮文身，錯臂左衽，甌越之民也。黑齒雕題，鯷冠秫縫，大吳之國也。禮服不同，其便一也。是以鄉異而用變，事異而處易。是故聖人苟可以利其民，不一其用；果可以便其事，不同其禮。儒者一師而禮異，中國同俗而教離，又況山谷之便乎？故去就之變，知者不能一；遠近之服，賢聖不能同。窮鄉多異，曲學多辯，不知不疑，異於己而不非者，公於求善也。今卿之所言者，俗也。吾之所言者，所以制俗也。今吾國東有河、薄洛之水，與齊、中山同之，而無舟楫之用。自常山以至代、上黨，東有燕、東胡之境，西有樓煩、秦、韓之邊，而無騎射之備。故寡人且聚舟楫之用，求水居之民，以守河、薄洛之水；變服騎射，以備其參胡、樓煩、秦、韓之邊。且昔者簡主不塞晉陽，以及上黨，而襄王兼戎取代，以攘諸胡，此愚知之所明也。先時中山負齊之強兵，侵掠吾地，係累吾民，引水圍鄗，非社稷之神靈，即鄗幾不守。先王忿之，其怨未能報也。今騎射之服，近可以備上黨之形，遠可以報中山之怨。而叔也順中國之俗以逆簡、襄之意，惡變服之名，而忘國事之恥，非寡人所望於子！」公子成再拜稽首曰：「臣愚不達於王之議，敢道世俗之間。今欲繼簡、襄之意，以順先王之志，臣敢不聽令。」再拜。乃賜胡服。

趙文進諫曰：「農夫勞而君子養焉，政之經也。愚者陳意而知者論焉，教之道也。臣無隱忠，君無蔽言，國之祿也。臣雖愚，願竭其中。」王曰：「慮無惡擾，忠無過罪，子其言乎。」趙文曰：「當世

輔俗，古之道也。衣服有常，禮之制也。修法無愆，民之職也。三者，先聖之所以教。今君釋西，而襲遠方之服，變古之教，易古之道，故臣願王之圖之。」王曰：「子言時速之間。常民泥於習俗，懸著沉於所聞。此兩者，所以成官而順政也，非所以觀遠而論始也。且夫三代不同服而王，五伯不如教而政。知者作教，而愚者制焉。賢者議俗，不肖者拘焉。夫制於服之民，不足與論心；拘於俗之眾，不足與致意。故勢與俗化，而禮與變俱，聖人之道也。承教而動，循法無私，民之職也。知學之人，能與聞遷；達於禮之變，能於與時化。故為己者不待人，制今者不法古，子其釋之。」

趙造諫曰：「隱忠不竭，奸之屬也。以私誤國，賤之類也。犯奸者身死，賤國者族宗。反此兩者，先聖之明刑，臣下之大罪也。臣雖愚，願盡其忠，無遁其死。」王曰：「竭意不諱，忠也。上無蔽言，明也。忠不辟危，明不距人。子其言乎。」趙造曰：「臣聞之，聖人不易民而教，知子不變俗而動。因民而教者，不勞而成公據俗而動者，慮徑而易見也。今王易初不循俗，胡服不顧世，非所以教民而成禮也。且服奇者志淫，俗辟者亂民。是以蒞國者不襲奇辟之服，中國不近蠻夷之行，非所以教民而成禮者也。且循法無過，修禮無邪，臣願王之圖之。」

王曰：「古今不同俗，何古之法？帝王不相襲，何禮之循？宓戲、神農教而不誅，皇帝、堯、舜誅而不怒。及至三王，觀時而制法，因事而制禮，法度制令，各順其宜；衣服器械，各便其用。故禮世不必一其道，便國不必法古。勝任即現興也，不相襲而王。夏殷之衰也，不易禮而滅。然則反古未可非，而循禮未足多也。且服奇而志淫，是鄒、魯無奇行也；俗辟而民易，是吳、越無俊民也。是以聖人利身之謂服，便事之謂教，進退之謂節，衣服之制，所以齊常民，非所以論賢者也。故聖與俗流，賢與變俱。諺曰：『以書為御者，不盡

於馬之情。以古制今者，不達於事之變。』故循法之功，不足以高世；法古學，不足以制今。子其勿反也。」

說明：

本篇內容大略為：趙武靈王平日閒居，與肥義討論胡服騎射以教百姓，肥義贊同趙武靈王，之後趙武靈王穿著胡服去勸說公子成，說明胡服的好處，勸說了公子成，趙臣趙文、趙造反對胡騎射，趙武靈王一一加以反承。

公子成回答趙武靈王「<u>不佞寢疾</u>」，自謙自己不才，臥病不起；「<u>臣固敢竭其愚忠</u>」，我今日獻出我的愚忠，都屬於禮貌用語。

（二十五）王立周紹為傅（頁375）

王立周紹為傅，曰：「寡人始行縣，過番吾，當子為子之時，踐石以上者皆道子之孝。故寡人問子以璧，遺子以酒食，而求見子。子謁病而辭。人有言子者曰：『父之孝子，君之忠臣也。』故寡人以子之制慮，為辯足以道人，危足以持難，忠可以寫意，信可以遠期。詩云：『服難以勇，治亂以知，事之計也。立傅以行，教少以學，義之經也。循計之事，失而累；訪議之行，窮而不憂。』故寡人欲子之胡服以傅王乎。」

周紹曰：「王失論矣，非<u>賤臣</u>所敢任也。」王曰：「選子莫若父，論臣莫若君。君，寡人也。」周紹曰：「立傅之道六。」王曰：「六者何也？」周紹曰：「知慮不躁達於變，身行寬惠達於禮，威嚴不足以易於位，重利不足以變其心，恭於教而不快，和於下而不危。六者，傅之才，而臣無一焉。隱中不竭，臣之罪也。傅命仆官，以煩有司，吏之恥也。王請更論。」王曰：「知此六者，所以使子。」周紹曰：「乃國未通於王胡服。雖然，臣，王之臣也，而王重命之，臣故不聽令乎？」再拜，賜胡服。

　　王曰：「寡人以王子為子任，欲子之厚愛之，無所見醜。御道之以行義，勿令溺苦於學。事君者，順其意，不逆其志。事先者，明其高，不倍其孤。故有臣可命，其國之祿也。子能行是，以事寡人者畢矣。《書》云：『去邪無疑，任賢勿貳。』寡人與子，不用人矣。」遂賜周紹胡服衣冠，具帶黃金師比，以傅王子也。

說明：

　　本篇內容大略為：趙武靈王任命周紹為王子傅。

　　周紹說「王失論矣，非<u>賤臣</u>所敢任也。」自稱賤臣，屬於禮貌的自謙之詞。

（二十六）趙燕後胡服（頁378）

　　趙燕後胡服，王令讓之曰：「事主之行，竭意盡力，微諫而不譁，應對而不怨，不逆上以自伐，不立私以為名。子道順而不拂，臣行讓而不爭。子用私道者家必亂，臣用私義者國必危。反親以為行，慈父不子；逆主以自成，惠主不臣也。寡人胡服，子獨弗服，逆主罪莫大焉。以從政為累，以逆主為好，行私莫大焉。故寡人恐親犯刑戮之罪，以明有司之法。」趙燕再拜稽首曰：「前吏命胡服，施及<u>賤臣</u>，臣以失令過期，更不用侵<u>辱教</u>，王之惠也。臣敬循衣服，以待今日。」

說明：

　　本篇內容大略為：趙武靈王批評趙燕沒有及時穿胡服，趙燕恭敬地接受。

　　趙臣趙燕回答趙武靈王「施及賤臣」，自稱賤臣；「更不用侵辱教」，屈尊大王教育我，屬於禮貌用語。

（二十七）秦攻趙藺離石祁拔（頁384）

秦攻趙，藺、離石、祁拔。趙以公子郚為質於秦，而請內焦、黎、牛狐之城以易，藺、離石、祁於趙。趙背秦，不予焦、黎、牛狐。秦王怒，令公子繒請地。趙王乃令鄭朱對曰：「夫藺、離石、祁之地，曠遠於趙，而近於大國。有先王之明與先臣之力。故能有之。今寡人不逮，其社稷之不能恤，安能收恤藺、離石祁乎？<u>寡人有不令之臣</u>，實為此事也，<u>非寡人之所敢知</u>。」卒倍秦。秦王大怒，令衛胡易伐趙，攻於與。趙奢將救之。魏令公子咎以銳師居安邑，以挾秦。秦敗於於與，反攻魏幾，廉頗救幾，大敗秦師。

說明：

本篇內容大略為：秦國攻打趙國，拿下了藺、離石、祁等地，趙國以公子郚到秦國當人質，請求以焦、黎、牛狐等地交換失土，等到秦國將藺、離石、祁等地歸還趙國後，趙國卻背信，引起秦王生氣。後來引起秦國與趙國開戰，秦國戰敗。

趙王派鄭朱回覆秦王「<u>寡人有不令之臣</u>」，我有不聽從命令的臣子；「<u>非寡人之所敢知</u>」，不是我所敢於知道的，屬於禮貌用語，也屬於推託之詞。

（二十八）秦趙戰於長平（頁395）

秦趙戰於長平，趙不勝，亡一都尉。趙王召樓昌與虞卿曰：「軍戰不勝，尉復死，寡人使卷甲而趨之，何如？」樓昌曰：「無益也，不如發重使而為媾。」虞卿曰：「夫言媾者，以為不媾者軍必破，而制媾者在秦。且王之論秦也，欲破王之軍乎？其不邪？」王曰：「秦不遺餘力矣，必且破趙軍。」虞卿曰：「<u>王聊聽臣</u>，發使出重寶以附楚、魏。楚、魏欲得王之重寶，必入吾使。趙使入楚、魏，秦必疑天下合從也，且必恐。如此，則媾乃可為也。」趙王不聽，與平陽君為

媾，發鄭朱入秦，秦內之。趙王召虞卿曰：「寡人使平陽君媾秦，秦
已內鄭朱矣，子以為奚如？」虞請曰：「王必不得媾，軍必破矣，天
下之賀戰勝者皆在秦矣。鄭朱，趙之貴人也，而入於秦，秦王與應侯
比顯重以示天下。楚、魏以趙為媾，必不救王。秦知天下不救王，則
媾不可得成也。」趙卒不得媾，軍果大敗。王入秦，秦留趙王而後許
之媾。

說明：

　　本篇內容大略為：秦國與趙國在長平作戰，趙國沒有獲勝，趙王
詢問樓昌與卿的意見，樓昌建議講和，虞卿建議派使者前往楚國、魏
國，使得秦國起疑，趙王沒有聽從虞卿的建議，後來軍隊大敗，趙王
只好到了秦國，秦國扣留了趙王，然後才肯講和。

　　虞卿回答趙王「<u>王聊聽臣</u>」，大王姑且聽我的建議，屬於禮貌用
語。

（二十九）鄭同北見趙王（頁403）

　　鄭同北見趙王。趙王曰。「子南方之傳士也，何以教之？」鄭同
曰：「<u>臣南方草鄙之人也</u>，何足問？雖然，王致之於前，安敢不對
乎？臣少之時，親嘗教以兵。」趙王曰：「寡人不好兵。」鄭同因撫
手仰天而笑之曰：「兵固天下之狙喜也，臣故意大王不好也。臣亦嘗
以兵說魏昭王，昭亦曰：『寡人不喜。』臣曰：『王之行能如許由乎？
許由無天下之累，故不受也。今王既受先王之傳，欲宗廟之安，壤地
不削，社稷之血食乎？』王曰：「然。」今有人操隨侯之珠，持丘之
環，萬金之財，時宿於野，內無孟賁之威，荊慶之斷，外無弓弩之
御，不出宿夕，人必危之矣。今有強貪之國，臨王之境，索王之地，
告以理則不可，說義義則不聽。王非戰國守圍之具，其將何以當之？
王若無兵，鄰國得志矣。「趙王曰：『寡人請奉教』。」

說明：

　　本篇內容大略為：鄭同見趙王，說明軍隊的重要性。

　　趙王接見鄭同，希望有所見教時，鄭同禮貌的回答「<u>臣南方草鄙之人也，</u>」屬於禮貌的自謙用語。

（三十）趙太后新用事（頁432）

　　趙太后新用事，秦急攻之。趙氏求救於齊。齊曰：「必以長安君為質。」太后不肯，大臣強諫。太后明謂左右：「有復言令長安君為質者，老婦必唾其面。」左師觸讋願見太后。太后盛氣而揖之。入而徐趨，至而自謝，曰：「老臣病足，曾不能疾走，不得見久矣。竊自恕，而恐太后玉體必有所郄也，故願望見太后太后曰：「老婦恃輦而行。曰：「日食飲得無衰乎？」曰：「恃粥耳。曰：「老臣今者殊不欲食，乃自強步，日三四里，少益耆食，和於身也。」太后曰：「老婦不能。」太后之色少解。

　　左師公曰：「老臣賤息舒祺，最少，不肖。而臣衰，竊愛憐之。願令得補黑衣之數，以衛王官，沒死以聞。」太后：「敬諾。年幾何矣？」對曰：「十五歲矣。雖少，願及未填溝壑而托之。」太后曰：「丈夫亦愛憐其少子乎？」對曰：「甚於婦人。」太后笑曰：「婦人異甚。」對曰：「老臣竊以為媼之愛燕后賢於長安君。」曰：「君過矣，不若長安君之甚。」左師公曰：「父母之愛子，則為之計深遠。媼之送燕后也，持其踵而為之泣，念悲其遠也，亦哀之矣。已行，非弗思也，祭祀必祝之，祝曰：『必勿使反。』豈非計久長，有子孫相繼為王也哉？」太后曰：「然。」

　　左師公曰：「今三世以前，至於趙之為趙，趙主之子孫侯者，其繼有在者乎？」曰：「無有。」曰：「微獨趙，諸侯有在者乎？」曰：「老婦不聞也。」「此其近者禍及身，遠者及其子孫。豈人主之子孫

則必不善哉？位尊而無功，奉厚而無勞，而挾重器多也。今媼尊長安
君之位，而封之以膏腴之地，多予之重器，而不及令有功於國。一旦
山陵崩，長安君何以自托於趙？老臣以媼為長安君計短也，故以為其
愛不若燕后。」太后曰：「諾，恣君之所使之。」於是為長安君約車
百乘質於齊，齊兵乃出。

子義聞之曰：「人主之子也，骨肉之親猶不能恃無功之尊，無勞
之奉，而守金玉之重也，而況人臣乎？」

說明：

本篇內容大略為：秦國出兵攻打趙國，趙太后不肯讓長安君到齊
國當人質，觸龍說服趙太后，終於答應以長安君到齊國當人質，換取
齊國出兵。

觸龍先以自己年紀大，身體狀況比不上從前，做為話題的開始，
「恐太后玉體必有所郄也」，屬於禮貌用語，為自己的身體健康狀況
不如從前，同樣的，也關心太后的身體健康；在稍稍讓太后放下心防
之後，接著再以自己疼愛小孩為例，「老臣賤息舒祺」，稱自己的小孩
為「賤息」，屬於自謙的禮貌用語。

（三十一）張儀為秦連橫說魏王（頁445）

張儀為秦連橫，說魏王曰：「魏地方不至千里，卒不過三十萬。
地四平，諸侯四通，條達輻湊，無有名山大川之阻。從鄭至梁，不過
百里；從陳至梁，二百餘里。馬馳人趨，不待倦而至梁。南與楚境，
西與韓境，北與趙境，東與恰境，卒戍四方，守亭障者參列。粟糧漕
庾，不下十萬。魏之地勢，國外戰場也。魏南與楚而不與齊，則齊攻
其東；東與齊而不與趙，則趙攻其北；不合於韓，則韓攻其西；不親
於楚，則楚攻其南。此所謂四分五裂之道也。

「且夫諸侯之為從者，以安社稷、尊主、強兵、顯名也。合從

者，一天下、約為兄弟、刑白馬以盟於洹水之上以相堅也。夫親昆弟，同父母，尚郵政的錢財。而欲恃詐偽反覆蘇秦之餘謀，其不可以成亦明矣。

「大王不事秦，秦下兵攻河外，拔卷、衍、燕、酸棗，劫衛取晉陽，則趙不南；趙不南，則魏不北；魏不北，則從道絕；從道絕，則大王之國欲求無危不可得也。秦挾韓而攻魏，韓劫於秦，不敢不聽。秦、韓為一國，魏之亡可立須也，此臣之所以為大王患也。為大王計，莫如事秦，事秦則楚、韓必不敢動；無楚、韓之患，則大王高枕而臥，國必無憂矣。

「且夫秦之所欲弱莫如楚，而能弱楚者莫如魏。楚雖有富大之名，其實空虛；其卒雖眾，多言而輕走，易北，不敢堅戰。魏之兵南面而伐，勝楚必矣。夫虧楚而益魏，攻楚而適秦，內嫁禍安國，此善事也。大王不聽臣，秦甲出而東，雖於事秦而不可得也。

「且夫從人多奮辭而寡可信，說一諸侯之王，出而乘其車；約一國而反，成而封侯之基。是故天下之游士，莫不日夜搤腕瞋目切齒以言從之便，以說人主。人主覽其辭，牽其說，惡得無眩哉？臣聞積羽沉舟，群輕折軸，眾口鑠金，故願大王之熟計之也。」

魏王曰：「<u>寡人蠢愚</u>，前計失之。請稱東藩，築帝宮，受冠代，祠春秋，效河外。」

說明：

本篇內容大略為：張儀為秦國進行連橫，勸說魏惠王，指出魏國地小、士卒少，只有事奉秦國才可以高枕無憂，而主張合縱的人都不可信，魏惠王聽後，接受了張儀的建議。

魏惠王在聽完張儀的勸說後，「<u>寡人蠢愚</u>」，自謙愚蠢，屬於禮貌用語。

（三十二）陳軫為秦使於齊（頁449）

　　陳軫為秦使於齊，過魏，求見犀首。犀首謝陳軫。陳軫曰：「軫之所以東者，事也。公不見軫，軫且行，不得待異日矣。」犀首乃見之。陳軫曰：「<u>公惡事乎</u>？何為飲食而無事？無事必來。」犀首曰：「<u>衍不肖</u>，不能得事焉，何敢惡事？」陳軫曰：「請移天下之事於公。」犀首曰：「奈何？」陳軫曰：「魏使李從以車百乘使於楚，公可以居其中而疑之。公謂魏王曰：「臣與燕、趙故矣，數令人召臣也，曰無事必來。今臣無事，請謁而往。無久，旬、五之期。『王必無辭以止公。公得行，明年自言於廷曰：『臣急使燕、趙，急約車為行具。』」犀首曰：「諾。」謁魏王，王許之，即明言使燕、趙。

　　諸侯客聞之，皆使人告其王曰：「李從以成百乘使楚，犀首又以車三十乘使燕、趙。」齊王聞之，恐後天下得魏，以事屬犀首，犀首受齊事。魏王窒其行使。燕、趙聞之，亦以事屬犀首。楚王聞之，曰李從約寡人，今燕、齊、趙皆以事因犀首，犀首必欲寡人，寡人欲之。」乃倍李從，而以事因犀首。魏王曰：「所以不使犀首者，以為不可。今四國屬以事，寡人亦以事因焉。」犀首遂主天下之事，復相魏。

說明：

　　本篇內容大略為：陳軫為秦國出使齊國，經過魏國時，拜訪沒有事做的犀首，替他出策，最後犀首得以主持天下大事，並擔任魏國的相。

　　陳軫見閒居無事的犀首時，「<u>公惡事乎</u>」，不說犀首沒有失業，而是禮貌性的表示，「你討厭做事嗎？」犀首回答「<u>衍不肖</u>，不能得事焉」，直接表示：不是我不想工作，而是我不像樣，所以找不到事做，「<u>衍不肖</u>」屬於自謙禮貌用語。

（三十三）蘇秦死其弟蘇代欲繼之（頁590）

蘇秦死，其弟蘇代欲繼之，乃北見燕王噲曰：「臣東周之鄙人也，竊聞王義甚高甚順，鄙人不敏，竊釋鋤耨而干大王。至於邯鄲，所聞於邯鄲者，又高於所聞東周。臣竊負其志，乃至燕廷，觀王之群臣下吏，大王天下之明主也。」

王曰：「子之所謂天下之明主者，何如者也？」對曰：「臣聞之，明主者務聞其過，不欲聞其善。臣請謁王之過。夫齊、趙者，王之仇讎也；楚、魏者，王之援國也。今王奉仇讎以伐援國，非所以利燕也。王自慮此則計過。無以諫之，非忠臣也。」王曰：「寡人之於齊、趙也，非所敢欲伐也。」曰：「夫無謀人之心，而令人疑之，殆；有謀人之心，而令人知之，拙；謀未發而聞於外，則危。今臣聞王居處不安，食飲不甘，思念報齊，身自削甲扎，曰有大數矣，妻自組甲扎，曰有大數矣，有之乎？」王曰：「子聞之，寡人不敢隱也。我有深怨積怒於齊，而欲報之二年矣。齊者，我讎國也，故寡人之所於伐也。直患國弊，力不足矣。子能以燕敵齊，則寡人奉國而委之於子矣。」

對曰：「凡天下之戰國七，而燕處弱焉；獨戰則不能，有所附則無不重。南附楚則楚重，西附秦則秦重，中附韓、魏則韓、魏重。苟所附之國重，此必使王重矣。今夫齊王，長主也，而自用也。南攻楚五年，畜積散。西困於秦三年，民憔瘁，士罷弊。北與燕戰，覆三軍，獲二將，而又以其餘兵南面而舉五千乘之勁宋，而包十二諸侯。此其君之欲得也，其民力竭也，安猶取哉？且臣聞之數戰則民勞，久師則兵弊。」王曰：「吾聞之齊有清濟濁河，可以為固；有長城、鉅防足以為塞。誠有之乎？」對曰：「天時不與，雖有清濟、濁河，何足以為固？民力窮弊，雖有長城鉅防，何足以為塞？且異日也，濟西不役，所以備趙也；河北不師，所以備燕也。今濟西、河北，盡以下

降矣，封內弊矣。夫驕主必不好計，而亡國之臣貪於財。王誠毋愛寵子、母弟以為質，寶珠玉帛以事其左右，彼且德燕而輕亡宋，則齊可亡已。」王曰：「吾終以子受命於天矣？」曰：「內寇不與，五敵不可距。王自治其外，臣自報其內，此乃亡之之勢也。」

說明：

本篇內容大略為：蘇秦死後，他的弟弟蘇代繼任他的事業，勸說燕昭王報仇伐齊。

蘇代見燕昭王時，「臣東周之鄙人也」，屬於禮貌的自謙用語。

（三十四）陳翠合齊燕（頁620）

陳翠合齊燕陳翠合齊、燕，將令燕王之弟為質於齊，燕王許諾。太后聞之大怒曰：「陳公不能為人之國，亦則已矣，焉有離人子母者，老婦欲得志焉。」陳翠欲見太后，王曰：「太后方怒子，子其待之。」陳翠曰：「無害也。」遂入見太后曰：「何臞也？」太后曰：「賴得先王雁鶩之餘食，不宜臞。臞者，憂公子之且為質於齊也。」陳翠曰：「人主之愛子也，不如布衣之甚也。非徒不愛子也，又不愛丈夫子獨甚。」太后曰：「何也？」對曰：「太后嫁女諸侯，奉以千金，齎地百里，以為人之終也。今王願封公子，百官持職，群臣效忠，曰：『公子無功不當封。』今王之以公子為質也，且以為公子功而封之也。太后弗聽，臣是以知人主之不愛丈夫子獨甚也。且太后與王幸而在，故公子貴，太后千秋之後王棄國家，而太子即位，公子賤於布衣。故非及太后於王封公子，則公子終身不封矣！」

太后曰：「老婦不知長者之計。」乃命公子束車制衣為行具。

說明：

本篇內容大略為：陳翠為了使齊國和燕國聯盟，將讓燕王的弟弟到齊國當人質，燕王答應了，燕太后卻反對此事；陳翠巧妙的勸說，

終於燕太后答應送公子到齊國當人質。

　　陳翠打算勸說燕太后，但是見面的第一句話是「遂入見太后曰：「何臞也？」太后你怎麼那麼瘦呀，屬於關心對方的禮貌用語，用以減低燕太后的戒心。

（三十五）昌國君樂毅為燕昭王合五國之兵而攻齊（頁622）

　　昌固君樂毅為燕昭王合五國之兵而攻齊，下七十餘城，盡郡縣之以屬燕。三城未下，而燕昭王死。惠王即位，用齊人反間，疑樂毅，而使騎劫代之將。樂毅奔赴趙，趙封以為望諸君。齊田單欺詐騎劫，卒敗燕軍，復收下七十城以復齊。燕王悔，懼趙用樂毅承燕之弊以伐燕。燕王乃使人讓樂毅，且謝之曰：「先生舉國而委將軍，將軍為燕破齊，報先王之讎，天下莫不振動，寡人豈敢一日而忘將軍之功哉！會先王棄群臣，寡人新即位，左右誤寡人。寡人之使騎劫代將軍者，為將軍久暴露於外，故召將軍且休計事。將軍過聽，以與寡人有隙，遂捐燕而歸趙。將軍自為計則可矣，而亦何以報先王之所以遇將軍之意乎？」望諸君乃使人獻書報燕王曰：

　　「臣不佞，不能奉承先王之教，以順左右之心，恐抵斧質之罪，以傷先王之明，而又害於足下之義，故循逃奔趙。自負以不肖之罪，故不敢為辭說。今王使使者數之罪，臣恐侍御者之不察先王之所以畜幸臣之理，而又不白於臣之所以事先王之心，故敢以書對。

　　「臣聞賢聖之君，不以祿私其親，功多者授之；不以官隨其愛，能當者處之。故察能而授官者，成功之君也；論行而結交者，立名之士也。臣以所學者觀之，先王之舉錯，有高世之新，故假節於魏王，而以身得察於燕。先王過舉，擢之乎賓客之中，而離之乎群臣之上，不謀於父兄，而使臣為亞卿。臣自以為奉令承教，可以幸無罪矣，故受命而不辭。

　　「先王命之曰：『我有積怨深怒於齊，不量輕弱，而欲以齊為事。』臣對曰：『夫齊霸國之餘教也，而驟勝之遺事也，閑於兵甲，習於戰攻。王若欲攻之，則必舉天下而圖之。舉天下而圖之，莫徑於結趙矣。且又淮北、宋地，楚、魏之所同願也。趙若許，約楚、魏，宋盡力，四國攻之，齊可大破也。』先王曰：『善。』臣乃口受令，具符節，南使臣於趙。顧反命，起兵隨而攻齊。以天之道，先王之靈，河北之地，隨先王舉而有之於濟上。濟上之軍奉令擊齊，大勝之。輕卒銳兵，長驅至國。齊王逃遁走莒，僅以深免。珠玉財寶，車甲珍器，盡收入燕。大呂陳於也英，故鼎反於歷室，齊器設於寧臺。薊丘之植，植於汶皇。自五伯以來，功未有及先王者也。先王以為愜其志，以臣為不頓命，故裂地而封之，使之得比乎小國諸侯。臣不佞，自以為奉令承教，可以幸無罪矣，故受命而弗辭。

　　「臣聞善作者，不必善成；善始者，不必善終。昔者五子胥說聽乎闔閭可，故吳王遠跡至於郢。夫差弗是也，賜之鴟夷而浮之江。故吳王夫差不悟先論之可以立功，故沉子胥而不悔。子胥不蚤見主之不同量，故入江而不改。夫免身全功，以明先王之跡者，臣之上計也。離毀辱之非，墮先王之名者，臣之所大恐也。臨不測之罪，以幸為利者，義之所不敢出也。

說明：

　　本篇內容大略為：樂毅為燕昭王聯合五國的軍隊前去攻打齊國，攻下七十多座城，燕昭王死，燕惠王即位，因齊人使用反間計，燕惠王懷疑毅，派騎劫取代了樂毅。樂毅寫了一封信給燕惠王，表達他的內心。

　　樂毅在給燕惠王的信，開頭的第一句話「臣不佞」，屬於禮貌用語，自謙自己沒有才能。

（三十六）燕王喜使栗腹以百金為趙孝成王壽（頁634）

燕王喜使栗腹以百金為趙孝成王壽，酒三日，反報曰：「趙民其狀者睫死於長平，其孤未狀，可伐也。」王乃召昌國君樂間而問曰：「何如？」對曰：「趙，四達之國也，其民皆習於兵，不可與戰。」王曰：「吾以倍攻之，可乎？」曰：「不可。」曰：「以三，可乎？」曰：「不可。」王大怒。左右皆以為趙可伐，遽起六十萬以攻趙。令栗腹以四十萬攻鄗，使慶秦以二十萬攻代。趙使廉頗以八萬遇栗腹於鄗，使樂乘以五萬遇慶秦於代。燕人大敗。樂間入趙。

燕王以書且謝焉，曰：

「<u>寡人不佞</u>，不能奉順君意，故君捐國而去，則寡人之不肖明矣。敢端其願，而君不肯聽，故使使者陳愚意，君試論之。語曰：『仁不輕絕，智不輕怨。』君之於先王也，世之所明知也。寡人望有非則君掩蓋之，不虞君之明罪之也；望有過則君教誨之，不虞君之明罪之也。且寡人之罪，國人莫不知，天下莫不聞，君微出明怨以棄寡人，寡人必有罪矣。雖然，恐君之未盡厚也。諺曰：『厚者不毀人以自益也，仁者不危人以要名。』以故掩人之邪者，厚任之行也；救人之過者，仁者之道也。世有掩寡人之邪，救寡人之過，非君心所望之？今君厚受位於先王以成尊，輕棄寡人以快心，則掩邪救過，難得於君矣。

且世有薄於故厚施，行有失而故惠用。今使寡人任不肖之罪，而君有失厚之累，於為君擇之也，無所取之。國之有封疆，猶家之有垣牆，所以合好掩惡也。室不能相和，出語鄰家，未為通計也。怨惡未見而明棄之，未盡厚也。寡人雖不肖乎，未如殷紂之亂也；君雖不得意乎，未如商容、箕左之累也。然則不內蓋寡人，而明怨於外，恐其遇足以傷於高而薄於行也，非然也。

「苟可以明君之義，成君之高，雖任惡名，不難受也。本欲以為

明寡人之薄，而君不得厚；揚寡人之辱，而君不得榮，此一舉而兩失也。義者不虧人以自益，況傷人以自損乎！願君無以寡人不肖，累往事之美。

昔者，柳下惠吏於魯，三黜而不去。或謂之曰：『可以去。』柳下惠曰：『苟與人之異，惡往而不黜乎？猶且黜乎，寧於國外國爾。』柳下惠不以三黜自累，故前業不忘；不以去為心，故遠近無議。今寡人之罪，國人未知，而語寡人者遍天下。語曰：『論不修心，議不累物，仁不輕絕，智不簡功。』棄大功者，輟也；輕絕厚利者，怨也。輟而棄之，怨而累之，宜在遠者，不望之乎君也。今以寡人無罪，君豈怨之乎？願君捐怨，追惟先王，復以教寡人！意君曰，餘且愿心以成而過，不顧先王以明而惡，使寡人進不得修功，退不得改過，君之所揣也，唯君圖之！此寡人之愚意也。敬以書謁之。」樂間、樂乘怨不用其計二人卒留趙，不報。

說明：

本篇內容大略為：燕王喜派栗腹為趙孝成王祝壽，栗腹回報燕王，可以進攻趙國，燕王詢問樂間的意見，不顧樂間反對，燕王派六十萬軍隊攻打趙國，樂間便到了趙國。燕王寫信給他，並向他致歉。

燕王喜寫信給樂間，首段「寡人不佞」，燕王喜使用禮貌用語，自謙自己不才。

第三節　小結

本章論述《戰國策》禮貌用語。溝通時使用禮貌用語，藉由提高對方、貶抑自己，在實際溝通時，達到溝通勸說的目的。

若依照利奇禮貌準則的分類，上述禮貌用語，可以得出如下情

形：

一、得體準則：得體準則是減少表達有損他人的觀點，如：〈秦興師臨周而求九鼎〉（頁15）中，顏率稱呼齊王「大王」、稱呼齊國「大國」，儘量讓對方受益。又如〈嚴氏為賊〉（頁30）中，周君除了自謙周國為小國之外，又表示因為一直等不到韓國派使者來，所以就把陽豎放走了，此處「等韓國派使者來指示我們如何做」，即屬於得體原則，讓聽話人受益。

二、慷慨準則：慷慨準則是減少表達有利於自己的觀點，如：〈齊助楚攻秦〉（頁73）中，張儀在勸說楚懷王時，稱自己國家為「敝邑」，稱自己為「小人」，都是減少表達有利於自己的觀點。又如〈楚絕齊齊舉兵伐楚〉（頁77）中，秦王接見陳軫時，自稱自己沒有才能，沒有主持國事，希望陳軫能夠替他出主意。

三、讚譽準則：讚譽準則是減少表達對他人的貶損，如〈鄒忌脩八尺有餘（頁173）〉，鄒忌問妻、妾與客「我孰與城北徐公美？」可見他很在乎此事，而妻、妾與客，希望可以在不傷害鄒忌，並達到自己想要的目的，符合讚譽準則，兼顧了禮貌、尊重、不傷害對方自尊。

四、謙遜準則：謙遜準則是減少對自己的表揚，《戰國策》書中所使用最多的禮貌準則是謙遜，如〈張儀事秦惠王〉（頁186），張儀對武王說「儀有愚計，願效之王。」自稱有個愚蠢的計策，願意獻給大王，屬於禮貌自謙之詞。又如〈孟嘗君舍人有與君之夫人相愛者〉（頁204），當齊衛兩國交惡，衛君想聯合天下諸侯攻打齊國時，那一位被孟嘗君送到衛國的舍人，對衛君說「孟嘗君不知臣不肖，以臣欺君」，也是屬於自謙的禮貌用語。

五、一致準則：一致準則是減少與他人在觀點上的不一致，如〈趙太后新用事〉（頁432），當趙太后很堅決地反對讓長安君到齊國

當人質，不管大臣如何勸諫都沒有用，左師觸龍此時來拜見太后，太后心裡很明白，一定為了長安君到齊國當人質一事而來勸他，結果觸龍先以一些與長安君當人質無關的事，與太后溝通，先談論自己的身體，再談論飲食，連續幾段對話都與勸太后答應讓長安君到齊國當人質無關，但是卻可以使得兩人的觀點一致，屬於一致準則。又如秦興師臨周而求九鼎〉（頁15），顏率表示，若是九鼎給秦國，不如給齊國，是與齊國一致的準則，爭取齊國的救援。

六、同情準則：同情準則是減少自己與他人在感情上的對立。如〈趙太后新用事〉（頁432），觸龍談論自己的小兒子，對自己小兒子的疼愛，這些對話的內容，減緩了與趙太后情感上的對立，最後達成勸說讓長安君到齊國當人質的目的。

此外，還使用了反諷準則，如〈秦王與中期爭論〉（頁146），運用歷史典故「桀、紂」的故事，勸說秦王，最後秦王並沒有加罪於中期。

也有使用逗趣準則者，如〈應侯曰鄭人謂玉未理者璞〉（頁110），應侯使用同音詞「璞」（是鄭國人稱呼「沒有整理過的玉石」），與「朴」（是周國人稱呼「沒有曬的老鼠」）為比喻，指出平原君名實不副，屬於逗趣原則，以有趣的事物為比喻。

使用直接策略，對當事人直接勸說者，如〈秦王欲見頓弱〉（頁130），頓弱見秦王政，直接批評秦王政無實又無名，對自己的母親不孝，卻無法收服山東諸國，頓弱建議秦王政連橫諸國，完成帝業。又如〈齊宣王見顏斶〉（頁220），顏斶直接說「齊王，上前來」，屬於直接性策略，無禮地直接要齊王上前來，用以展開下文「王貴」、「士貴」的論辯。

第八章

結論

　　本書試圖由語用學的角度，研究《戰國策》的策士謀略，而以「語用預設與衍推、指示語及其指示信息、語境、言語行為、語用合作原則與會話含義、語用禮貌原則」等六項，分析《戰國策》一書。

　　因為《戰國策》的主要內容，是謀臣策士針對當時的各種情況提出建議說辭，所以運用語用學來研究、理解《戰國策》特定語境之下的語言交際意義，可以得出有其特別的意義與價值。

　　雖然本書將語用的研究細分為六項，逐一分析討論，但是語用的運用是整體的，無法細分，而說客策士在進行遊說時，往往也不僅使用一種語用原則，如以〈趙太后新用事〉（頁432）分析之：[1]

　　趙太后新（新，為時間指示語，表示剛剛）用事，秦急攻之（指示語，指趙國）。趙氏求救於齊。齊曰：「必以長安君為質（本句為施為行為），兵乃出。」（第一段是整篇文章的語境，齊國要求以長安君當人質，才肯出兵救趙）太后不肯，大臣強諫。太后明謂左右：「有復言令長安君為質者，老婦必唾其面。」（本句為施為行為）左師觸龍願見太后。太后盛氣而揖之（第三人稱指示語，指觸龍）（因為大臣強諫趙太后，趙太后不聽。此時有人求見趙太后，太后自然預設觸龍肯定是為了勸她同意將長安君送到齊國而來）。入而徐趨，至而自謝（先道歉，為禮貌原則・慷慨準則），曰：「老臣（第一人稱指示語，指觸龍）病足，曾不能疾走，不得見久矣。竊自恕，而恐太后玉

1　為方便論述，本篇的分析與說明以括號標明。

體必有所郄也，故願望見太后（第二人稱指示語）。」（以自己的身體健康狀況，想到太后的身體健康，為禮貌原則・一致準則）太后曰：「老婦恃輦而行。（本句違反合作原則・量準則，只回答「坐輦車」，量不足，明顯表示不願意與觸龍對話，會話含義是不願聽從將長安君送到齊國當人質）」曰：「日食飲得無衰乎？」曰：「恃粥耳。（本句違反合作原則・量準則，只回答「吃粥」，量不足，同樣是不願意與觸龍對話，會話含義也是不願聽從將長安君送到齊國當人質）」曰：「老臣今者殊不欲食，乃自強步，日三四里，少益耆食，和於身也。」太后曰：「老婦（第一人稱指示語，指趙太后）不能。」太后之色少解。（從太后的「盛氣而揖之」，到後來「太后之色少解」，可見之前太后預設觸龍是來勸她讓長安君到齊國當人質，對話之後，衍推為老朋友的關心健康，所以臉色就和緩了許多）。

左師公曰：「老臣賤息（自稱自己的小孩為賤子，為禮貌原則・謙遜準則）舒祺，最少，不肖（自稱自己的不像話，為禮貌原則・謙遜準則）。而臣衰，竊愛憐之。願令得補黑衣之數，以衛王宮，沒死以聞。」（本句為施為行為）（趙太后疼愛其子長安君，所以觸龍故意以自己的小孩為例，勸說趙太后，屬於禮貌原則・一致準則）太后：「敬諾（本句為成事行為）。年幾何矣？」對曰：「十五歲矣。雖少，願及未填溝壑（自稱自己死後屍填溝壑，為禮貌原則・謙遜準則）而托之。」太后曰：「丈夫（第二人稱指示語，指觸龍）亦愛憐其少子乎？」對曰：「甚於婦人。」太后笑曰（從太后的「盛氣而揖之」、「太后之色少解」到這裡的「太后笑曰」，可見太后本來預設觸龍是來勸她讓長安君到齊國當人質，對話之後，衍推為老朋友的關心健康，所以臉色就和緩了許多，再衍推為觸龍是為了小兒子而來，應該與勸她讓長安君到齊國當人質無關，所以太后笑了，卸下心防。）：「婦人（第一人稱指示語，指趙太后）異甚。」對曰：「老臣竊以為

媼（第二人稱指示語，指趙太后）之愛燕后賢於長安君。」曰：「君（第二人稱指示語，指觸龍）過矣，不若長安君之甚。」左師公曰：「父母之愛子，則為之計深遠。媼之送燕后也，持其踵而為之（第三人稱指示語，指燕后）泣，念悲其遠也，亦哀之矣。已行，非弗思也，祭祀必祝之，祝曰：『必勿使反。』豈非計久長，有子孫相繼為王也哉？」（本段為觸龍安排的語境，述說從前的一段故事，說明太后疼愛其女）太后曰：「然。」

　　左師公曰：「今三世以前（現在三代以前，為時間指示語），至於趙之為趙（趙氏建立趙國的時候，為時間指示語），趙主之子孫侯者，其繼有在者乎？」（本段為觸龍安排的語境，述說各國的情形）曰：「無有。」曰：「微獨趙，諸侯有在者乎？」曰：「老婦不聞也。」「此其近者禍及身，遠者及其子孫。豈人主之子孫則必不善哉？位尊而無功，奉厚而無勞，而挾重器多也。今媼尊長安君之位，而封之以膏腴之地，多予之重器，而不及今有功於國。一旦山陵崩（稱趙太后過世，為禮貌原則‧讚譽準則），長安君何以自托於趙？老臣以媼為長安君計短也，故以為其愛不若燕后。」太后曰：「諾，恣君之所使之。」於是為長安君約車百乘質於齊，齊兵乃出。

　　子義聞之曰：「人主之子也，骨肉之親猶不能恃無功之尊，無勞之奉，而守金玉之重也，而況人臣乎？」

由以上可以得知，若以〈趙太后新用事〉（頁432）一文分析，吾人可以看出語用原則的使用是相當多元而且富於變化。

　　本書試圖經由語用分析，探討《戰國策》策士與人主的言行，大致有如下心得：

　　（一）說客辯士在遊說勸說的對象時，為達到其勸說的目的，往往

善用「預設」與「衍推」，而且也有只要求能遂行心願，甚至於完全不在乎仁義道德的例子。此外，由於戰國時期，只要說客辯士的計謀得到賞識，就可以「朝為布衣，暮為卿相」，所以揣摩統治者的心態，以迎合人主的要求，成為說客辯士最拿手的工夫。

（二）《戰國策》所使用的「指示語」，無論是用來指代「人」、「時間」或「地點」等等，相當的多樣性，富於變化。

（三）《戰國策》語境，除了在文章中直接說明之外，最常使用的是運用歷史典故，使用歷史事件、人物，表達所想勸說的內容，形成勸說的背景。

（四）《戰國策》的施為行為，最常使用「何不」、「不如」、「不若」、「胡不」與「莫如」等語句，既是表述，同時也達成一個建議的行為。

（五）《戰國策》說客策士在遊說時，為了達到勸說的目的，常有違反合作原則者，無論是違反質、量、關聯或方式準則，因為違反合作原則，產生了會話含義，而達成了勸說的效果。

（六）說客策士在遊說時，為了達到勸說的目的，溝通時常使用禮貌原則，尊重對方、貶抑自己。

參考文獻
（依作者姓氏筆劃排列）

一

諸祖耿編撰　《戰國策集注匯考》　南京市　鳳凰出版社　2008年
劉向集錄　高誘註　《戰國策》　臺北市　藝文印書館　2009年
范祥雍箋證　范邦瑾協校　《戰國策箋證》　上海市　上海古籍出版
　　　社　2012年
溫洪隆注譯　陳滿銘校閱　《新譯戰國策》　臺北市　三民書局
　　　2012年

二

孔仲溫　《文字學》　臺北市　國立空中大學　1995年
王希杰　《修辭學通論》　南京市　南京大學出版社　1996年
王建華　《語用學與語文教學》　杭州市　浙江大學出版社　2006年
　　　　《人名文化新論》　北京市　中國社會科學出版社　2010年
王　群　《〈戰國策〉‧溝通策》　上海市　華東師範大學出版社
　　　2012年
王寧、鄒曉麗　《詞匯》　香港　海峰出版社　1998年
王德春　《妙語傳神──語用修辭技巧》　臺北市　臺灣商務印書館
　　　1993年
冉永平　《語用學　現象與分析》　北京市　北京大學出版社　2009年
　　　　《詞匯語用探新》　北京市　外語教學與研究出版社　2012年
永瑢等　《四庫全書總目》　北京市　中華書局　1992年

申小龍　《漢語與中國文化》　上海市　復旦大學出版社　2008年

何兆熊　《新編語用學概要》　上海市　上海外語教育出版社　2009年

何自然　《語用學概論》　湖南市　湖南教育出版社　1994年

＿＿＿　《語用學探索》　廣州市　暨南大學出版社　2012年

何自然、冉永平編著　《新編語用學概論》　北京市　北京大學出版
　　　　社　2009年

李如龍　《漢語地名學論稿》　上海市　上海教育出版社　1998年

李捷、何自然、霍永壽主編　《語用學十二講》　上海市　華東師範
　　　　大學出版社　2011年

李貴豐　《中國文化史》　臺北市　中華電視公司　2000年

李　櫻　《語用研究與華語教學》　臺北市　正中書局　2012年

阮元校刊　《十三經注疏》　北京市　中華書局　1991年

周筱娟　《現代漢語禮貌語言研究》　北京市　中國社會科學出版社
　　　　2008年

竺家寧　《中國的語言和文字》　臺北市　臺灣書店　1998年

＿＿＿　《漢詞語彙學》　臺北市　五南圖書出版公司　1999年

＿＿＿　《詞彙之旅》　臺北市　正中書局　2009年

邵敬敏　《現代漢語通論》　上海市　上海教育出版社　2009年

俞東明　《什麼是語用學》　上海市　上海外語教育出版社　2011年

姜望琪　《當代語用學》　北京市　北京大學出版社　2011年

段玉裁　《說文解字注》　臺北市　黎明文化事業公司　1986年

韋政通　《中國文化概論》　臺北市　水牛出版社　1972年

夏中華　《現代語言學引論》　上海市　學林出版社　2009年

徐大明等　《當代社會語言學》　北京市　中國社會科學出版社
　　　　1997年

索振羽　《語用學教程》　北京市　北京大學出版社　2011年

馬清華　《文化語義學》　南昌市　江西人民出版社　2006年

常敬宇　《漢詞語彙與文化》　臺北市　文橋出版社　2000年

＿＿＿＿　《漢詞語匯文化》　北京市　北京大學出版社　2009年

張公瑾　《文化語言學發凡》　昆明市　雲南大學出版社　1998年

張先亮、聶志平　《語言學概論》　北京市　高等教育出版社　2011年

張韌弦　《形式語用學導論》　上海市　復旦大學出版社　2008年

張維青、高毅清　《中國文化史》　濟南市　山東人民出版社　2002年

梁曉虹、徐時儀、陳五雲　《佛經音義與漢詞語彙研究》　北京市　
商務印書館　2005年

連　蓮　〈從語用學角度淺析《觸龍說趙太后》〉　收於《科技信
息》第35期　濟南市　山東省技術開發服務中心　2009年

陳致宏　《語用學與〈左傳〉外交辭令》　臺北市　萬卷樓圖書公司
2000年

陳望道　《修辭學發凡》　高雄市　復文書局　1989年

陳彭年　《新校宋本廣韻》　臺北市　洪葉文化事業公司　2001年

許鍾寧　《語用修辭研究》　寧夏市　寧夏人民出版社　2011年

馮天瑜、何曉明、周積明　《中華文化史》上海市　上海人民出版社
1997年

黃慶萱　《修辭學》　臺北市　三民書局　1990年

楊　琳　《漢詞語匯與華夏文化》　北京市　語文出版社　1996年

葛本儀　《語言學概論》　臺北市　五南圖書出版公司　2008年

熊學亮　《認知語用學概論》　上海市　上海外語教育出版社　2000年

＿＿＿＿　《語言學新解》　上海市　復旦大學出版社　2005年

＿＿＿＿　《簡明語用學教程》　上海市　復旦大學出版社　2008年

裴登峰　《〈戰國策〉研究》　北京市　社會科學文獻出版社　2012年

趙大誠　〈《戰國策・趙太后新用事》中論辯藝術的語用探析〉　收於

《魅力中國》總113期　鄭州市　河南人民廣播電台　2010年

劉云泉　〈修辭形式和語境創造〉　收於中國華東修辭學會編《修辭學研究》　北京市　語文出版社　1987年　頁35-45

劉志基　《漢字文化綜論》　南寧市　廣西教育出版社　1996年

劉　靜　《文化語言學研究》　北京市　中華書局　2006年

鄭良偉　《戰國策研究》　臺北市　臺灣學生書局　1997年

鄭　樵　《通志》　北京市　中華書局　1990年

盧國屏　《訓詁演繹　漢語解釋與文化詮釋學》　臺北市　五南圖書出版公司　2008年

錢乃榮　《漢語語言學》　北京市　北京語言學院出版社　1995年

＿＿＿＿《現代漢語概論》　臺北市　師大書苑有限公司　2007年

謝國平　《語言學概論》　臺北市　三民書局　2008年

謝端政　《漢語語匯學》　北京市　商務印書館　2006年

鍾榮富　《當代語言學概論》　臺北市　五南圖書出版公司　2006年

藍　純　《語用學與〈紅樓夢〉賞析》　北京市　外語教學與研究出版社　2010年

瀧川龜太郎　《史記會注考證》　臺北市　宏業書局　1990年

嚴辰松、高航編　《語用學》　上海市　上海外語教育出版社　2005年

蘇新春　《漢詞語義學》　廣東市　廣東教育出版社　1997年

國家圖書館出版品預行編目(CIP)資料

戰國策語用研究 / 楊徵祥著.
--初版. -- 臺北市：萬卷樓, 2013.12
　面 ；　公分. --（文學研究叢書）
ISBN 978-957-739-843-7（平裝）

1.戰國策 2.研究考訂
　　621.804　　　　　　　102026538

戰國策語用研究

2013 年 12 月 初版 平裝

ISBN 978-957-739-843-7　　　　　　定價：新台幣 360 元

作　　　者	楊徵祥	出　版　者	萬卷樓圖書股份有限公司
發 行 人	陳滿銘	編輯部地址	106 臺北市羅斯福路二段 41 號 9 樓之 4
總 編 輯	陳滿銘	電　　話	02-23216565
副總編輯	張晏瑞	傳　　真	02-23218698
責任編輯	吳家嘉	電　　郵	editor@wanjuan.com.tw
編　　輯	游依玲	發行所地址	106 臺北市羅斯福路二段 41 號 6 樓之 3
編輯助理	楊子葳	電　　話	02-23216565
封面設計	斐類設計	傳　　真	02-23944113
		印　刷　者	晟齊實業有限公司

如有缺頁、破損、倒裝　　　網 路 書 店　　www.wanjuan.com.tw
請寄回更換　　　　　　　　劃 撥 帳 號　　15624015